GASTRONOMIA
BRASILEIRA

Da tradição à cozinha de fusão

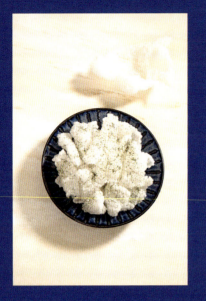

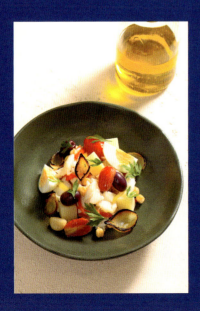

SUMÁRIO

7   Prefácio
11 Datas marcantes do Le Cordon Bleu
16 O Le Cordon Bleu no mundo
19 Introdução

36 ENTRADAS

PETISCOS
39 Acarajé com vatapá e vinagrete de tomate verde
43 Coxinha
47 Camarão empanado com farinha de Uarini
49 Picanha curada em crosta de ervas com cuscuz nordestino
53 Ostras gratinadas
54 Tapioca crocante
57 Brioche de milho
58 Pão de queijo
61 Cuscuz paulista

SOPAS
63 Sopa Leão Veloso
67 Tacacá
68 Canja de galinha
71 Caldinho de feijão-preto
73 Caldo de piranha à Le Cordon Bleu

SALADAS
75 Salpicão de frango
79 Salada de feijão-manteiguinha
81 Salada de bacalhau e batata

84 PRATOS PRINCIPAIS

VEGETAIS

- 88 Panaché de palmito, quiabo, pinhões e legumes
- 91 Mil-folhas de raízes brasileiras com creme de queijo
- 93 Nhoque de batata-doce com molho de pequi, ora-pro-nóbis e cipó-alho
- 97 Torta de legumes e creme de queijo de minas com geleia de café
- 99 Aligot de mandioca com vinagrete de cogumelos Yanomami e couve crocante

PEIXES E FRUTOS DO MAR

- 103 Peixe moqueado com creme de cebola e farinha-d'água
- 108 Pirarucu de casaca
- 111 Peixe recheado assado em folha de bananeira com beurre blanc de limão-cravo
- 115 Moqueca capixaba
- 119 Bobó de camarão com farofa de dendê
- 121 Mojica de pintado com arroz pilaf
- 125 Caldeirada amazônica
- 127 Camarão com royale de milho, chuchu glaceado, ervilha-torta e beurre blanc de maracujá
- 131 Tainha na telha
- 133 Ceviche brasileiro
- 137 Suflê de caranguejo com molho de mexilhões
- 139 Arroz caldoso com vieiras e espuma de bacon
- 143 Prejereba empanada com vinagrete de caju e cuscuz amazônico
- 145 Tambaqui com mousseline de foie gras, acelga chinesa, croquete de tapioca e molho de jabuticaba
- 149 Lagosta salteada com espaguete de cacau, ervilha-torta, bacon e molho de vinho

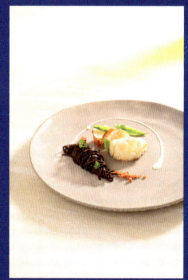

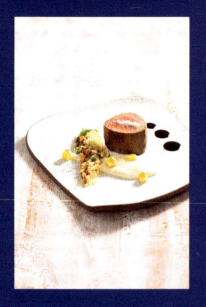

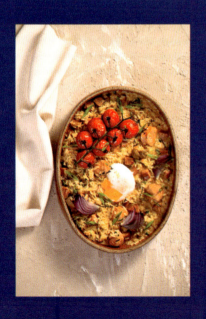

153 Pirarucu enrolado em folha de taioba com mousseline de camarão e sauce aux moules crémée

AVES

157 Ballotine de frango com molho de xinxim e arroz de coco
161 Pato no tucupi com arroz de jambu
163 Frango da revolução revisitado

CARNES VERMELHAS

167 Pancetta pururuca com canjiquinha, molho de goiabada e farofa e couve crocantes
173 Feijoada sergipana revisitada
177 Puchero brasileiro
179 Barreado
182 Matambre
187 Tartare de carne de sol com maionese de coentro e placa de polvilho
191 Virado à paulista
193 Empadão goiano
197 Medalhão de carne de sol com pirão de leite, farofa e glace de rapadura
199 Rubacão
203 Chica doida
205 Filé Oswaldo Aranha
207 Arroz campeiro com ovo perfeito
211 Costelinha de porco glaceada com ora-pro-nóbis e canjiquinha
215 Cordeiro na massa de brioche de milho com vegetais e molho de cachaça
219 Filé-mignon suíno com purê de feijão--manteiguinha e tempurá de peixinho

222 **DOCES E SOBREMESAS**

225 Bolo de rolo
229 Quindim de maracujá
231 Sagu de vinho tinto com creme de confeiteiro e rocher de caju

235 Camafeu
237 Cocada de forno com sorbet de cajá
241 Bolo Souza Leão com bananada, ganache de cajá e molho de tamarindo
245 Manjar de coco com baba de moça
247 Brigadeiro de paçoca de amendoim
251 Furrundu com sorvete de baunilha do Cerrado
255 Tarte tatin de caju
257 Pavê de café e biscoito artesanal
261 Maria-mole de cupuaçu
263 Tapioca brûlée com manta de hibisco
267 Clafoutis de banana e doce de leite com sorvete de cumaru
269 Flã de açaí com coulis de camapu, crocante de tapioca e amoras
273 Cuca de uva com creme inglês

276 BEBIDAS

279 Caipirinha de maracujá com pimenta dedo-de-moça
280 Banzeiro
283 Caju amigo
284 Quentão
287 Smoothie de açaí e graviola em camadas
288 Cacauaçu à Le Cordon Bleu
291 Chá-mate gelado com guaraná

293 Tabela de conversão de medidas
295 Agradecimentos
297 Referências bibliográficas
298 Índice de receitas por ingrediente

PREFÁCIO

Com o intuito de homenagear a excelência da gastronomia brasileira e de embasar sua cozinha de fusão e contemporânea, nossos chefs revisitaram a tradição culinária ancestral do país, num trabalho demorado, meticuloso e inventivo que une a história e a cultura de cada região do Brasil à ousadia da cozinha contemporânea. É com muito orgulho, portanto, que o Le Cordon Bleu apresenta este novo livro, que tem ainda o objetivo de tornar esta prática culinária acessível a todos, tanto localmente quanto ao redor do mundo, para profissionais e também para cozinheiras e cozinheiros domésticos. Com oitenta receitas que contemplam o serviço completo – da entrada à sobremesa –, os chefs do Le Cordon Bleu apresentam técnicas passo a passo, propostas de ingredientes alternativos, dicas gastronômicas e muitas referências culinárias para uma experiência criativa e apetitosa.

André Cointreau
Presidente do Le Cordon Bleu Internacional

O objetivo é compartilhar sua excelência, sua cultura, sua experiência, sua criatividade, seu conhecimento, sua modernidade e sua excelência em todas as áreas da educação em artes culinárias e hotelaria para formar a próxima geração de chefs, gerentes de hospitalidade e empresários do setor de gastronomia.

O Le Cordon Bleu levou um alto nível de treinamento culinário e hoteleiro para os quatro cantos do mundo e está empenhado em garantir que seus programas de treinamento sejam célebres. Sua meta é difundir as habilidades e os conhecimentos transmitidos pelos grandes mestres da cozinha francesa. A cada ano, os institutos Le Cordon Bleu treinam mais de 20.000 alunos de cem diferentes nacionalidades em cuisine, confeitaria, panificação, vinhos e bebidas, nutrição e gestão hoteleira.

Com 125 anos de existência, o Le Cordon Bleu sempre foi fiel à sua filosofia de excelência. Hoje, nossos institutos formam uma rede líder mundial dedicada às artes culinárias e à gestão hoteleira, oferecendo uma vasta gama de programas de formação, desde a iniciação até os currículos universitários nos setores de restauração, vinhos e bebidas, hotelaria e turismo.

Nosso estabelecimento se orgulha de desenvolver constantemente novos programas e atualizar os já existentes. Nos últimos anos, o Le Cordon Bleu fez parceria com líderes da indústria e da educação, como boas escolas, autoridades locais, universidades e estabelecimentos de prestígio. Essas parcerias, reconhecidas internacionalmente, garantem que o conteúdo de nossos programas melhore continuamente e proporcione aos alunos experiências de aprendizagem de primeira classe, além de apoiar a gastronomia local.

Os institutos Le Cordon Bleu ensinam técnicas culinárias francesas, mas também fornecem os meios para os alunos mostrarem sua própria herança culinária. Em todo o mundo, existem programas de treinamento dedicados às cozinhas mexicana, peruana, tailandesa, japonesa, espanhola e, recentemente, turca, libanesa e brasileira. Esses programas usam o mesmo método de ensino e abordagem prática dos nossos diplomas clássicos. Ao longo do caminho, alguns de nossos cursos especializados foram encomendados por governos locais que desejavam preservar sua própria gastronomia e patrimônio.

Em 2018, no evento de lançamento do Le Cordon Bleu Brasil, inauguramos dois novos *campi*, São Paulo e Rio de Janeiro. O instituto se sentiu inspirado pelo Brasil e sua gastronomia, constituída de um rico repertório de técnicas, ingredientes, história e influências. O sucesso da inauguração ocasionou o desdobramento de valiosos projetos, voltados tanto para a educação quanto para o cenário gastronômico.

Foram lançados dois novos programas com o intuito de manter a oferta do conhecimento gastronômico em sintonia com as mudanças e os interesses da sociedade atual. O primeiro foi o Diploma de Cozinha Brasileira, estruturado para iniciar o processo técnico-educacional que destaca a história e a cultura nacionais, os ingredientes locais, os pratos tradicionais e regionais, o terroir e as técnicas culinárias brasileiras. O segundo programa foi o Diplôme em Plant Based, que preza pela alta gastronomia unida aos conceitos de sustentabilidade e bem-estar com foco nos ingredientes de origem cem por cento vegetal.

Em São Paulo, ao lado do seu instituto, o Le Cordon Bleu abriu o conceitual Culinary Village, espaço de design contemporâneo e elegante, com projeto arquitetônico sustentável, onde visitantes e parceiros podem usufruir de uma experiência gastronômica plural. O espaço conta com Café, Boutique, salas de coworking, cozinha multifuncional para a realização de diferentes eventos culinários, cursos, team building, programas de TV, internet e uma sofisticada estrutura para produção e degustação de comidas e bebidas. É importante ressaltar que o espaço também é sede da belíssima biblioteca gastronômica doada por Nina Horta, falecida e estimada jornalista, crítica e autora de livros voltados à gastronomia e à cozinha brasileira.

Em parceria com o *campus* Rio, abrimos o Restaurante Signatures. Localizado em uma região privilegiada da cidade, o espaço é considerado um local renomado pela crítica gastronômica carioca, tanto pela comida como pelo serviço de salão. Com um ambiente acolhedor e refinado, orgulhosamente apresenta um cardápio impecável e contemporâneo de alta gastronomia franco-brasileira, atualizado constantemente, com uma excelente seleção de ingredientes sazonais e locais combinados com a criatividade, a ousadia e a apresentação artística dos head chefs do Le Cordon Bleu. Além disso, é um ambiente de aprendizado para os estudantes do instituto, por contar com um programa interno de estágio e treinamento em que eles têm a oportunidade de aprimorar suas habilidades e aprender com os melhores profissionais do setor. Isso significa que, além da experiência excepcional oferecida aos clientes, o restaurante contribui para o desenvolvimento de novos talentos na área da gastronomia.

Já em âmbito nacional, a partir da importante parceria com a Ânima Educação e suas universidades – presentes em todo o Brasil –, temos o desenvolvimento e a entrega de valiosos programas de ensino superior, com conteúdo acadêmico especializado para cursos de graduação e bacharelado em gastronomia, turismo, hotelaria e eventos. Os programas são pautados na meticulosidade com que trabalhamos no mercado brasileiro e internacional da hospitalidade e têm o objetivo de desenvolver em nossos alunos as competências necessárias para que se apresentem como futuros líderes em hotelaria e restauração, capazes de traçar estratégias de marketing, gestão de pessoas e empreendedorismo, assim como de se posicionar no mercado de luxo global.

Embora a excelência na educação seja a essência da missão do Le Cordon Bleu, o ensino nunca se limitou às aulas e aos treinamentos ministrados por nossos chefs instrutores, por especialistas do setor e por palestrantes. Mais de 14 milhões de livros foram vendidos pelo Le Cordon Bleu, e muitos de nossos títulos são aclamados em todo o mundo, sendo alguns considerados referência para treinamento culinário – o que parece adequado, já que o Le Cordon Bleu nasceu de uma revista parisiense criada pela jornalista Marthe Distel em 1895. Os leitores recebiam aulas de culinária dos chefs cujas receitas eram apresentadas. A revista refletia a mais refinada culinária francesa de sua época e já se abria para o mundo, tendo sido publicada em vários idiomas.

Com *Gastronomia brasileira – Da tradição à cozinha de fusão*, temos o prazer de compartilhar com você nossa experiência, nossa visão e nossa paixão pelas artes culinárias. Esperamos que este título o ajude a ter sucesso e prazer na cozinha, assim como a descobrir o que há de melhor na culinária brasileira.

Saudações gastronômicas,
André Cointreau
Presidente do Le Cordon Bleu Internacional

DATAS MARCANTES DO LE CORDON BLEU

1895
▸ A jornalista francesa Marthe Distel lança em Paris a revista culinária intitulada *La Cuisinière Cordon Bleu*. Em outubro, os assinantes são convidados às primeiras aulas de culinária Le Cordon Bleu.

1897
▸ O Le Cordon Bleu Paris recebe seu primeiro estudante russo.

1905
▸ O Le Cordon Bleu Paris treina seu primeiro estudante japonês.

1914
▸ O Le Cordon Bleu tem 4 escolas em Paris.

1927
▸ O jornal *The London Daily Mail*, datado de 16 de novembro, escreve sobre uma visita ao Le Cordon Bleu Paris: "Não é incomum ver 8 nacionalidades diferentes em cada classe".

1931
▸ Rosemary Hume e Dione Lucas, formadas no Le Cordon Bleu Paris sob a supervisão do chef Henri-Paul Pellaprat, inauguram a École du Petit Cordon Bleu e o restaurante Au Petit Cordon Bleu em Londres.

1942
▸ Dione Lucas abre uma escola e restaurante Le Cordon Bleu em Nova York. Ela também é autora do best-seller *The Cordon Bleu Cook Book* e se torna a primeira mulher a apresentar um programa de culinária na televisão nos Estados Unidos.

1948
▸ O Le Cordon Bleu recebe credenciamento do Pentágono para fornecer treinamento profissional a jovens soldados americanos após seu período de serviço na Europa. Julia Child, ex-integrante do Escritório de Serviços Estratégicos (OSS) dos Estados Unidos, começa a treinar na escola Le Cordon Bleu Paris.

1953
▸ O Le Cordon Bleu London cria a receita Frango da Coroação, servida a dignitários estrangeiros durante o jantar de coroação de Sua Majestade Rainha Elizabeth II.

1954
▸ O sucesso do filme *Sabrina*, de Billy Wilder, com Audrey Hepburn no papel principal, contribui para a fama crescente da escola Le Cordon Bleu.

1984
▸ A família Cointreau, descendente das famílias fundadoras das marcas Rémy Martin e Cointreau, assume a presidência do Instituto Le Cordon Bleu Paris, sucedendo à senhora Elizabeth Brassart, que era diretora desde 1945.

1988
▸ Le Cordon Bleu Paris sai da rue du Champ de Mars, perto da Torre Eiffel, para se instalar na rue Léon Delhomme, no 15º distrito. A escola é inaugurada pelo ministro do governo, senhor Édouard Balladur.
▸ O Le Cordon Bleu Ottawa recebe seus primeiros alunos.

1991
▸ O Le Cordon Bleu Japan abre suas portas em Tóquio, depois em Kobe. O instituto é conhecido como "Pequena França no Japão".

1995
▸ O Le Cordon Bleu comemora seu centésimo aniversário.
▸ Pela primeira vez, as autoridades do distrito de Xangai, na China, enviam chefs para serem treinados no exterior, no Le Cordon Bleu Paris.

1996
▸ O Le Cordon Bleu se instala em Sydney, na Austrália, a pedido do governo de New South Wales, e treina chefs em preparação para os Jogos Olímpicos de Sydney de 2000.

▸ Um bacharelado e um mestrado em Administração, bem como pesquisa universitária nas áreas de hotéis, restaurantes, artes culinárias e vinhos, são desenvolvidos em Adelaide.

1998
▸ O Le Cordon Bleu assina um acordo exclusivo com a Career Education Corporation (CEC), a fim de exportar sua expertise de ensino para os Estados Unidos e, como tal, oferecer "Diplomas Associados" com conteúdo exclusivo em Artes Culinárias e Gestão Hoteleira.

2002
▸ O Le Cordon Bleu Korea e o Le Cordon Bleu Mexico recebem seus primeiros alunos.

2003
▸ Começa a aventura do Instituto Le Cordon Bleu Peru. Ele expande e se torna o principal instituto de culinária do país.

2006
▸ O Le Cordon Bleu Thailand é lançado em parceria com a Dusit International.

2009
▸ Toda a rede de instituições Le Cordon Bleu participa do lançamento do filme *Julie & Julia*, com Meryl Streep no papel de Julia Child, *alumni* do Le Cordon Bleu Paris.

2011
▸ O Le Cordon Bleu Madrid abre suas portas em parceria com a Universidad Francisco de Vitoria.
▸ O Le Cordon Bleu lança seu primeiro programa online de mestrado em Turismo Gastronômico.

▸ O Japão tira da França o título de país com mais de três restaurantes com estrelas Michelin.

2012

▸ O Le Cordon Bleu Malaysia é lançado em parceria com o Sunway University and College.
▸ O Le Cordon Bleu London muda-se para Bloomsbury.
▸ O Le Cordon Bleu New Zealand é inaugurado em Wellington.

2013

▸ Inauguração oficial do Le Cordon Bleu Istambul.
▸ O Le Cordon Bleu Thailand recebe o prêmio de Melhor Escola de Culinária da Ásia.
▸ É assinado um acordo com a Ateneo de Manila University para a abertura de um instituto nas Filipinas.

2014

▸ O Le Cordon Bleu India abre suas portas, oferecendo aos alunos o bacharelado em Hotelaria e Gestão de Restaurantes.
▸ O Le Cordon Bleu Lebanon e o Le Cordon Bleu Hautes Études du Goût comemoram seu 10º aniversário.

2015

▸ O 120º aniversário do Le Cordon Bleu é comemorado em todo o mundo.
▸ O Le Cordon Bleu Shanghai dá as boas-vindas aos novos alunos.
▸ O Le Cordon Bleu Peru recebe o status de universidade.
▸ O Le Cordon Bleu Taiwan abre suas portas com NKUHT e Ming-Tai Institute.
▸ O Le Cordon Bleu abre suas portas em Santiago do Chile com a Universidad Finis Terrae.

2016

▸ Inauguração do novo *campus* Le Cordon Bleu Paris, com 4.000 m² dedicados às artes culinárias e à gestão de vinhos, hotelaria e restauração.

2017

▸ O Le Cordon Bleu London faz parceria com a Birkbeck, Universidade de Londres, para oferecer um diploma de bacharel em Gerenciamento da Indústria Culinária.
▸ O Le Cordon Bleu é premiado com o prestigioso Troféu Excellence Française e é a primeira instituição de artes culinárias a receber essa distinção honorária, recompensando a qualidade de seus programas de treinamento e sua capacidade de fazer brilhar a excelência e a expertise francesas em todo o mundo.
▸ O Le Cordon Bleu Perth (Austrália) abre suas portas, assim como o Le Cordon Bleu Tabarja, no Líbano.

2018

▸ Inauguração dos *campi* Le Cordon Bleu Brasil no Rio de Janeiro e em São Paulo, propondo programas de Cozinha, Confeitaria e Panificação.
▸ Parceria entre o Le Cordon Bleu Paris e a Université Paris Dauphine para fornecer um diploma duplo aos graduados dos dois programas de bacharelado do instituto.

2019

▸ Inauguração do Le Cordon Bleu nas Filipinas, em parceria com a Ateneo de Manila University.
▸ O Le Cordon Bleu Thailand se muda para um novo *campus* de última geração no centro de Bangkok.
▸ O Le Cordon Bleu continua seu desenvolvimento na educação, lançando o

diploma de culinária plant based em Londres; o MBA de Hospitalidade Internacional e Liderança Culinária em parceria com a Université Paris Dauphine; o mestrado em Gestão da Inovação Culinária (MSc) em Londres, com a Birkbeck University; e o bacharelado em Ciências Alimentares Integradas no Canadá.

2020

▸ O Le Cordon Bleu comemora 125 anos de excelência em educação.
▸ O Le Cordon Bleu abre seu terceiro restaurante-escola, o Signatures, no Rio de Janeiro, com ênfase na sazonalidade local e na cozinha de fusão França-Brasil.
▸ O Le Cordon Bleu lança programas certificados de Ensino Superior online e vários programas online e cursos curtos, disponíveis em todo o mundo.

2021

▸ O Le Cordon Bleu São Paulo e o Le Cordon Bleu Rio de Janeiro lançam diploma dedicado à gastronomia brasileira.

2022

▸ O Le Cordon Bleu Rio de Janeiro e o Le Cordon Bleu São Paulo lançam o Diplôme em Plant Based.
▸ Lançamento de novos programas Le Cordon Bleu com foco em inovação e saúde, com várias graduações dedicadas a nutrição, bem-estar, cozinha vegetariana e ciências da alimentação.
▸ O Le Cordon Bleu faz parceria com estabelecimentos renomados para desenvolver e oferecer um bacharelado em Ciências Alimentares Integradas (em parceria com a Universidade de Ottawa), um mestrado em Gestão de Inovação Culinária (em parceria com a Birbeck, Universidade de Londres) e um MBA em Hotelaria Internacional e Liderança Culinária (em parceria com a Université Paris Dauphine-PSL).

2023

▸ O Le Cordon Bleu Paris abre um novo local no prestigioso e histórico Hotel de la Marine, perto do Louvre e da Champs-Élysées, para propor experiências culinárias, programas e conferências.
▸ O Le Cordon Bleu São Paulo abre um novo local na cidade, ao lado do instituto, o Culinary Village, onde os visitantes podem acessar o Le Cordon Bleu Café, que propõe uma deliciosa variedade de doces, pães e viennoiseries, além de uma variedade de lanches, um programa de minicursos culinários, degustações de vinhos, conferências sobre gastronomia e o memorial e biblioteca culinária herdados da premiada escritora gastronômica Nina Horta.

O LE CORDON BLEU NO MUNDO

Le Cordon Bleu Paris
13-15 Quai André Citroën
75015 Paris, France
T: +33 (0)1 85 65 15 00
paris@cordonbleu.edu

Le Cordon Bleu London
15 Bloomsbury Square
London WC1A 2LS
United Kingdom
T: +44 (0) 207 400 3900
london@cordonbleu.edu

Le Cordon Bleu Madrid
Universidad Francisco de Vitoria
Ctra. Pozuelo-Majadahonda
Km 1.800
Pozuelo de Alarcón, 28223
Madrid, Spain
T: +34 91 715 10 46
madrid@cordonbleu.edu

Le Cordon Bleu Istanbul
Özyeğin University
Çekmeköy Campus
Nişantepe Mevkii, Orman Sokak, No:13
Alemdağ, Çekmeköy 34794
Istanbul, Turkey
T: +90 216 564 9000
istanbul@cordonbleu.edu

Le Cordon Bleu Liban
Burj on Bay Hotel
Tabarja – Kfaryassine – Lebanon
T: +961 9 85 75 57
lebanon@cordonbleu.edu

Le Cordon Bleu Japan
Ritsumeikan University Biwako/
　Kusatsu Campus
1 Chome-1-1 Nojihigashi,
Kusatsu, Shiga 525-8577, Japan
T: +81 3 5489 0141
tokyo@cordonbleu.edu

Le Cordon Bleu Korea
Sookmyung Women's
　University,
7th Fl., Social Education
　Bldg.,
Cheongpa-ro 47gil 100,
　Yongsan-Ku,
Seoul, 140-742 Korea
T: +82 2 719 6961
korea@cordonbleu.edu

Le Cordon Bleu Ottawa
453 Laurier Avenue East
Ottawa, Ontario, K1N 6R4,
　Canada
T: +1 613 236 CHEF (2433)
Toll free +1 888 289 6302
Restaurant line +1 613 236 2499
ottawa@cordonbleu.edu

Le Cordon Bleu Mexico
Universidad Anáhuac North
　Campus
Universidad Anáhuac South
　Campus
Universidad Anáhuac Querétaro
　Campus
Universidad Anáhuac Cancún
　Campus
Universidad Anáhuac Mérida
　Campus
Universidad Anáhuac Puebla
　Campus
Universidad Anáhuac Tampico
　Campus
Universidad Anáhuac Oaxaca
　Campus
Av. Universidad Anáhuac No. 46,
　Col. Lomas Anáhuac
Huixquilucan, Edo. De Mex. C.P.
　52786, México
T: +52 55 5627 0210 ext. 7132 / 7813
mexico@cordonbleu.edu

Le Cordon Bleu Peru
Universidad Le Cordon Bleu
　Peru (ULCB)
Le Cordon Bleu Peru Instituto
Le Cordon Bleu Cordontec
Av. Vasco Núñez de Balboa 530
Miraflores, Lima 18, Peru
T: +51 1 617 8300
peru@cordonbleu.edu

Le Cordon Bleu Australia
Le Cordon Bleu Adelaide Campus
Le Cordon Bleu Sydney Campus
Le Cordon Bleu Melbourne
　Campus
Le Cordon Bleu Brisbane Campus
Days Road, Regency Park
South Australia 5010, Australia
Free call (Australia only): 1 800
　064 802
T: +61 8 8346 3000
australia@cordonbleu.edu

Le Cordon Bleu New Zealand
52 Cuba Street
Wellington, 6011, New Zealand
T: +64 4 4729800
nz@cordonbleu.edu

Le Cordon Bleu Malaysia
Sunway University
No. 5, Jalan Universiti, Bandar
　Sunway,
46150 Petaling Jaya, Selangor DE,
　Malaysia
T: +603 5632 1188
malaysia@cordonbleu.edu

Le Cordon Bleu Thailand
4, 4/5 Zen tower, 17th-19th floor
Central World
Ratchadamri Road, Pathumwan
　Subdistrict, 10330
Pathumwan District, Bangkok
　10330
Thailand
T: +66 2 237 8877
thailand@cordonbleu.edu

Le Cordon Bleu Shanghai
2F, Building 1, No. 1458 Pu Dong
　Nan Road,
Shanghai China 200122
T: +86 400 118 1895
shanghai@cordonbleu.edu

Le Cordon Bleu India
G D Goenka University
Sohna Gurgaon Road
Sohna, Haryana, India
T: +91 880 099 20 22 / 23 / 24
lcb@gdgoenka.ac.in

Le Cordon Bleu Chile
Universidad Finis Terrae
Avenida Pedro de Valdivia, 1509
Providencia
Santiago de Chile
T: +56 24 20 72 23

Le Cordon Bleu Rio de Janeiro
Le Cordon Bleu Cordontec
Rua da Passagem, 179, Botafogo
Rio de Janeiro, RJ, 22290-031
Brazil
T: +55 21 9940-02117
riodejaneiro@cordonbleu.edu

Le Cordon Bleu São Paulo
Rua Natingui, 862, primero andar,
Vila Madalena, SP, São Paulo,
　05443-001, Brazil
T: +55 11 3185-2500
saopaulo@cordonbleu.edu

Le Cordon Bleu Taiwan
NKUHT University
Ming-Tai Institute
4F, No. 200, Sec. 1, Keelung Road
Taipei 110, Taiwan
T: +886 2 7725-3600 / +886
　975226418

Le Cordon Bleu Manila
G/F George SK Ty Learning
　Innovation Wing, Areté,
　Ateneo de Manila University,
　Katipunan Avenue 1108
Quezon City, Philippines
T: (+632) 8426.6001 loc. 5381 and
5384

www.cordonbleu.edu
e-mail: info@cordonbleu.edu

INTRODUÇÃO

A COZINHA BRASILEIRA

A culinária brasileira teve início antes da constituição do Brasil Colônia, pois o território já era habitado por diversos povos indígenas, os quais tinham e têm profundo conhecimento tanto do manuseio da terra quanto do desenvolvimento e da adaptação de equipamentos e utensílios para pescar, caçar, cultivar e cozinhar. Suas técnicas são excepcionais, principalmente em relação à cultura da mandioca e às casas de farinha, cujos insumos – tapioca, beiju, pirão e tucupi (líquido extraído da mandioca) – fazem parte da maioria dos pratos consumidos até hoje, especialmente na região Norte, mas também em todo o território brasileiro. Vale lembrar que a alimentação desses povos tem por base também os peixes, o milho, as carnes de caça, o palmito, as frutas, os vegetais e outros alimentos originais dos biomas brasileiros. Peças, utensílios e técnicas exclusivamente indígenas são usados na produção de vários alimentos. O tipiti e o moquém, por exemplo, são recursos da tecnologia brasileira indígena ancestral que continuam fazendo parte da nossa arte culinária. O tipiti é uma espécie de canudo de palha trançado, que serve para espremer a raiz da mandioca ralada e assim separar a massa do líquido. Já o moquém é um precursor da churrasqueira: uma grelha para assar carnes, apoiada em um tripé.

Quando os portugueses aqui chegaram, trouxeram inúmeros produtos de sua cultura para consumo. No entanto, à medida que foi se tornando difícil buscá-los na Metrópole, foi necessário substituí-los por ingredientes nativos e adaptados ao território. Com a cultura portuguesa vieram heranças como os cozidos, as bases aromáticas e os doces conventuais, então tradicionais em diversos países da Europa, além de um dos pratos mais emblemáticos da culinária brasileira: a feijoada. Essa origem é muito debatida entre os historiadores, mas são fortes os indícios de que a feijoada veio mesmo de Portugal. Paralelamente, os povos africanos trazidos à força ao território brasileiro também contribuíram para a gastronomia nacional com técnicas e ingredientes, e sua chegada resultou na grande tríade de miscigenação alimentar indígena-portuguesa-africana. Da África vieram diversos insumos e preparos que estão tão entranhados na cultura nacional que muitos pensam que nasceram no Brasil. Um exemplo é o acarajé, legítimo representante daquela que atualmente é reconhecida como culinária afro-brasileira, principalmente na região do Recôncavo Baiano. Tal choque cultural foi o primeiro movimento para a construção das bases da cozinha brasileira, mas práticas culinárias e insumos continuaram chegando ao Brasil durante todo o período colonial.

A vinda da família real portuguesa para o Brasil, em 1808, teve uma influência significativa na culinária brasileira. A corte portuguesa trouxe consigo ingredientes e técnicas culinárias que eram populares na Europa na época. Dentre os ingredientes introduzidos, destacam-se o azeite de oliva, os vinhos, os queijos, os embutidos, os temperos e as especiarias. Também foram introduzidas técnicas de confeitaria, panificação e conservação de alimentos. No início do século XX, com o grande afluxo de imigrantes de diversos países, a gastronomia brasileira começou a se modificar consideravelmente. Esse processo de fusão cultural da culinária intensificou-se nesse período, enriquecendo-se por meio das culturas alimentares que vieram com os japoneses, os italianos, os árabes, os alemães e os chineses – e mais tarde, já entre meados do século XX e início do século XI, graças à chegada dos coreanos, dos peruanos, dos venezuelanos e dos haitianos.

Concentrados em São Paulo, os italianos apresentaram as pizzas, as massas à base de trigo e diversos molhos, e ainda incrementaram a então tímida queijaria brasileira. Já os alemães se instalaram principalmente na região Sul e trouxeram parte de sua gastronomia em produtos e técnicas culinárias como os embutidos, a cerveja, os preparos fermentados e as conservas, além de outros pratos que até hoje estão nos cardápios de cidades dos estados de Santa Catarina e Rio Grande do Sul. Graças a essas e a tantas outras influências, foi mais que natural a incorporação das práticas culturais europeias e asiáticas às mesas brasileiras.

Nas regiões do interior do Sudeste, do Centro-Oeste e de parte do Sul do Brasil, a cozinha caipira se consolidou e sua influência pode ser encontrada também nos cardápios de bares e restaurantes sofisticados. Entradinhas como coxinha e caldinho de feijão são perfeitas para abrir um delicioso almoço caipira. Seus ingredientes principais – milho, mandioca e feijão – fazem parte daquela que conhecemos como comida de quintal, ou seja, a comida que os antigos brasileiros plantavam e colhiam em casa mesmo, com a qual produziam esses quitutes, ou bocadinhos, presentes até hoje nas mesas do país – um país de cores, sabores e aromas únicos.

De Norte a Sul, assim é o Brasil. As cozinhas locais têm como base referências, ingredientes e técnicas indígenas, africanas, portuguesas e dos demais imigrantes, o que faz da gastronomia brasileira um verdadeiro e proverbial caldeirão de culturas. Este é um país de dimensões continentais, que dispõe de um mar de insumos, utilizados tanto nos lares quanto nos restaurantes e demais estabelecimentos comerciais. Sejam os insumos nativos do solo brasileiro, sejam eles muito bem aclimatados, sejam os pratos clássicos ou mais modernos, à base de hortaliças ou carnes, doces ou salgados, rápidos ou de longa cocção – todos fazem parte da rica culinária brasileira.

Esse repertório diversificado de técnicas, ingredientes, história e influências inspirou o Le Cordon Bleu a criar um programa dedicado à gastronomia brasileira, o qual compartilha as tradições nacionais, mas também traz a criatividade e a modernidade de suas criações.

MANDIOCA, A RAINHA DO BRASIL

A mandioca, *Manihot esculenta Crantz*, é uma planta nativa da América com fortes indícios de naturalidade brasileira, e era o principal produto agrícola das nações indígenas quando chegaram os primeiros colonizadores. O padre jesuíta José de Anchieta a chamava de "pão da terra". A palavra "mandioca" vem do tupi "Mani-oca", a casa (oca) de Mani. Aparece ora como lenda, ora como mito: Mani é a menina que morre para nascer Mandioca. Uma versão da tradição oral foi registrada pelo etnólogo Couto de Magalhães em 1846:

"Em tempos idos, apareceu grávida a filha dum chefe selvagem, que residia nas imediações do lugar em que está hoje a cidade de Santarém. O chefe quis punir no autor da desonra de sua filha a ofensa que sofrera seu orgulho e, para saber quem ele era, empregou debalde rogos, ameaças e por fim castigos severos. Tanto diante dos rogos como diante dos castigos a moça permaneceu inflexível, dizendo que nunca tinha tido relação com homem algum. O chefe tinha deliberado matá-la, quando lhe apareceu em sonho um homem branco, que lhe disse que não matasse a moça, porque ela era efetivamente inocente, e não tinha tido relação com homem. Passados os nove meses, ela deu à luz uma menina lindíssima e branca, causando este último fato a surpresa não só da tribo como das nações vizinhas, que vieram visitar a criança, para ver aquela nova e desconhecida raça. A criança, que teve o nome de Mani e que andava e falava precocemente, morreu ao cabo de um ano, sem ter adoecido e sem dar mostras de dor. Foi ela enterrada dentro da própria casa, descobrindo-se e regando-se diariamente a sepultura, segundo o costume do povo. Ao cabo de algum tempo, brotou da cova uma planta que, por ser inteiramente desconhecida, deixaram de arrancar. Cresceu, floresceu e deu frutos. Os pássaros que comeram os frutos se embriagaram, e este fenômeno, desconhecido dos índios, aumentou-lhes a superstição pela planta. A terra afinal fendeu-se, cavaram e julgaram reconhecer no fruto que encontraram o corpo de Mani. Comeram-no e assim aprenderam a usar da mandioca."

Desde a época pré-colombiana, a mandioca é essencial para a vida no Brasil. É cultivada no país inteiro, e sua farinha está presente em praticamente todas as mesas brasileiras – cada região apresenta especialidades culinárias que fazem parte do caldeirão ancestral de saberes e fazeres.

A mandioca é processada em uma série de produtos alimentares que estão profundamente enraizados na tradição culinária do país, em especial nas regiões Norte e Nordeste. Com a massa ralada e prensada são produzidos farinhas e beijus. O sumo resultante da prensa da massa de mandioca ralada no tipiti – dispositivo feito de fibra vegetal trançada, geralmente em formato cilíndrico ou alongado – descansa por pelo menos 24 horas, o que resulta na separação do líquido, do amido e da massa. Do amido surgem os polvilhos utilizados na fabricação de biscoitos, do tradicional pão de queijo e de tapiocas recheadas. Do líquido fermentado e longamente fervido surge o fantástico tucupi, um caldo de aroma e sabor únicos que serve para a cocção de peixes, carnes diversas e vegetais, como no tradicional pato no tucupi, prato paraense típico muito apreciado nas festas de final de ano e nas festividades do Círio de Nazaré. Da massa fermentada (pubada) são feitos bolos e tortas, como o tradicional bolo Souza Leão, um dos mais antigos doces brasileiros, que recebeu o título de Patrimônio Cultural Imaterial do estado de Pernambuco.

A mandioca é um patrimônio alimentar da cultura tradicional, e os laços com o universo sociocultural se expressam nas práticas agrícolas, na riqueza culinária e nos mitos que cercam seu aparecimento.

A DOÇARIA BRASILEIRA

A região Nordeste é o berço da doçaria no Brasil, e isso se deu a partir da naturalização da cana-de-açúcar, principal planta cultivada no período colonial, e da consequente implantação dos engenhos de açúcar. Durante muito tempo essa foi a base do desenvolvimento socioeconômico, cultural e alimentar do país. Registros datados de 1526 na alfândega de Lisboa mostram cobranças e pagamentos de direitos sobre o açúcar produzido na Capitania de Pernambuco.

A influência portuguesa foi a mais impactante para a doçaria brasileira – e trouxe consigo técnicas e ingredientes da civilização moura, que haviam se incorporado à cultura portuguesa graças ao domínio árabe na península Ibérica, que se estendeu do século VIII até o final do século XV.

Os doces produzidos pelas freiras católicas, conhecidos como doces de convento, são exemplo da influência moura, que se assenta principalmente no açúcar, no mel, no preparo de doces de bocados e de bolos. Tal tradição se expressa, por exemplo, no bolo de mel, no alfenim e na alféola, doces primeiramente assimilados em Portugal e posteriormente adaptados em terras brasileiras.

A alféola, que no Brasil tem o nome de puxa-puxa, é feita com mel de engenho ou calda de açúcar branco. Com o passar do tempo, tornou-se base para outras receitas, como a maria-mole. Outros doces também são marcas hereditárias: o bolo de mel da ilha da Madeira e de Beja, os quartos, os ladrilhos de marmelada, o bolo podre, a rabanada e o bolo folhado, que no Brasil é conhecido como mil-folhas. Hoje todos são feitos com açúcar, mas antigamente eram produzidos com mel.

Mas como esses doces conhecimentos chegaram ao Brasil? De acordo com pesquisadores da alimentação brasileira, em 1834 o marquês de Pombal expulsou as ordens religiosas de Portugal, mas os homens – e principalmente as mulheres – que trabalhavam para essas ordens permaneceram no país e passaram a viver na sociedade civil. Apareceu assim a oportunidade de trazer ao conhecimento popular os segredos conventuais da produção de doces. Portugal passou a ser um grande exportador de doces para a Europa e o Brasil. Algumas das freiras banidas vieram para o Brasil e se estabeleceram principalmente nas cidades nordestinas de Recife e Salvador, fazendo com que os conventos, a exemplo dos conventos da Lapa e de Santa Clara do Desterro, assumissem grande destaque na doçaria pernambucana e baiana.

Os nomes dos doces eram inspirados nas confissões, nas críticas e nas queixas ouvidas nos conventos: melindre, sonho, suspiro, beijo de freira, toucinho do céu, papo de anjo, celeste, queijinho de hóstia, manjar real e casadinho. E utilizavam em sua base o trinômio farinha de trigo, açúcar e ovos, combinados a frutas, leite e especiarias.

Quando esse conhecimento aportou no Brasil, a variedade de sabores foi ampliada graças aos ingredientes encontrados no território brasileiro. Goiaba, jaca, coco, abacaxi e maracujá são alguns exemplos. Já farinha de trigo, ingrediente de difícil acesso no Brasil colonial, foi substituída por insumos como fubá e maisena – oriundos do milho –, polvilhos, puba, carimã, goma azeda e tapioca – produtos da mandioca. O leite de vaca foi substituído por leite de coco.

A partir do século XVI, o açúcar se tornou abundante e acabou substituindo o mel, na forma de melado ou rapadura. A grande produção de açúcar o transformou num produto barato e permitiu às classes menos favorecidas a confecção de bolos e biscoitos. Graças a isso, os doces se tornaram mais variados. A classe abastada, porém, continuou a consumir os doces de convento, como compotas e doces de calda, doces de ovos, pastéis folhados, manjares brancos, sonhos, suspiros, roscas, marmeladas e pães de ló, entre outros.

O Brasil também herdou de Portugal a tradição dos bolos. O bolo tinha, e ainda tem, uma função social importante, sendo servido em ocasiões como noivados, casamentos, aniversários, enfermidades e condolências. A tradição portuguesa de bolos e doces foi tão bem assimilada nas casas-grandes, nas vilas e nos conventos que a influência francesa começou a aparecer apenas a partir do século XIX, quando os confeiteiros franceses se tornaram os mais procurados na corte portuguesa e, por consequência, apareceram em cidades como Recife e Rio de Janeiro, trazendo doces considerados mais elegantes.

AS QUITANDAS BRASILEIRAS

"Kitanda" é uma palavra de origem quimbundo que designava os mercados e as feiras da região centro-oeste da África, nos quais trabalhavam principalmente mulheres, vendendo produtos como legumes, frutas, comida pronta, tecidos e fumo. No Brasil colonial, o termo passou a designar os tabuleiros de quitutes vendidos nas ruas e permanece até hoje, assim como o modo de fazê-los e seus ingredientes básicos. São necessários poucos ingredientes para fazer as quitandas, esses bocadinhos servidos no café da tarde: milho ou mandioca, açúcar, ovos e alguns outros insumos baratos e facilmente encontrados.

A presença das quitandeiras no Rio de Janeiro foi registrada por pintores da missão francesa que chegara ao Brasil em 1816. Artistas como Chamberlain e Debret capturaram a importância do comércio realizado por elas na época. A quitanda também era, e ainda é, tão importante no estado de Minas Gerais que a cidade de Congonhas tem o Festival da Quitanda, o maior no país, que oferece doces, broas, biscoitos, bolinhos, roscas e outros bocados.

O CICLO DO CAFÉ

O café chegou ao Brasil em 1720, quando as primeiras mudas foram plantadas na Capitania do Grão-Pará. De acordo com alguns registros históricos, o militar luso-brasileiro Francisco de Melo Palheta trouxe as mudas da Guiana Francesa.

O Ciclo do Café – a época de cultivo intenso que ocorreu entre 1800 e 1930 – foi um período marcado pela chegada de diversos grupos de imigrantes. Italianos, franceses e espanhóis, entre outros, passaram a trabalhar nas lavouras e impulsionaram a produção cafeeira do Sudeste, especialmente no vale do rio Paraíba, entre São Paulo e Rio de Janeiro, que dominava cerca de 80% do mercado interno.

A produção cafeeira nessa região foi bem-sucedida até 1880, mas a exploração desenfreada do solo comprometeu sua fertilidade e produtividade. Com queda de produtividade do Vale do Paraíba, as lavouras de café migraram para Minas Gerais, Bahia, Espírito Santo e Paraná. Em 1880, o Brasil se tornou o maior produtor mundial. A cafeicultura foi a mais importante atividade econômica do Brasil até a década de 1930, quando o país começou a se industrializar.

O café é hoje a segunda bebida mais consumida no país, ficando atrás apenas da água, e o interesse por grãos de melhor qualidade é crescente, o que vem ajudando no fortalecimento de pequenos produtores de cafés especiais, cujos produtos são consumidos internamente, mas também são exportados.

DO CAMPO À MESA

Nas últimas décadas, a gastronomia brasileira absorveu novos conceitos e passou a se preocupar com a maneira de cultivar os alimentos, o que resultou, entre outras coisas, no consumo crescente de orgânicos e plantas alimentícias não convencionais (PANC). Embora a maior parte dos produtos utilizados no setor gastronômico ainda seja proveniente do agronegócio, já existe um nicho destacado de produtos alimentares oriundos da agricultura familiar e da agroecologia, com características regionais marcantes e valor agregado.

Nas últimas décadas, o campo passou a ser visto não somente como o local de produção de insumos, mas também de produção e de manutenção da vida. O meio rural seria, assim, um conjunto de fatores sociais, políticos, econômicos e ambientais que compreende a diversidade local, a cultura e as formas de produção dos territórios. Em conjunto, a identidade regional e a valorização dos ingredientes locais se apresentam como uma estratégia que integra o cozinheiro e o comensal ao contexto rural e propiciam o reconhecimento dos aspectos gastronômicos da atividade. Reforçam ainda a função que deve ser assumida por esse mesmo consumidor: a de cidadão consciente, um coprodutor capaz de fazer escolhas alimentares críticas e reflexivas e de se responsabilizar pela sociedade em que vive.

As PANC e a cozinha brasileira

As plantas alimentícias não convencionais (PANC) são um conceito brasileiro associado à utilização gastronômica de plantas pouco consumidas que poderiam tranquilamente ser adicionadas ao cardápio nacional. São plantas que crescem espontaneamente em quintais e hortas pelo país afora e estão intimamente relacionadas ao bioma local. Todos os biomas brasileiros têm grande potencial de exploração das PANC, sejam elas nativas, sejam aclimatadas e culturalizadas em solo brasileiro. E a gastronomia brasileira contemporânea, que prega uma alimentação saudável com foco em sustentabilidade, tem muito a ganhar com a incorporação de plantas como o cipó-alho, a taioba, o ora-pro-nóbis e as diversas flores comestíveis e brotos comestíveis.

A TRADIÇÃO BRASILEIRA DA CERÂMICA

A arte ceramista brasileira, popularmente conhecida como a "arte do barro", é um importante componente da cultura do país e tem grande variedade de técnicas e expressões artística, que variam de acordo com a região de origem e a assimilação da tradição artesanal de outras culturas. Sua base é a cerâmica das culturas tradicionais indígenas, com técnica ancestral e muito valorizada, à qual veio se juntar a cerâmica de tradição africana.

A gastronomia brasileira não se curvou ao alumínio, ao antiaderente e ao aço inox. Panelas, louças e utensílios de barro, de pedra-sabão e de ferro fundido se mantiveram insubstituíveis nas cozinhas regionais e alcançaram os restaurantes contemporâneos com seu estilo único.

A COZINHA DE FUSÃO E A EVOLUÇÃO DA GASTRONOMIA NO BRASIL

A gastronomia nos faz viajar sem sair do lugar e muitas vezes nos leva a diferentes lugares numa garfada só. É o que acontece quando falamos de cozinha de fusão, que é a combinação de diferentes técnicas, ingredientes e tradições culinárias de regiões ou países diferentes. É a cozinha que trata de hibridismos gastronômicos, que harmoniza os aspectos mais marcantes de cada território apresentado no prato. Muitas vezes, esses territórios são vizinhos, e o hibridismo acontece naturalmente. A cozinha da Alsácia, região na divisa entre a Alemanha e a França, é um exemplo desse intercâmbio entre os pratos alemães e franceses. No Brasil, desde sempre houve a combinação das influências indígena, africana e europeia, especialmente a portuguesa. Um exemplo prático e simples é o pastelzinho goiano, uma espécie de pastel de nata que foi adaptado ao país com a utilização de doce de leite no lugar do creme de ovos português.

Na Europa, o desenvolvimento de novas combinações culinárias ganhou grande impulso a partir dos anos 1970, graças à possibilidade de transportar alimentos com mais velocidade e à facilidade de cruzar fronteiras. No mesmo período, uma revolução gastronômica aconteceu no Brasil: nas receitas, na apresentação dos pratos e no mercado. O nível da gastronomia brasileira subiu, e isso se deu pelo trabalho de uma nova geração de pequenos e médios produtores, pela mudança de mentalidade dos consumidores e pelas mudanças políticas, econômicas e sociais pelas quais o país passou.

A chegada dos hotéis de luxo e dos chefs franceses às capitais brasileiras, ainda na década de 1970, também contribuiu para uma nova visão de qualidade no setor nacional de hospitalidade. Inserida num contexto mais amplo de construção artística e intelectual, essa "missão francesa" veio difundir os princípios da nouvelle cuisine nas cozinhas de luxo que o país buscava. Ela elevou os padrões de atendimento e passou a oferecer novas experiências culinárias aos clientes. A presença no país de chefs renomados contribuiu para a popularização da culinária francesa e aumentou a importância da gastronomia na hospitalidade, tornando a cozinha um dos principais atrativos dos hotéis de luxo.

A GASTRONOMIA BRASILEIRA DO LE CORDON BLEU

Foi em meio a essa ebulição que o Le Cordon Bleu chegou ao país, e desde então tem contribuído para o processo de modernização e profissionalização da gastronomia local. O instituto se orgulha especialmente de contar com vários ex-alunos entre a nova geração de chefs de sucesso, como Morena Leite, Gabriela Barretto, Luciana Berry, Benny Novak, Roberta Ciasca e Gláucia Zoldan.

O Diploma de Cozinha Brasileira, ofertado nos institutos de São Paulo e Rio de Janeiro, é reconhecido mundialmente como um dos mais altos programas de treinamento nas técnicas clássicas e contemporâneas da cozinha brasileira. Ele reúne a tradição culinária do país, sua autenticidade, a história geral e das regiões, a cultura, a riqueza dos produtos artesanais, o terroir e o patrimônio técnico brasileiro em diferentes preparos, pratos e receitas com foco no estudo e no aproveitamento dos ingredientes, seguindo os princípios da sazonalidade e da sustentabilidade.

Este livro, inspirado na excelência do Le Cordon Bleu, destaca a reflexão feita no seu Diploma de Cozinha Brasileira no sentido de construir uma ponte entre as cozinhas tradicionais e regionais com as criações culinárias contemporâneas propostas pelos chefs do Le Cordon Bleu. As receitas estão organizadas de acordo com a ordem de serviço – da entrada à sobremesa – e têm o toque inovador da arte culinária e das técnicas da cozinha de fusão Brasil-França. Esperamos que você, leitor, deguste cada uma delas com muito prazer.

INGREDIENTES DA COZINHA BRASILEIRA

Os ingredientes apresentados nesta seção fazem parte da cultura alimentar tradicional e da gastronomia contemporânea do Brasil, estão inseridos nas receitas e aparecem em ordem alfabética. A substituição mais indicada deles é apresentada na seção Dica do chef em cada receita.

Abacaxi: É uma fruta nativa da América do Sul. As espécies mais indicadas para preparos gastronômicos são a Havaí, pela acidez, e a pérola, pela doçura e pelo aroma perfumado.

Abóbora: Muitas espécies são nativas do Brasil e de todo o continente americano. É um ingrediente versátil, que pode ser aproveitado em sua totalidade: sementes, casca, polpa, broto (cambuquira), ramos e folhas. Entre as variedades mais utilizadas estão a abóbora de pescoço, a abóbora-moranga e abóbora-japonesa, também conhecida por cabotiá.

Açaí: Nativo da Amazônia, é o fruto do açaizeiro, uma espécie de palmeira. É um alimento básico nas comunidades amazônicas, servido tradicionalmente como acompanhamento de peixes e farinhas da região de origem. É considerado um alimento muito saudável por suas propriedades antioxidantes e pelo teor de fibras e vitaminas.

Açúcar: No Brasil, por volta de 1500, a cana-de-açúcar encontrou o local ideal para sua produção, tornando-se desde então um dos ingredientes fundamentais nas cozinhas do mundo todo. Os tipos utilizados nas receitas deste livro são o cristal, o demerara, o mascavo e o comum refinado.

Amendoim: Leguminosa nativa do Brasil, já era consumido pelos povos tupis e guaranis. É muito utilizado na cozinha e na doçaria brasileiras como uma castanha, pois tradicionalmente ele é torrado.

Amido de milho: Obtido a partir da moagem do milho, é um dos espessantes mais utilizados na cozinha nacional, gracas ao sabor neutro. Era muito usado no período colonial como substituto da farinha de trigo.

Arroz: Ingrediente naturalizado no Brasil, forma hoje a base alimentar da população, juntamente com o feijão. Está presente em pratos tradicionais em todo o território nacional em seus diversos tipos: agulhinha, cateto, vermelho, etc.

Azeite de dendê: É o principal ingrediente da cozinha afro-brasileira. Extraído do dendezeiro, palmeira que foi naturalizada nas regiões Norte e Nordeste, é considerado a alma dos preparos culinários do Recôncavo Baiano.

Bacalhau: O bacalhau salgado (principalmente as espécies *Gadus macrocephalus* e *Gadus morhua*) é um ingrediente importante de festas como a Páscoa, o Natal e o Ano-Novo. É uma herança portuguesa que ganhou espaço próprio na cozinha brasileira.

Banana: Muitas espécies fazem parte da mesa brasileira, tanto as nativas – como a banana-da-terra – quanto as naturalizadas – como a nanica, a maçã e a ouro.

Baunilha do Cerrado: Fava de orquídea que pode ser até cinco vezes maior que a baunilha comum, tem aroma leve e é muito utilizada na doçaria e nas cozinhas de fusão e contemporânea.

Cacau: Fruto mais conhecido pelas sementes que dão origem ao chocolate, sua polpa clara é consumida principalmente no Norte e no Nordeste do Brasil. Na gastronomia, a polpa pode ser utilizada tanto em preparos doces quanto em molhos e conservas, que são enriquecidos por sua acidez.

Cachaça: Bebida fermentada e destilada, proveniente da cana-de-açúcar, é considerada terroir brasileiro, e o produto de cada região tem propriedades aromáticas distintas.

Café: Consumido em todo o mundo como uma bebida quente, o café de origem entra na gastronomia brasileira como ingrediente terroir.

Caju: Fruta nativa do Nordeste brasileiro, empresta a polpa e a castanha para a culinária nacional.

Camapu: Esse é o nome da físalis em tupi. Fruto nativo da Amazônia, é muito utilizado na doçaria brasileira e mundial.

Camarão: Pode ser frito, grelhado, salteado, empanado, salgado e seco. É um ingrediente bastante versátil e muito consumido em todo o Brasil. As espécies mais utilizadas são o camarão-cinza, o camarão-de-sete-barbas e camarão-rosa. Os tamanhos variam bastante.

Camarão seco: É o camarão que foi seco em preparo de salmoura ou ao sol, processos que reduzem sua umidade e seu tamanho. O camarão seco é muito usado nas regiões Norte e Nordeste, e, junto com o azeite de dendê, é ingrediente fundamental da cozinha baiana.

Canjiquinha de milho: Difere da farinha de milho, ou fubá, por ter uma granulagem maior dos grãos de milho. Em algumas regiões, é conhecida como quirera de milho. Nos mercados, é possível encontrar tanto a branca quanto a amarela.

Capuchinha: É considerada uma PANC. Podem ser consumidos seus brotos, suas folhas e sua flor. As folhas têm uma leve picância, que remete ao sabor do agrião.

Caranguejos e siris: São da mesma família, e os siris são menores. Têm carne branca e de sabor adocicado. Podem ser consumidos com a casca, mas também antes que a carapaça endureça. Algumas das espécies consumidas no Brasil são o caranguejo-azul, o boca-cava-terra, o caranguejo-aranha-gigante, o guaiamu, o uçá, o aratu, o aratu-vermelho, o caranguejo-amarelo, o maria-farinha e o caranguejo-do-igarapé.

Carne de sol: Ingrediente clássico da cozinha do Norte e do Nordeste, também é conhecida como carne de vento ou carne do sertão. Pode ser feita com carne bovina ou caprina e é preparada a partir da salga e da secagem em local coberto e ventilado.

Carne-seca, ou charque: É semelhante à carne de sol, mas, como sua salga é mais intensa e a deixa totalmente desidratada, ela pode ser mantida fora de refrigeração.

Castanha-de-caju: É um dos principais símbolos culinários do Nordeste brasileiro, sendo a verdadeira fruta do cajueiro (ver caju).

Castanha-do-pará: Também conhecida como castanha-do-brasil, é uma oleaginosa nativa da Amazônia e pode ser consumida fresca ou torrada.

Chicória-do-pará: Também conhecida como coentrão, pertence à mesma família do coentro. É uma erva aromática muito popular na região Norte.

Cipó-alho: É uma planta bastante versátil, pois tem várias aplicações. Suas folhas, suas flores e sua casca são comestíveis e podem ser utilizadas em diversas preparações culinárias. É considerada uma PANC do bioma Amazônia.

Coco: É a fruta naturalizada mais popular

do Brasil, utilizada em preparos doces ou salgados, na forma de polpa fresca, polpa seca, leite e água. É bastante empregado na culinária afro-brasileira, juntamente com o azeite de dendê e o camarão seco.

Colorau: Pó proveniente da semente do urucum, costuma ser misturado ao fubá ou à farinha de mandioca para dar cor e consistência a caldos e guisados.

Couve-manteiga: Serve de acompanhamento a diversos pratos brasileiros, como feijoada e virado à paulista.

Cumaru: É a semente do cumaruzeiro, árvore nativa da Amazônia, e conhecido como fava tonka em outros países. Tem sabor e aroma adocicado e marcante, sendo muito utilizado na doçaria contemporânea.

Cupuaçu: Fruto de polpa rica em gordura, muito cremoso e aromático, originário da Amazônia. Ganhou o coração do Brasil e do mundo pelo sabor e pela cremosidade que agrega aos doces.

Cúrcuma: Também chamada de açafrão-da-terra, é parecida com o gengibre. A cúrcuma veio da Índia e se naturalizou no Brasil, sendo uma das especiarias mais utilizadas na cozinha nacional. Sua cor amarelo-laranja traz vida aos pratos. Pode ser utilizada fresca ou seca (em pó).

Farinha de mandioca: Existem inúmeras farinhas tradicionais, provenientes das casas de farinha e das espécies nativas de cada região, como a farinha-d'água, a farinha de copioba, a farinha de Uarini, a farinha de Cruzeiro, a farinha de Bragança e a farinha suruí, entre muitas outras. A cor, a granulação e o aroma mudam de acordo com o tipo.

Farinha de milho: É outra farinha muito utilizada em todo o Brasil. Pode ser de milho branco ou amarelo, de moagem mais fina ou mais granulosa.

Farinha de puba: Também chamada de massa puba, é obtida a partir da mandioca fresca. Depois de ralada, a massa de mandioca resultante é deixada em repouso para que ocorra a fermentação natural. Em seguida, ela é seca e peneirada. O resultado é uma farinha úmida de sabor azedo.

Farinha de tapioca flocada: Farinha de massa leve e com textura de pipoca, é preparada a partir da goma de tapioca aquecida em tachos. É muito popular nas regiões Norte e Nordeste.

Feijões: Junto com o arroz, o feijão faz parte da alimentação diária do brasileiro, e cada região do país tem a sua variedade preferida: feijão-preto, feijão-carioca, feijão-fradinho, feijão-de-corda, feijão-verde e feijão-manteiguinha, entre outros. É uma excelente fonte de proteína vegetal. As favas também entram na categoria dos feijões.

Flocão de milho: É uma farinha específica para o preparo do cuscuz nordestino e nortista. Difere das demais farinhas de milho porque é produzida através de um processo de laminação do grão que envolve a separação de suas diferentes partes, como o endosperma, o gérmen e o farelo. Depois de laminadas, essas partes são submetidas a um pré-cozimento.

Folha de bananeira: Não é consumida como alimento, mas é muito utilizada como utensílio para assados, aos quais transfere seu sabor fresco.

Fubá: É a granulação mais fina de farinha e pode ser feito de milho ou de arroz. No Brasil, o mais comum é o fubá de milho. A farinha para polenta é a versão europeia do fubá.

Goiaba e goiabada: A goiaba é a fruta nativa das goiabeiras. Há a espécie vermelha e a branca. Junto com o coco, é uma das frutas mais utilizadas na cozinha brasileira, inclusive na versão de seu preparo doce, a goiabada.

Goma de tapioca: Também proveniente da mandioca, é o amido resultante do processo de separar o líquido da massa de mandioca fresca. Quando úmida, fresca, é chamada de goma. Quando seca, vira polvilho ou fécula.

Graviola: É uma fruta tropical nativa das regiões tropicais das Américas e também é cultivada em outras partes do mundo, incluindo o Sudeste Asiático e a África. Sua polpa macia e branca é muito utilizada para preparos da doçaria.

Jabuticaba: Nativa do Brasil, é apreciada não apenas por seu sabor, mas também por sua associação com a cultura nacional e com memórias afetivas. É comum encontrar jabuticabeiras em quintais, pelas ruas das cidades e nas áreas rurais.

Jambu: É a erva símbolo da cozinha regional nortista, nativa da Amazônia. Suas propriedades organolépticas amortecem e causam um tremor na boca. A flor, as folhas e as hastes são consumidas. É ingrediente de praticamente todos os pratos tradicionais amazônicos.

Lagosta: É um animal bastante valorizado tanto no mercado nacional quanto no internacional. Tem carne bem branca e quanto mais fresca mais saborosa.

Leite condensado: É o leite de vaca do qual foi retirada a água (cerca de 60% dela). É comercializado com adição de açúcar. Trata-se de produto muito espesso e doce, que, quando enlatado, pode durar anos sem refrigeração. É utilizado em inúmeras sobremesas e se tornou símbolo da doçaria nacional.

Leite de coco: É proveniente da polpa de coco batida com água, que depois é peneirada para se obter um líquido aveludado. Também é um ingrediente símbolo da cozinha afro-brasileira.

Manteiga de garrafa: Também é chamada de manteiga da terra e manteiga de gado no Nordeste. É um produto feito de manteiga clarificada, semelhante ao ghee indiano. É preparada a partir do creme de leite de vaca processado por agitação física (no liquidificador ou à mão), que a seguir é cozido a 100 °C.

Maxixe: Pode ter casca espinhenta ou lisa, e sua textura lembra a do pepino. Pode ser consumido cru ou em preparações refogadas, cozidas e assadas.

Maracujá: Na língua tupi, "maracujá" significa "fruto na cuia". É muito utilizado pela harmonia do doce e do azedo de sua polpa.

Melado de cana: É proveniente do cozimento do líquido extraído da cana-de-açúcar, que é reduzido até ficar com uma consistência pegajosa.

Milho: Assim como a mandioca, é um alimento da identidade nacional. Quando consumido ainda na espiga, tem o nome popular de milho verde.

Ora-pro-nóbis: O nome desse arbusto é uma expressão latina que significa "rogai por nós". No estado de Minas Gerais, é muito utilizado em pratos tradicionais, mas em outras regiões é considerado uma PANC. Também é conhecido como cacto vegetal ou groselha de Barbados. As folhas são ricas em proteínas, fibras e vitaminas, e às vezes são usadas como substituto da carne em receitas vegetarianas e veganas.

Palmito: É colhido do núcleo interno de certas palmeiras, como a pupunheira, o açaizeiro e a juçara, entre outras. Essa parte do caule é marfim ou branca, e é cortada e colhida antes que amadureça e vire tronco. O palmito tem sabor suave e levemente adocicado e textura macia e crocante. É um ingrediente comum em saladas, refogados e outros pratos. Seu uso é herança indígena na cozinha brasileira.

Peixinho: É uma PANC, também chamada de orelha-de-coelho. Tem leve sabor de peixe quando empanada e frita.

Pequi: É uma fruta pequena, verde-amarelada, com uma casca externa dura, nativa do Cerrado. A polpa é macia e tem um sabor forte e característico, muitas vezes descrito como uma mistura de doce, azedo e amargo, com um tom de castanha. É um ingrediente popular na culinária dos estados de Goiás, Minas Gerais e Mato Grosso.

Pimentas frescas: São inúmeras as pimentas frescas utilizadas na gastronomia brasileira. Desde as consideradas somente "de cheiro", aromáticas, como a pimenta-de-cheiro amazônica, até as espécies com alto grau de picância, como a cumari. As mais utilizadas na cozinha nacional são a pimenta dedo-de-moça, a pimenta-malagueta, a Baniwa, a jiquitaia, a pimenta biquinho, a pimenta de bode e a pimenta cambuci.

Pinhão: Semente da araucária, pinheiro nativo das regiões Sul e Sudeste, foi apresentado ao Brasil colonial pelas culturas indígenas da região. Ingrediente considerado também um terroir pela região em que é consumido e pela maneira como é preparado.

Pintado: Peixe de água doce, é encontrado nas bacias dos rios São Francisco, Paraguai e Paraná, nas regiões Nordeste, Sudeste e Sul. Em algumas localidades, é conhecido pelo nome de surubim.

Piranha: Peixe carnívoro de água doce, mais conhecido por seu apetite voraz, é marcante na gastronomia das regiões Norte e Centro-Oeste.

Pirarucu: Seu nome significa "peixe vermelho" em tupi. Na gastronomia, é o peixe mais simbólico da bacia Amazônica, tanto pelo sabor da carne quanto por seu tamanho. Antigamente um peixe adulto poderia chegar a 330 kg, razão pela qual surgiram muitas lendas sobre o monstro do rio que era capaz de virar embarcações.

Pirarucu seco: É salgado como o bacalhau salgado, o que torna possível armazenar sua carne na época de defeso, quando a pesca é proibida.

Polvilho de mandioca: É a goma de tapioca depois de seca. Também chamado de fécula de mandioca, pode ser utilizado na versão doce e azeda (fermentado).

Prejereba: Peixe marinho encontrado nas águas quentes do oceano Atlântico. Sua carne tem uma textura suculenta e um sabor delicado.

Queijo da Canastra: É um produto à base de leite cru proveniente da serra da Canastra, no estado de Minas Gerais. Foi tombado como Patrimônio Cultural do Brasil devido ao preparo artesanal e às suas características de terroir.

Queijo de coalho: Preparado à base de leite bovino ou caprino, é tradicional do Norte e do Nordeste. Por ter textura mais resistente, é ideal para ser grelhado.

Queijo de minas: Proveniente do estado de Minas Gerais, é um queijo macio e úmido feito de leite de vaca pasteurizado. Pode ou não ser curado. A tradição de fazer queijo de minas tem mais de 300 anos. Em maio de 2008, o queijo de minas curado foi declarado Patrimônio Cultural Imaterial do Brasil.

Quiabo: Legume nativo da África, adaptou-se muito bem no Brasil e se tornou parte das culinárias regionais de todo o território.

Rapadura: O nome é uma corruptela de "raspa dura" e vem das sobras que ficavam endurecidas nos tachos de preparo do melado de cana. Está entre o melado e o açúcar mascavo, sendo preparada em blocos duros.

Requeijão: Queijo cremoso desenvolvido no estado de Minas Gerais para aproveitar as sobras do soro de leite de vaca no preparo da manteiga.

Sagu: Preparado com o amido da mandioca, remete ao sagu original do Sudeste Asiático.

Tainha: Peixe marinho típico da culinária litorânea do Sul e do Sudeste.

Taioba: Trata-se de uma PANC que costuma ser comparada à couve-manteiga. Como tem alta concentração de ácido oxálico, recomenda-se que sejam consumidas cozidas.

Tambaqui: Peixe de água doce da bacia Amazônica muito apreciado no corte de costelinha.

Tucupi: Caldo amarelo que é um alimento básico na culinária da Amazônia brasileira, particularmente no estado do Pará. É feito do sumo da raiz da mandioca-brava (uma planta venenosa). A mandioca é ralada, espremida, fermentada e fervida até o líquido engrossar e adquirir um sabor levemente azedo. O tucupi é usado como base para sopas e ensopados e é um ingrediente importante em vários pratos amazônicos tradicionais.

Urucum: Em tupi-guarani, "urucum" significa "vermelho". É a semente do urucuzeiro, muito utilizada na culinária e na medicina tradicional das populações indígenas da América Latina. O urucum é rico em corante natural, que é utilizado para colorir alimentos. É a base do colorau, por exemplo.

TÉCNICAS TRADICIONAIS DA COZINHA BRASILEIRA

O Le Cordon Bleu é considerado o guardião das técnicas culinárias francesas, e seus programas se destinam a preservar e a transmitir o domínio e a valorização da arte culinária. E o cuidado de salvaguardar a cultura e a tradição gastronômicas é respeitado também quando seus chefs revisitam as receitas tradicionais da gastronomia brasileira.

A seguir estão relacionadas as técnicas culinárias que fazem parte do caldeirão cultural brasileiro, as quais, ao serem mescladas com o olhar contemporâneo, tornam-se um campo fértil para a pesquisa e a criação de receitas que mantenham a identidade dessa cozinha tão vibrante.

Assar em folha de bananeira: Tradicional técnica empregada em peixes de água doce e salgada. A folha de bananeira funciona como o papel-alumínio na cozinha tradicional, auxiliando na retenção de calor. Ela também traz um aroma mais herbáceo ao preparo final.

Caldeiradas ou ensopados: São cozidos com bastante líquido, preparados com a base aromática brasileira.

Cozinhar em panela de barro, ferro ou pedra-sabão: Materiais tradicionais em todas as cozinhas regionais, são inclusive levados à mesa.

Churrasco: Técnica indígena para o preparo de carnes assadas e defumadas durante um longo tempo, tanto em fogo de chão como em churrasqueiras. Pode ser preparado com uma infinidade de carnes, cujo ponto varia conforme a preferência do comensal.

Farofa: Uma base aromática de refogado à qual se adiciona farinha de mandioca ou de milho. O resultado é um preparo flocado. Pode ser simples, apenas com um refogado de cebola e alho; aromática e rica, com muitos ingredientes; seca ou úmida.

Marinar peixes de água doce com limão: É uma técnica muito usada para eliminar o pitiú (sabor e aroma de terra característicos de peixe de água doce) das espécies consumidas na Amazônia e no Pantanal. Esfrega-se a carne do peixe previamente limpa e deixa-se que ela descanse na marinada. Trata-se de uma técnica fundamental para respeitar a excelência culinária desse ingrediente tão nativo e apreciado que é o peixe de rio.

Moquear: Consiste em preparar as carnes (peixes, aves, caças e carnes vermelhas) em um tipo de suporte montado em cima de brasas, chamado de trempe, ou também em churrasqueira. As carnes assam com o calor da brasa e da fumaça, até perder toda a umidade e escurecer, ganhando assim mais tempo de conservação. Tradicionalmente, a carne moqueada é servida acompanhada de algum preparo mais líquido.

Pirão: De origem indígena, pode ser cozido ou escaldado. Para preparar o pirão cozido, junta-se a farinha de mandioca a um caldo aromático ou outro líquido, como leite. A farinha é adicionada aos poucos, e o preparo deve ser mexido com vigor e cozido lentamente até a farinha engrossar e ficar translúcida.

Para preparar o pirão escaldado, mistura-se o caldo cozido na farinha sem levá-lo ao fogo, o que resulta numa consistência mais rústica, com sabor de farinha mais acentuado. Quando a técnica é feita com farinha de milho, chama-se angu.

Pururuca: Método de preparação do porco assado no qual a pele é preservada e depois parcialmente frita com óleo quente despejado por cima, para criar uma textura crocante.

Refogado de alho e cebola: Base aromática utilizada em praticamente todos os preparos da cozinha brasileira. Leva-se uma panela ou frigideira ao fogo com um pouco de óleo, banha ou manteiga, adicionam-se a cebola e o alho picados finamente, refoga-se por uns minutos e só depois se acrescentam os demais ingredientes. Serve para sopas, cremes, cozidos, arroz, etc. Na cozinha brasileira, tudo começa com alho e cebola.

Ticar, ou tiqui: É uma técnica amazônica para facilitar a retirada da carne dos peixes sem as espinhas. Cortes finos e paralelos são feitos nas laterais do peixe, que depois passa pela marinada com limão para perder o pitiú.

A interseção entre as técnicas tradicionais francesas, os equipamentos contemporâneos e a cultura alimentar brasileira é uma fonte de inspiração não apenas para a gastronomia brasileira, mas também para a prática gastronômica mundial, e ao longo das próximas páginas você verá uma amostra da riqueza dessa fusão nas receitas preparadas pelos chefs do Le Cordon Bleu.

ENTRADAS

ACARAJÉ COM VATAPÁ E
VINAGRETE DE TOMATE VERDE

ACARAJÉ COM VATAPÁ E VINAGRETE DE TOMATE VERDE

DIFICULDADE: ●●○ **PREPARO:** 1 DIA E 50 MINUTOS **COZIMENTO:** 40 MINUTOS
CONSERVAÇÃO: 1 DIA NA GELADEIRA   UNIDADES

O acarajé, muitas vezes chamado de bolinho de fogo, é um prato tradicional da cultura africana trazida ao Brasil. A palavra "acarajé" vem do iorubá e é uma junção de "akará", que significa "pão" ou "bolinho", e "jé", que significa comer. A receita é tombada nacionalmente como Patrimônio Imaterial pelo Ofício das Baianas do Acarajé de Salvador. Esta versão contém pequenas adaptações para uma montagem contemporânea.

EQUIPAMENTOS ESPECIAIS: PROCESSADOR, FOUET, TIGELA GRANDE, TERMÔMETRO CULINÁRIO, ESCUMADEIRA, PAPEL-TOALHA, LIQUIDIFICADOR

PARA O ACARAJÉ
250 g de feijão-fradinho demolhado por 24 horas
20 g de gengibre
½ cebola cortada em cubos grandes
sal a gosto
1 litro de azeite de dendê para fritar

PARA O VATAPÁ
2 pães franceses amanhecidos
250 ml de leite de coco
100 g de camarões secos sem casca
1 cebola cortada em cubos grandes
35 g de gengibre
40 g de castanhas-de-caju
40 g de amendoins sem casca
5 g de coentro picado finamente e algumas folhas para finalizar
2 pimentas-de-cheiro
250 ml de caldo de peixe (ver p. 139)
30 ml de azeite de dendê
1 tomate sem pele e sem sementes cortado em pedaços grandes
sal a gosto

PARA O VINAGRETE DE TOMATE VERDE
2 tomates verdes sem pele e sem sementes cortados em cubinhos
⅓ de cebola-roxa cortada em cubinhos
2 pimentas cambuci cortadas em cubinhos
20 ml de vinagre de vinho branco
azeite de oliva a gosto
sal a gosto
pimenta-do-reino moída na hora a gosto

PARA A MONTAGEM
camarões secos pequenos a gosto
azeite de dendê a gosto
brotos de coentro a gosto

DICA DO CHEF
O feijão-fradinho é fundamental no preparo do acarajé, e como o prato foi considerado Patrimônio Cultural Imaterial do Brasil, seus ingredientes principais não devem ser substituídos. O pão francês pode ser substituído por pão de fôrma amanhecido e a pimenta cambuci, por pimenta vermelha fresca.

ENTRADAS • 39

PREPARE O ACARAJÉ

▸ Escorra o feijão demolhado e retire a pele utilizando a ponta dos dedos. Faça isso pelo lado do gérmen (a parte mais escura). Coloque o feijão em um processador e bata com o gengibre, a cebola e o sal ❶ até obter uma massa cremosa e homogênea.

▸ Transfira a massa para uma tigela grande ❷ e bata bem com um fouet para aerar ❸. Ela vai clarear e dobrar de volume. Reserve na tigela.

▸ Coloque o azeite de dendê em uma caçarola média funda e aqueça até 180 °C.

▸ Com duas colheres de sopa, molde quenelles da massa ❹ e leve para fritar aos poucos. Cada acarajé precisa fritar por igual de ambos os lados ❺. Assim que os bolinhos estiverem com uma cor alaranjada escura, retire-os do azeite com uma escumadeira, escorra bem e reserve em uma travessa forrada com papel-toalha ❻.

PREPARE O VATAPÁ

▸ Em uma tigela, embeba os pães franceses no leite de coco. Leve ao liquidificador e bata até virar uma pasta. Reserve no copo do liquidificador.

▸ Hidrate os camarões secos em uma tigela com água. Troque a água de hora em hora durante 6 horas. Escorra e seque com papel-toalha.

▸ Coloque os camarões no liquidificador junto com a pasta de pão, a cebola, o gengibre, as castanhas, os amendoins, o coentro, a pimenta-de-cheiro e o caldo de peixe e bata bem até formar uma massa. Reserve.

▸ Leve uma caçarola média ao fogo médio com o azeite de dendê e refogue essa mistura. Adicione o tomate e cozinhe até ele desmanchar, mexendo com frequência até obter consistência de purê. Ajuste o sal, finalize com folhas de coentro e reserve na própria caçarola do cozimento.

PREPARE O VINAGRETE

▸ Em uma tigela, misture os tomates, a cebola e a pimenta cambuci com o vinagre e quantidade suficiente de azeite de oliva para formar um vinagrete úmido. Tempere com sal e pimenta-do-reino. Reserve.

FAÇA A MONTAGEM

▸ Lave bem os camarões para remover o excesso de sal e faça a hidratação de 6 horas, trocando a água a cada hora. Seque bem os camarões em papel-toalha, retire as patas e a cabeça, mas mantenha a casca e a cauda.

▸ Aqueça uma frigideira em fogo médio com o azeite de dendê e refogue os camarões até dourarem de ambos os lados. Reserve.

▸ Corte os acarajés ao meio no sentido do comprimento, sem separar as metades, como se fossem conchas. Recheie com o vatapá e acomode o vinagrete por cima. Decore com os camarões e os brotos de coentro.

VOCÊ SABIA?

A quenelle é uma técnica culinária francesa clássica de moldar alimentos macios. Para fazer uma quenelle, são necessárias duas colheres de mesmo formato. Mergulhe as duas colheres em água para umedecê-las (isso ajudará a mistura a deslizar com mais facilidade). A seguir, pegue um pouco da mistura com uma colher e, com a ajuda da outra, molde-a no formato oval. Faça um movimento de escavar e alisar para obter uma forma alongada como a de uma bola de futebol americano. Depois de moldar a quenelle, deslize-a delicadamente para o prato.

❶

❷

❸

❹

❺

❻

ENTRADAS · 41

COXINHA

COXINHA

DIFICULDADE: ●●○   **PREPARO:** 1 DIA   **COZIMENTO:** 1 HORA

CONSERVAÇÃO: 3 DIAS NA GELADEIRA   UNIDADES

O salgado mais amado do Brasil é um quitute democrático, que tem presença garantida em qualquer comemoração, de festas infantis a casamentos. Especula-se que tenha se originado de uma receita que o chef francês Antonin Carême apresentou no livro *L'art de la cuisine française au XIXe siècle*, à qual chamou de croquette de poulet. Segundo consta, a receita chegou ao Brasil com a família real portuguesa, que era fortemente influenciada pela cozinha francesa. Os chefs do Le Cordon Bleu aperfeiçoaram a versão tradicional com técnicas culinárias e uma apresentação festiva.

EQUIPAMENTOS ESPECIAIS: PENEIRA DE METAL, LIQUIDIFICADOR, TERMÔMETRO CULINÁRIO, ESCUMADEIRA, PAPEL-TOALHA, BISNAGA PARA MOLHO, COPINHOS DE SHOT

PARA O SAGU DE COENTRO

50 g de sagu de tapioca

250 ml de caldo de frango (ver p. 207)

1 maço de coentro rasgado à mão

PARA O RECHEIO

1 peito de frango caipira cortado em 4 pedaços

sal a gosto

pimenta-do-reino moída na hora a gosto

120 g de cebola picada finamente

3 dentes de alho picados finamente

óleo de girassol

30 g de tomate sem sementes cortado em cubos

1 litro de caldo de frango (ver p. 207)

20 g de manteiga sem sal

cominho a gosto

2 pimentas biquinho picadas finamente

salsinha picada finamente a gosto

PARA A MASSA

375 ml do caldo de frango reduzido na preparação do recheio

75 g de manteiga sem sal

sal a gosto

180 g de farinha de trigo

PARA EMPANAR E FRITAR

360 g de requeijão

3 ovos

sal a gosto

100 g de farinha de trigo

200 g de farinha panko

óleo de girassol para fritar

PARA A CONSERVA DE CEBOLA-ROXA

3 maxixes sem sementes cortados em cubinhos

½ cebola-roxa cortada em cubinhos

8 pimentas biquinho picadas finamente

suco de 1 limão-cravo

sal a gosto

azeite de oliva extra virgem a gosto

pimenta-do-reino branca moída na hora a gosto

PARA A MONTAGEM

100 g de requeijão

flor de amaranto vermelho a gosto

DICA DO CHEF

Os 3 maxixes podem ser substituídos por 1 pepino caipira.

ENTRADAS • 43

PREPARE O SAGU DE COENTRO

▸ Coloque o sagu em uma caçarola pequena funda, cubra com o caldo de frango e leve ao fogo médio. Assim que levantar fervura, deixe cozinhar por 5 minutos e desligue o fogo. Escorra em uma peneira e lave com água corrente para retirar todo o amido. Deixe escorrer bem e reserve em uma tigela.

▸ Coloque no liquidificador o maço de coentro rasgado e a água e bata bem até o coentro soltar toda a sua clorofila. Peneire o suco adicionando no sagu reservado. Tampe e deixe na geladeira por 1 dia para que as bolinhas de sagu absorvam o suco. Deixe na geladeira até o momento da montagem.

PREPARE O RECHEIO

▸ Tempere o frango com sal e pimenta-do-reino. Aqueça uma caçarola funda média em fogo médio e refogue 70 g da cebola e 2 dentes de alho com um pouco do óleo de girassol. Em seguida, adicione o tomate e cozinhe por cerca de 5 minutos. Junte o caldo e o peito de frango. Ajuste o sal e cozinhe por 15 minutos, até formar um caldo consistente.

▸ Retire os pedaços de frango da caçarola e coe o caldo em uma peneira sobre uma tigela. Reserve toda a parte sólida. Volte o caldo que ficou na tigela para a caçarola e leve ao fogo alto até reduzir o líquido para 375 ml. Reserve para a massa.

▸ Volte a caçarola ao fogo médio, derreta a manteiga e refogue o restante da cebola e 2 dentes de alho. Desfie finamente o frango e junte à caçarola. Acrescente os sólidos reservados do cozimento, tempere com o cominho, a pimenta biquinho e a salsinha, ajuste o sal e a pimenta-do-reino e cozinhe até o frango ficar bem refogado. Reserve.

PREPARE A MASSA

▸ Coloque o caldo de frango reduzido em uma caçarola média funda, acrescente a manteiga e o sal e leve ao fogo médio. Assim que levantar fervura, apague o fogo e adicione a farinha de uma vez ❶, mexendo vigorosamente até a massa ficar homogênea. Acenda novamente o fogo baixo e cozinhe a massa por cerca de 5 minutos, até ela se soltar do fundo da panela ❷. Transfira para uma travessa larga e deixe esfriar até a temperatura ambiente.

▸ Despeje a massa sobre uma bancada e sove até que fique bem lisa. Reserve.

PARA EMPANAR E FRITAR

▸ Monte uma linha de produção. Fracione a massa em bolinhas de 40 g cada ❸. Com as mãos, abra as bolinhas em forma de discos, apoie um disco na palma da mão e molde como uma concha ❹. Recheie com o frango e um pouco de requeijão e feche a massa, cuidando para que não fiquem bolhas de ar no recheio ❺. Enrole em formato de coxinha, fazendo um biquinho na massa ❻. Reserve as coxinhas em uma travessa.

▸ Em uma tigela, bata os ovos com sal. Em uma segunda tigela, adicione a farinha de trigo. Em uma terceira tigela, acrescente a farinha panko. Passe as coxinhas primeiro na farinha de trigo, em seguida nos ovos e por fim na farinha panko. Leve à geladeira por 15 minutos, para descansar o empanamento.

▸ Em uma caçarola pequena aqueça o óleo de girassol até ele atingir 160 °C. Controle a temperatura com o termômetro. Frite as coxinhas por imersão até ficarem douradas. Retire-as com uma escumadeira e acomode-as sobre uma travessa forrada com papel-toalha para escorrer o óleo. Reserve.

PREPARE A CONSERVA DE CEBOLA-ROXA

▸ Em uma tigela, misture o maxixe, a cebola e a pimenta biquinho e tempere com limão, sal, azeite e pimenta-do-reino. Reserve.

FAÇA A MONTAGEM

▸ Coloque o requeijão em uma bisnaga para molho e reserve.

▸ No fundo dos copinhos de shot, distribua a conserva de cebola. Disponha uma coxinha em cada copo, com o biquinho para baixo. Com a bisnaga, faça uma decoração de requeijão em formato de um pequeno cone e decore com 2 ou 3 bolinhas de sagu de coentro. Finalize a decoração com pequenos pedaços de flor de amaranto vermelho.

ENTRADAS · 45

CAMARÃO EMPANADO COM
FARINHA DE UARINI

CAMARÃO EMPANADO COM FARINHA DE UARINI

DIFICULDADE: ●○○ **PREPARO:** 40 MINUTOS **COZIMENTO:** 30 MINUTOS
CONSERVAÇÃO: SERVIR IMEDIATAMENTE   PORÇÕES

A farinha de mandioca de Uarini é também conhecida como farinha bolinha. E Uarini é uma cidade do estado do Amazonas. Este é um preparo contemporâneo que respeita a cultura alimentar da região Norte do Brasil ao mesmo tempo que traz o toque contemporâneo da maionese de pimenta-de-cheiro.

EQUIPAMENTOS ESPECIAIS: LIQUIDIFICADOR, PENEIRA DE METAL DE MALHA FINA, TERMÔMETRO CULINÁRIO, ESCUMADEIRA, PAPEL-TOALHA, FOUET

PARA O LEITE DE COCO
polpa de 1 coco
300 ml de água fervida

PARA O CAMARÃO TEMPERADO
24 camarões-rosa frescos e limpos sem cabeça e sem casca (manter a cauda)
suco de 1 limão-cravo
2 dentes de alho picados finamente
sal a gosto
pimenta-do-reino branca moída na hora a gosto

PARA A MASSA DE EMPANAMENTO
100 g de farinha de trigo
50 g de amido de milho
200 ml de cerveja Pilsen
sal a gosto
pimenta-do-reino branca moída na hora a gosto

PARA A FARINHA DE UARINI HIDRATADA
300 g de farinha de Uarini
150 g de leite de coco aquecido

PARA A MAIONESE DE PIMENTA-DE-CHEIRO
150 ml de óleo de girassol
3 pimentas-de-cheiro sem sementes picadas grosseiramente
6 pimentas biquinho picadas grosseiramente
2 pimentas cambuci sem sementes picadas grosseiramente
2 ovos
suco de limão-cravo a gosto
páprica picante a gosto
sal a gosto
pimenta-do-reino branca moída na hora a gosto

PARA A FRITURA
óleo de girassol para fritar

PREPARE O LEITE DE COCO

▸ Coloque o coco e a água no liquidificador e bata em velocidade alta para soltar totalmente a gordura e dissolver a polpa. Em seguida, coe e reserve 150 g para a massa de Uarini.

PREPARE O CAMARÃO TEMPERADO

▸ Tempere os camarões com o limão, o alho, sal e pimenta-do-reino. Reserve na geladeira.

PREPARE A MASSA DE EMPANAMENTO

▸ Em uma tigela, com o auxílio de um fouet, misture bem a farinha de trigo, o amido de milho e a cerveja. Tempere com sal e pimenta-do-reino. Reserve na geladeira.

PREPARE A FARINHA DE UARINI HIDRATADA

▸ Coloque a farinha com o leite de coco morno em uma tigela e deixe descansar por cerca de 10 minutos, coberta com filme de PVC. Reserve.

PREPARE A MAIONESE DE PIMENTA-DE-CHEIRO

▸ Coloque o óleo e as pimentas no liquidificador e bata até ficarem bem dissolvidas. Retire o óleo batido e reserve em uma tigela.

▸ Em seguida, no mesmo copo de liquidificador, adicione os ovos, o suco de limão e a páprica picante e bata. Adicione o óleo com as pimentas em fio até ele emulsionar e ficar com a consistência de maionese. Tempere com sal e pimenta-do-reino e reserve.

PREPARE A FRITURA

▸ Espalhe a farinha de trigo em um prato raso e empane os camarões temperados para formar uma camada fina.

▸ Em seguida, um por um, segure os camarões pela cauda e mergulhe na massa de tempurá, deixando apenas a cauda limpa.

▸ Coloque um punhado da farinha de Uarini hidratada na palma da mão, acomode cada camarão sobre ela e pressione suavemente, fazendo um empanamento que cubra toda a carne, mas sem deixar uma camada grosseira. Reserve.

▸ Aqueça o óleo em uma caçarola pequena funda em fogo médio até ele atingir 160 °C. Controle a temperatura com o termômetro. Frite os camarões em imersão até dourarem. Retire-os com uma escumadeira e acomode-os em uma travessa forrada com papel-toalha, para escorrer o óleo. Reserve.

FAÇA A MONTAGEM

▸ Sirva ao estilo finger food, com o comensal segurando a cauda do camarão. Disponha os camarões empanados com a cauda para cima e sirva com a maionese de pimenta-de-cheiro em uma cumbuca à parte.

DICA DO CHEF

A farinha de Uarini pode ser substituída pela farinha de mandioca grossa. A maionese de pimenta-de-cheiro pode ser substituída por uma maionese tradicional ou de ervas. E a cerveja pode ser substituída por água tônica.

PICANHA CURADA EM CROSTA DE ERVAS COM CUSCUZ NORDESTINO

DIFICULDADE: ●●● **PREPARO:** 1 DIA **COZIMENTO:** 1 HORA E 50 MINUTOS
CONSERVAÇÃO: 2 DIAS NA GELADEIRA **PORÇÕES**

Esta receita foi inspirada por duas paixões gastronômicas do Nordeste brasileiro: carne curada e cuscuz. Os chefs do Le Cordon Bleu prepararam uma picanha com técnicas de cura e de defumação para intensificar seu sabor. Uma receita versátil, que pode ser tanto entrada como prato principal, dependendo da porção e da apresentação.

EQUIPAMENTOS ESPECIAIS: BALANÇA DE PRECISÃO, TRAVESSA REFRATÁRIA RETANGULAR DE 30 CM, FILME DE PVC, PINCEL DE SILICONE, DEFUMADOR DE ALIMENTOS, MAÇARICO, LIQUIDIFICADOR, CUSCUZEIRA, FRIGIDEIRA ANTIADERENTE DE 30 CM DE DIÂMETRO

PARA A CROSTA DE ERVAS

100 g de farinha panko
2 g de tomilho picado
2 g de salsinha picada
2 g de sálvia picada
5 g de mostarda de Dijon
10 ml de azeite de oliva
sal a gosto
pimenta-do-reino preta moída na hora a gosto

PARA A PICANHA CURADA E DEFUMADA

1 peça de picanha de 800 g
160 g de sal grosso
lascas de madeira de laranjeira para a defumação
mostarda de Dijon a gosto

PARA O CREME DE ALHO

350 ml de leite integral e mais um pouco se necessário
2 cabeças de alho descascadas
5 folhas de sálvia
sal a gosto
pimenta-do-reino moída na hora a gosto

PARA O CUSCUZ NORDESTINO

20 g de manteiga sem sal
220 ml de água morna
200 g de flocão de milho
100 g de queijo de coalho cortado em cubos de 1 cm
azeite de oliva a gosto
2 dentes de alho picados finamente
100 g de abóbora cabotiá cortada em cubos de 1 cm
60 g de cebola-roxa cortada em cubos de 1 cm
60 g de tomate italiano firme cortado em cubos de 1 cm
folhas de coentro rasgadas a gosto
cebolinha picada a gosto
sal a gosto
pimenta-do-reino preta moída na hora a gosto

PARA A MONTAGEM

1 talo de cebolinha
2 cubos de gelo

DICA DO CHEF

O flocão de milho pode ser substituído por cuscuz marroquino. A cuscuzeira pode ser substituída por uma panela a vapor. Caso o cesto da panela a vapor tenha furos muito largos, cubra-os com um pano de prato limpo.

PREPARE A CROSTA DE ERVAS

▸ Em uma tigela, misture a farinha, o tomilho, a salsinha, a sálvia, a mostarda e o azeite. Essa mistura deve ficar com uma textura levemente úmida. Tempere com sal e pimenta-do-reino e reserve.

PREPARE A PICANHA

▸ Prepare a cura da picanha: forre o fundo do refratário com metade do sal e acomode nele a peça de carne com a gordura virada para cima. Espalhe por cima a outra metade do sal, cubra com filme de PVC e leve à geladeira para curar por 24 horas. Depois, lave rapidamente a picanha em água corrente, para retirar o excesso de sal. Seque com um pano de prato limpo e reserve para a próxima etapa.

▸ Prepare a defumação: com o auxílio de um maçarico, acenda as lascas de laranjeira na caixa (ou panela) de defumação. Assim que a brasa estiver pronta, acomode nela a picanha e controle a queima, para manter o aroma da laranjeira defumando por cerca de 1 hora. Caso seja necessário trocar as lascas, pare o processo, ajuste as lascas e retome a defumação.

▸ Asse a picanha: preaqueça o forno a 180 °C. Acomode a picanha defumada na travessa refratária, desta vez sem o sal, com a gordura virada para cima. Pincele com a mostarda de Dijon e leve para assar por 10 minutos. Retire a picanha do forno, acrescente a crosta de ervas por cima da gordura, apertando delicadamente para formar uma crosta firme, e retorne ao forno por mais 10 minutos.

▸ Retire a picanha do forno, acomode em uma tábua e corte em pedaços retangulares com 10 cm de comprimento e 4 cm de largura. Reserve.

PREPARE O CREME DE ALHO

▸ Coloque o leite, o alho e as folhas de sálvia em uma caçarola média funda, leve ao fogo baixo e cozinhe até o alho ficar totalmente macio (cerca de 30 minutos). Tempere com sal e pimenta-do-reino, tire do fogo, descarte a sálvia e transfira para um liquidificador. Bata até formar um creme bem liso. Ajuste a consistência do creme com mais leite se necessário. Reserve.

PREPARE O CUSCUZ

▸ Derreta a manteiga na água morna. Coloque o flocão de milho em uma tigela e regue com essa água para hidratar. Cubra com filme de PVC e deixe descansar por 10 minutos.

▸ Monte a cuscuzeira com água quente suficiente para fazer vapor, coloque o flocão hidratado no cesto e cozinhe em fogo baixo por 15 minutos. Em seguida, transfira o cuscuz pronto para uma tigela e solte os grãos com um garfo. Reserve.

▸ Aqueça uma frigideira antiaderente em fogo alto e grelhe o queijo de coalho, dourando os cubos de todos os lados. Reserve.

▸ Mantenha a frigideira em fogo médio, coloque um fio generoso de azeite e doure o alho. Em seguida, refogue a abóbora por cerca de 3 minutos, junte a cebola e o tomate e refogue rapidamente sem deixar o tomate dourar nem desmanchar. Junte esse refogado ao cuscuz. Acrescente o queijo de coalho reservado, as folhas de coentro, a cebolinha, sal e pimenta-do-reino. Misture tudo muito bem, mas delicadamente. Reserve.

FAÇA A MONTAGEM

▸ Faça duas decorações com a cebolinha: corte metade da haste em fatias finas na diagonal e a outra metade em cilindros de 2 cm. Faça pequenos cortes no cilindro no sentido do comprimento, deixando uma ponta intacta para segurar os pedaços, como se fossem as pétalas de uma flor. Em uma tigela pequena, coloque água e os cubos de gelo. Ponha a cebolinha cortada nessa água e deixe descansar por 40 minutos, para as "flores" se abrirem e os cortes em diagonal encaracolarem.

▸ Monte o prato com um pedaço de picanha, o cuscuz à frente e o creme de alho ao lado, disposto em formato de gota. Decore o cuscuz com a cebolinha.

PICANHA CURADA EM CROSTA DE
ERVAS COM CUSCUZ NORDESTINO

ENTRADAS • 51

OSTRAS GRATINADAS

OSTRAS GRATINADAS

DIFICULDADE: ●○○ **PREPARO:** 30 MINUTOS **COZIMENTO:** 50 MINUTOS
CONSERVAÇÃO: SERVIR IMEDIATAMENTE   PORÇÕES

Esta é uma receita tradicional da cidade de Florianópolis, capital de Santa Catarina, também conhecida como Ilha da Magia. O hábito local de consumir ostras é anterior à colonização do país e já foi comprovado pelos sítios arqueológicos indígenas de sambaquis. As ostras gratinadas são uma opção para o outono e o inverno.

EQUIPAMENTOS ESPECIAIS: PENEIRA, FOUET, ASSADEIRA RETANGULAR DE 40 CM

PARA AS OSTRAS GRATINADAS

16 ostras frescas nas conchas fechadas
100 ml de vinho branco seco
½ cebola cortada em cubinhos
40 g de manteiga sem sal
12 g de farinha de trigo
50 ml do líquido do cozimento das ostras
225 g de creme de leite fresco
noz-moscada a gosto
sal a gosto
pimenta-do-reino branca moída na hora a gosto
sal grosso a gosto
30 g de queijo parmesão ralado fino
20 g de farinha de rosca

PARA A MONTAGEM

sal grosso a gosto

PREPARE AS OSTRAS

▸ Preaqueça o forno a 220 °C.

▸ Em uma caçarola média funda, coloque as ostras, 50 ml do vinho branco e 50 g de cebola. Leve ao fogo e afervente no bafo (com a panela tampada), até que as conchas se abram (cerca de 4 minutos). Em seguida, transfira para uma peneira e escorra bem. Reserve 50 ml do líquido e, em outro recipiente, reserve as ostras.

▸ Aqueça uma caçarola média com a manteiga e refogue o restante da cebola até ela ficar translúcida. Retire a panela do fogo, acrescente a farinha e misture bem para não deixar gruminhos. Volte a panela ao fogo, junte o restante do vinho e o líquido do cozimento reservado e deixe reduzir pela metade. Então, adicione o creme de leite e mexa bem com um fouet até formar um molho liso e encorpado. Tempere com noz-moscada, sal e pimenta-do-reino. Reserve.

▸ Termine de abrir as ostras, descartando a parte vazia da concha. Forre uma assadeira com sal grosso, fazendo uma cama alta, e disponha as ostras por cima, encaixando-as bem. A finalidade do sal é segurar as ostras, para que elas não virem e percam o recheio. Coloque uma colher de sopa do molho sobre cada ostra.

▸ Em uma tigela, misture o queijo ralado com a farinha de rosca e espalhe uma camada bem fina dessa mistura sobre cada ostra. Leve ao forno para gratinar até que a superfície fique dourada (cerca de 3 minutos). Sirva imediatamente.

FAÇA A MONTAGEM

▸ Em um prato de serviço, espalhe uma cama de sal grosso e sirva as ostras por cima.

TAPIOCA CROCANTE

DIFICULDADE: ●●○ **PREPARO:** 15 MINUTOS **COZIMENTO:** 2 HORAS E 20 MINUTOS

CONSERVAÇÃO: 2 DIAS EM TEMPERATURA AMBIENTE **PORÇÕES**

Esta é uma receita contemporânea, que mescla a tradição brasileira do mandiopã, antigo salgadinho nacional feito de fécula de mandioca, com a influência da imigração japonesa em São Paulo.

EQUIPAMENTOS ESPECIAIS: PENEIRA, TAPETE DE SILICONE, ESPÁTULA, ESCUMADEIRA, PAPEL-TOALHA, TERMÔMETRO DE COZINHA, MINIPROCESSADOR OU LIQUIDIFICADOR

PARA A TAPIOCA

205 g de tapioca granulada

1,2 litro de água e mais um pouco se necessário

500 ml de óleo de girassol para fritar

PARA A MONTAGEM

2 folhas de alga nori picadas à mão

sal a gosto

PREPARE A TAPIOCA

▸ Preaqueça o forno a 120 °C. Para manter a temperatura do forno de cozinha comum abaixo de 180 °C, pode-se manter a porta aberta com o auxílio de uma colher de pau.

▸ Coloque a tapioca e a água em uma caçarola média funda, misture bem e leve ao fogo baixo. Cozinhe até as bolinhas ficarem translúcidas (cerca de 20 minutos). Tenha à mão um recipiente com um pouco mais de água morna para adicionar durante a cocção, se for preciso, pois o amido da tapioca se hidrata e retém a umidade.

▸ Quando as bolinhas estiverem translúcidas, espalhe a tapioca sobre um tapete de silicone com o auxílio de uma espátula, para formar uma placa bem fina, e leve ao forno por cerca de 3 horas, para desidratar. A placa deve ficar bem seca e quebradiça.

▸ Retire do forno e espere esfriar antes de quebrar a placa em pedaços menores.

▸ Aqueça uma caçarola média funda com o óleo de girassol até ele atingir 180 °C e frite os pedaços de tapioca até inflarem. Esta etapa é muito rápida, e é preciso tomar cuidado para não deixar dourar. Retire a tapioca inflada do óleo com uma escumadeira e acomode em um recipiente forrado com papel-toalha, para remover o excesso do óleo. Reserve.

FAÇA A MONTAGEM

▸ Coloque os pedaços de alga no miniprocessador ou no liquidificador e bata até virar pó. Tempere o pó com sal e reserve.

▸ Na hora de servir, quebre a tapioca em pedaços menores e salpique com o sal de nori.

DICA DO CHEF

A tapioca granulada pode ser substituída por sagu.

TAPIOCA CROCANTE

ENTRADAS · 55

BRIOCHE DE MILHO

BRIOCHE DE MILHO

DIFICULDADE: ●○○   **PREPARO:** 1 HORA E 40 MINUTOS   **COZIMENTO:** 20 MINUTOS

CONSERVAÇÃO: 3 DIAS EM TEMPERATURA AMBIENTE   UNIDADES

Na região Sudeste do Brasil, podemos encontrar inúmeras receitas da broa de milho. Em Portugal, a broa é um pão com miolo mais denso, feito com centeio. No entanto, como não havia centeio no Brasil no período colonial, ele foi substituído pela farinha de milho. Os chefs do Le Cordon Bleu decidiram revisitar a receita e adicionar a técnica do brioche, pensando em um produto final macio e mais úmido, perfeito para uma entrada quando acompanhado de patês e manteiga.

EQUIPAMENTOS ESPECIAIS: BALANÇA DE PRECISÃO, BATEDEIRA COM BATEDOR DO TIPO RAQUETE, FILME DE PVC, FÔRMAS REDONDAS PARA MINIBRIOCHES, PINCEL DE SILICONE, GRADE PARA ESFRIAR PÃO

---

60 g de açúcar refinado
50 g de manteiga sem sal em ponto de pomada
50 g de ovo
3 g de sal
sementes de erva-doce a gosto
330 g de farinha de trigo
130 g de farinha de milho fina
13 g de fermento biológico fresco
60 g de água
óleo de girassol para untar
1 gema levemente batida

▸ Coloque o açúcar, a manteiga, o ovo, o sal e a erva-doce na tigela da batedeira e misture bem. Acrescente as farinhas de trigo e de milho, o fermento e a água e bata por 12 minutos em velocidade baixa, com o batedor do tipo raquete, até obter uma massa homogênea. Em seguida, transfira a massa para uma tigela, cubra com filme de PVC e deixe fermentar por cerca de 1 hora.

▸ Após a primeira fermentação, coloque a massa na bancada de trabalho e divida em 8 partes da seguinte maneira: 6 partes de 35 g cada para a base e 6 partes de 15 g cada para o chapéu. Com a mão em formato de concha e movimentos circulares, boleie cada pedaço de massa na bancada e deixe descansar por 20 minutos.

▸ Repita o processo uma segunda boleada e acomode as massas de base nas fôrmas previamente untadas com o óleo de girassol. Disponha as massas de chapéu sobre as bases e deixe descansar por 20 minutos.

▸ Preaqueça o forno a 160 °C. Para manter a temperatura do forno de cozinha caseiro abaixo de 180 °C, pode-se manter a porta aberta com o auxílio de uma colher de pau.

▸ Prepare um egg wash com a gema e algumas gotas de água, sem deixar a mistura muito líquida. Pincele delicadamente cada brioche com o egg wash e leve ao forno (de preferência com ventilação) por cerca de 20 minutos.

▸ Retire do forno, deixe esfriar um pouco e desenforme para terminar de esfriar, transferindo para uma grade, para não umedecer a base dos brioches.

VOCÊ SABIA?

Egg wash é o processo de misturar o ovo inteiro, ou parte dele, com uma pequena quantidade de água, leite ou creme de leite e pincelar alimentos para deixá-los mais dourados. A diluição na água confere brilho e cor mais delicados à preparação.

PÃO DE QUEIJO

DIFICULDADE: ●○○ **PREPARO:** 30 MINUTOS **COZIMENTO:** 30 MINUTOS

CONSERVAÇÃO: 3 DIAS NA GELADEIRA   30 UNIDADES

Estima-se que o pão de queijo tenha surgido em 1750, graças à abundância da produção de queijo nas fazendas leiteiras de Minas Gerais. Com a falta da farinha de trigo para as receitas do cotidiano, era comum utilizarem a mistura de polvilhos no preparo de pães caseiros. Era um pão que podia ser feito rapidamente caso aparecesse uma visita inesperada.

EQUIPAMENTOS ESPECIAIS: ASSADEIRA RETANGULAR DE 60 CM E TAPETE DE SILICONE

- 90 g de polvilho doce
- 250 g de polvilho azedo
- sal a gosto
- 200 ml de leite integral
- 50 g de óleo de girassol
- 1 ovo levemente batido
- 200 g de queijo de minas curado ralado finamente
- 120 g de queijo parmesão ralado finamente
- óleo de girassol para untar

▸ Coloque os polvilhos e o sal em uma tigela grande e misture bem.

▸ Junte o leite e o óleo em uma caçarola pequena funda e leve ao fogo médio. Assim que a mistura ferver, derrame ⅓ dela sobre os polvilhos na tigela, mexendo vigorosamente com as mãos para desfazer os grumos. Cuidado para não queimar as mãos. Repita o processo mais 2 vezes até obter uma massa bem homogênea. Acrescente o ovo e misture bem.

▸ Passe a massa para uma bancada e adicione os queijos. Misture bem com as mãos até a massa ficar homogênea. Deixe esfriar até a temperatura ambiente.

▸ Preaqueça o forno a 180 °C.

▸ Forre o fundo da assadeira com o tapete de silicone, unte as mãos com o óleo e faça bolinhas de 30 g com a massa. Disponha as bolinhas no tapete de silicone, deixando 2 cm de espaço entre elas. Asse até que cresçam e dourem na superfície (cerca de 18 minutos).

PÃO DE QUEIJO

CUSCUZ PAULISTA

CUSCUZ PAULISTA

DIFICULDADE: ●●○ **PREPARO:** 20 MINUTOS E MAIS 2 HORAS DE REFRIGERAÇÃO **COZIMENTO:** 50 MINUTOS **CONSERVAÇÃO:** 2 DIAS COBERTO NA GELADEIRA   PORÇÕES

O cuscuz paulista é um prato clássico, muito presente em datas comemorativas. Pesquisas históricas indicam que ele foi criado a partir do couscous berbere, tendo sido modificado pelas influências indígenas e de imigrantes europeus, principalmente portugueses, espanhóis e italianos, que adotaram São Paulo como lar. Seu principal ingrediente é a farinha de milho.

EQUIPAMENTOS ESPECIAIS: 2 FÔRMAS DE PÃO DE 20 CM, PENEIRA DE MALHA FINA, FRIGIDEIRA ANTIADERENTE DE 30 CM DE DIÂMETRO, FILME DE PVC

PARA O CALDO DE CAMARÃO
1 litro de água
1 cebola cortada em cubos de 1 cm
1 cenoura cortada em cubos de 1 cm
1 talo de salsão cortado em cubos de 1 cm
6 cabeças e cascas de camarão
1 folha de louro
1 talo de tomilho fresco

PARA O CUSCUZ
40 ml de óleo de girassol e mais um pouco para untar
½ cebola picada finamente
3 dentes de alho picados finamente
20 g de extrato de tomate
2 tomates sem pele e sem sementes picados finamente
200 ml de caldo de camarão
100 g de filés de sardinha em conserva sem espinha e escorridos
80 g de ervilhas frescas congeladas e mais 20 g para a decoração
8 azeitonas pretas sem caroço picadas e uma parte em rodelas
10 g de salsinha picada finamente
150 g de palmito pupunha em conserva (metade cortado em cubos e metade em rodelas)
150 g de farinha de milho flocada
sal a gosto
pimenta-do-reino branca moída na hora a gosto
6 camarões frescos descascados e limpos e cortados em cubinhos
2 ovos cozidos descascados e cortados em rodelas de 1 cm

PARA A MONTAGEM
brotos de coentro a gosto

DICA DO CHEF
O palmito pupunha pode ser substituído por aspargos brancos.

PREPARE O CALDO DE CAMARÃO

▸ Coloque a água, a cebola, a cenoura, o salsão, as cabeças e as cascas de camarão, o louro e o tomilho em uma caçarola média, leve ao fogo baixo e cozinhe por 30 minutos. Transfira para uma tigela grande, passando por uma peneira de malha fina. Reserve o líquido.

PREPARE O CUSCUZ

▸ Aqueça uma caçarola média funda em fogo médio com metade do óleo de girassol e doure a cebola e o alho.

▸ Acrescente o extrato e os tomates e refogue. Em seguida, adicione 200 ml do caldo de camarão e metade da sardinha e deixe cozinhar por 10 minutos. Abaixe o fogo e acrescente 80 g de ervilhas, as azeitonas picadas, a salsinha e o palmito. Misture bem.

▸ Junte a farinha de milho e cozinhe, mexendo vigorosamente, até a massa soltar do fundo da panela. A textura deve ser semelhante à de uma massa de polenta. Tempere com sal e pimenta e reserve.

▸ Tempere os camarões com sal e pimenta. Aqueça o restante do óleo de girassol em uma frigideira antiaderente e refogue ligeiramente os camarões até ficarem rosados (cerca de 1 minuto). Em seguida, coloque os camarões na massa do cuscuz, misture e reserve.

▸ Unte as fôrmas com óleo. No fundo e nas laterais de cada fôrma, disponha os ovos, o palmito em rodelas, o restante da sardinha, o restante das ervilhas e as azeitonas em rodelas.

▸ Divida a massa de cuscuz entre as fôrmas e molde, apertando-a delicadamente para que não fiquem bolhas de ar e alisando bem a parte de cima. Cubra com filme de PVC e leve à geladeira até esfriar bem (cerca de 2 horas).

FAÇA A MONTAGEM

▸ Desenforme cada cuscuz em um prato de servir e decore com os brotos de coentro.

▸ Sugerimos servir com a salada de feijão--manteiguinha (ver p. 79).

SOPA LEÃO VELOSO

DIFICULDADE: ●●○ **PREPARO:** 1 HORA **COZIMENTO:** 1 HORA
CONSERVAÇÃO: 1 DIA NA GELADEIRA   4 PORÇÕES

O diplomata Pedro Leão Veloso serviu na França entre 1918 e 1926. Na volta ao Brasil, trouxe na mala a receita da clássica sopa francesa bouillabaisse. Ele fixou residência no Rio de Janeiro e se tornou cliente do tradicional restaurante Rio Minho, a cujos donos apresentou a sopa. Ali ela foi rebatizada para homenagear o padrinho brasileiro.

EQUIPAMENTOS ESPECIAIS: PENEIRA DE MALHA FINA, PANELA DE BARRO MÉDIA, ESCUMADEIRA, FRIGIDEIRA ANTIADERENTE DE 30 CM DE DIÂMETRO

PARA O CALDO DE PEIXE

1 cabeça de cherne ou garoupa
½ cebola picada grosseiramente
1 talo de salsão picado grosseiramente
3 talos de salsinha
3 talos de cebolinha
1 bouquet garni (ver p. 68)
10 g de cúrcuma fresca picada grosseiramente
1 talo de alho-poró picado grosseiramente
folhas de 2 talos de manjericão
1 ramo de alecrim
2 talos de coentro
2 litros de água

PARA A SOPA

35 ml de azeite de oliva e mais um pouco para grelhar o peixe
½ cebola picada finamente
6 dentes de alho picados
2 folhas de louro
80 ml de vinho branco seco
8 camarões médios limpos
8 lulas limpas cortadas em anéis e cabeças
400 g de filés de cherne ou garoupa sem pele cortados em cubos de 3 cm
sal a gosto
pimenta-do-reino branca moída na hora a gosto
farinha de trigo quanto baste para singer o peixe
16 mexilhões frescos e limpos com concha
2 tomates sem pele e sem sementes cortados em cubinhos

PARA A MONTAGEM

brotos sortidos a gosto

PREPARE O CALDO DE PEIXE

▸ Coloque todos os ingredientes em uma caçarola grande, cubra com a água e cozinhe por 1 hora. Coe o caldo em uma peneira de malha fina e reserve.

PREPARE A SOPA

▸ Aqueça uma caçarola média em fogo médio com o azeite e refogue a cebola e o alho, o louro e o vinho branco. Abaixe o fogo e espere reduzir 50% do volume do vinho. A seguir, adicione o caldo de peixe preparado anteriormente e aumente o fogo para médio. Assim que levantar fervura, abaixe o fogo outra vez e cozinhe por 15 minutos. Coe e reserve 1,5 litro do líquido.

▸ Coloque o líquido reservado, os camarões e as lulas na panela de barro média e leve ao fogo baixo. Cozinhe até que a carne dos moluscos esteja macia (cerca de 3 minutos). Retire as lulas e os camarões da panela com uma escumadeira e reserve em uma tigela.

▸ Paralelamente, prepare a técnica de singer: tempere os cubos de peixe com sal e pimenta-do-reino, polvilhe com um pouco de farinha de trigo e sele em uma frigideira antiaderente com um fio de azeite até dourarem (cerca de 2 minutos). Reserve.

▸ Junte o peixe selado e os mexilhões ao caldo reservado e cozinhe por cerca de 4 minutos em fogo médio, com a panela de barro tampada para reter o vapor e manter os aromas. Após esse tempo, adicione as lulas, os camarões e os tomates ao caldo e cozinhe por mais 1 minuto. Acerte o tempero com sal e pimenta-do-reino.

FAÇA A MONTAGEM

▸ Distribua a sopa em cumbucas, cuidando para que cada cumbuca tenha todos os tipos de carne. Finalize com os brotos.

VOCÊ SABIA?

A técnica de singer ajuda a manter concentrado o suco das proteínas animais e também é usada para engrossar molhos e caldos.

SOPA LEÃO VELOSO

TACACÁ

TACACÁ

DIFICULDADE: ●●○ **PREPARO:** 1 HORA **COZIMENTO:** 45 MINUTOS
CONSERVAÇÃO: 1 DIA   4 PORÇÕES

O tacacá é um preparo típico da região Norte. De origem indígena, foi aprimorado a partir da mani poi, sopa amazônica consumida desde antes da colonização. O Pará e o Amazonas disputam a criação do prato, mas em ambos os estados o tacacá é uma comida de rua, muito consumida no final do dia nos carrinhos das tacacazeiras.

EQUIPAMENTOS ESPECIAIS: PENEIRA DE METAL DE MALHA FINA

PARA O TACACÁ
1 litro de tucupi
1 dente de alho amassado
8 folhas de chicória-do-pará
1 pimenta-de-cheiro amazônica
coentro a gosto
sal a gosto
½ maço de jambu
12 camarões secos médios
1 litro da água do cozimento dos camarões
80 g de goma de tapioca

PARA A MONTAGEM
4 pimentas-de-cheiro pequenas
8 flores de jambu

PREPARE O TACACÁ

▸ Coloque o tucupi, o alho, a chicória e a pimenta-de-cheiro em uma caçarola média e leve ao fogo médio. Assim que levantar fervura, abaixe o fogo, tampe e cozinhe por cerca de 30 minutos. Em seguida, adicione coentro e sal. Cuidado para não salgar demais, pois o tucupi exalta o sabor salgado. Reserve separadamente a chicória e o caldo.

▸ Em outra caçarola, ferva água suficiente para cobrir o jambu. Adicione o jambu e cozinhe até ele murchar (como espinafre). Quando estiver cozido, retire da água, escorra em uma peneira e interrompa o cozimento com um banho-maria invertido: em uma tigela com água e cubos de gelo, mergulhe o jambu e aguarde esfriar. Isso vai manter o jambu bem verde. Escorra e reserve.

▸ Lave os camarões para retirar o excesso de sal. Em seguida, cozinhe-os em uma caçarola pequena com 1 litro de água por cerca de 10 minutos. Escorra e reserve a água do cozimento e os camarões separadamente.

▸ Deixe a água esfriar, ponha em uma caçarola e acrescente a goma de tapioca, mexendo bem para incorporar. Leve a caçarola ao fogo médio e cozinhe, mexendo sem parar, até obter um mingau translúcido. Reserve na própria caçarola.

FAÇA A MONTAGEM

▸ Coloque uma porção do mingau de tapioca em 4 cumbucas, adicione o jambu cozido, as folhas de chicória e o caldo de tucupi. Finalize com os camarões secos cozidos, a pimenta-de-cheiro e as flores de jambu.

DICA DO CHEF

Os camarões secos podem ser substituídos por camarões frescos, limpos e cozidos com sal. A chicória-do-pará pode ser substituída por chicória comum e a pimenta-de-cheiro amazônica, por qualquer pimenta fresca de baixa picância.

CANJA DE GALINHA

DIFICULDADE: ●○○ **PREPARO:** 20 MINUTOS **COZIMENTO:** 1 HORA E 20 MINUTOS
CONSERVAÇÃO: 3 DIAS NA GELADEIRA   PORÇÕES

Muitas são as histórias contadas sobre a origem desta sopa tão amada pelos brasileiros. Ela é um remédio certeiro para as doenças físicas e também para as emocionais. É um belo exemplo do intercâmbio colombiano – o comércio de especiarias e alimentos entre Brasil, Portugal e Índia. Ao canje/kanji indiano, preparo à base de arroz para melhorar os humores, os médicos lusos acrescentaram a galinha e a hortelã. A canja conquistou o Brasil por intermédio de dom Pedro II, pois era seu prato preferido.

EQUIPAMENTOS ESPECIAIS: ESCUMADEIRA E PENEIRA DE METAL

- 1 peito de frango com osso e sem pele
- ½ cebola cortada em cubinhos
- 1 bouquet garni
- 1 folha de louro
- 2 litros de água
- 100 g de vagem cortada em fatias pequenas
- 200 g de batata cortada em cubos médios
- 100 g de cenoura cortada em cubinhos
- 2 talos de salsão cortados em cubinhos
- 400 g de arroz cozido al dente
- 100 g de ervilhas frescas congeladas
- sal a gosto
- pimenta-do-reino branca moída na hora a gosto

▸ Leve uma caçarola média funda ao fogo médio com o frango, a cebola, o bouquet garni, o louro e a água. Deixe o líquido reduzir para 1,5 litro (cerca de 20 minutos depois de levantar fervura). Caso necessário, retire a espuma que sobe à superfície com uma escumadeira. Quando o líquido estiver reduzido, apague o fogo, retire o frango, passe o caldo por uma peneira de metal e reserve.

▸ Descarte o osso e desfie o frango na mão, grosseiramente. Reserve.

▸ Ponha o caldo do cozimento e o frango desfiado de volta na caçarola e leve ao fogo. Acrescente os vegetais aos poucos. Adicione primeiro a vagem e depois de 2 minutos, a batata. Cozinhe por mais 4 minutos e junte a cenoura e o salsão. Depois de mais 4 minutos, adicione o arroz cozido e as ervilhas. Para finalizar, cozinhe por mais 1 minuto e tempere com sal e pimenta-do-reino.

VOCÊ SABIA?

O bouquet garni é um conjunto de ervas aromáticas usado para temperar diversos pratos e molhos. Basta cortar dois pedaços das folhas mais verdes e duras de um alho-poró, enrolá-las em torno de 4 folhas de salsão, 1 ramo de tomilho e 1 talo de salsinha e amarrar bem com um barbante.

CANJA DE GALINHA

CALDINHO DE FEIJÃO-PRETO

CALDINHO DE FEIJÃO-PRETO

DIFICULDADE: ●○○ **PREPARO:** 12 HORAS E 20 MINUTOS **COZIMENTO:** 1 HORA

CONSERVAÇÃO: 3 DIAS NA GELADEIRA   PORÇÕES

O feijão-preto, alimento nativo tão bem incorporado pelos colonizadores portugueses, ganhou sua versão como sopa cremosa e virou um hit nacional. É uma das entradas mais pedidas nos restaurantes e bares por todo o país. Costuma vir acompanhado de uma boa dose de cachaça.

EQUIPAMENTOS ESPECIAIS: PANELA DE PRESSÃO, LIQUIDIFICADOR, ESCUMADEIRA, FRIGIDEIRA ANTIADERENTE DE 30 CM DE DIÂMETRO

PARA O CALDINHO

250 g de feijão-preto
1 folha de louro
30 ml de óleo de girassol
50 g de bacon cortado em cubinhos
30 g de cebola cortada em cubinhos
50 g de linguiça calabresa cortada em cubinhos
3 dentes de alho picados finamente
sal a gosto
coentro a gosto
salsinha a gosto
cebolinha (com a parte branca) a gosto
pimenta-do-reino moída na hora a gosto

PARA A MONTAGEM

100 g de carne-seca
200 ml de óleo de girassol
óleo de girassol a gosto para grelhar
queijo de coalho cortado em cubos a gosto
2 ovos de codorna cozidos cortados ao meio
brotos de coentro a gosto

FAÇA O CALDINHO

▸ Coloque o feijão de molho por ao menos 12 horas, trocando a água três vezes nesse intervalo de tempo.

▸ Escorra o feijão, coloque na panela de pressão, cubra com água até dois dedos acima da leguminosa, adicione a folha de louro e cozinhe por 40 minutos, até que o feijão esteja macio.

▸ Aqueça uma caçarola média com o óleo de girassol e refogue o bacon, a cebola, a linguiça e o alho. Em seguida, acrescente o feijão cozido, refogue bem e tempere com sal. Transfira para o liquidificador e bata o feijão com os temperos. Ponha o caldo de volta no fogo, deixe ferver e ajuste o tempero e a textura, colocando mais um pouco de água se necessário.

FAÇA A MONTAGEM

▸ Dessalgue a carne-seca, cozinhando em água e trocando a cada fervura até retirar o sal. Desfie finamente.

▸ Em uma caçarola pequena funda, em fogo médio, aqueça o óleo de girassol a 180 °C e frite a carne-seca até ela ficar crocante. Retire com uma escumadeira e reserve em uma travessa forrada com papel-toalha.

▸ Em uma frigideira antiaderente, grelhe os cubos de queijo de coalho até todas as laterais ficarem douradas. Reserve.

▸ Distribua o caldinho em pequenas cumbucas e coloque por cima a carne seca, o queijo de coalho e metade de um ovo de codorna. Finalize com os brotos de coentro.

DICA DO CHEF

O feijão-preto pode ser substituído por outro feijão escuro, como o roxinho ou o mulatinho.

CALDO DE PIRANHA À LE CORDON BLEU

DIFICULDADE: ●●● **PREPARO:** 40 MINUTOS **COZIMENTO:** 1 HORA
CONSERVAÇÃO: 1 DIA NA GELADEIRA   4 PORÇÕES

Este é um preparo simples feito pelas populações ribeirinhas das regiões Norte e Centro-Oeste do Brasil, onde a piranha vive. A receita foi repaginada pelos chefs do Le Cordon Bleu para aprimorar a técnica e a apresentação.

EQUIPAMENTOS ESPECIAIS: PENEIRA DE MALHA FINA, ESCUMADEIRA, FRIGIDEIRA ANTIADERENTE DE 30 CM DE DIÂMETRO, LIQUIDIFICADOR

PARA O FUMET
óleo de girassol a gosto
espinha da piranha
½ cebola
1 dente de alho
1 talo de salsão
½ talo de alho-poró
1 ramo de salsinha
1 folha de louro
1 litro de água
1 ramo de tomilho
4 grãos de pimenta-do-reino preta

PARA O CALDO DE PIRANHA
600 g de piranha limpa cortada em cubos
sal a gosto
pimenta-do-reino branca moída na hora a gosto
suco de 1 limão-cravo
40 ml de azeite de oliva
120 g de erva-doce fresca cortada em cubos
½ pimenta dedo-de-moça cortada em cubos
60 g de pimentão vermelho cortado em cubos
150 g de cebola cortada em cubos
10 g de cúrcuma fresca ralada
3 dentes de alho picados finamente
200 g de batata descascada e cortada em cubos
150 g de tomates sem sementes cortados em cubos
100 ml de vinho branco seco
500 ml de fumet
manjericão a gosto
10 g de fubá

PARA A MONTAGEM
pimenta dedo-de-moça sem sementes cortada em cubinhos a gosto
pimentão amarelo sem sementes cortado em cubinhos a gosto
tomate sem pele e sem sementes cortado em cubinhos a gosto
folhas de manjericão verde a gosto
folhas de manjericão roxo a gosto

DICA DO CHEF
A piranha pode ser substituída por linguado.

PREPARE O FUMET

▸ Aqueça uma caçarola média funda em fogo médio com o óleo e refogue a espinha da piranha sem deixar dourar. Em seguida, adicione a cebola, o alho, o salsão e o alho-poró e refogue por mais 1 minuto. Acrescente os talos de salsinha, a folha de louro e a água. Assim que levantar fervura, abaixe o fogo e cozinhe por 15 minutos.

▸ Em seguida, junte o tomilho e os grãos de pimenta e cozinhe até reduzir o caldo para 500 ml (cerca de 15 minutos). Durante esse tempo final, retire a gordura que sobe utilizando uma escumadeira. Retire do fogo, coe em uma peneira de metal de malha fina e reserve.

PREPARE O CALDO DE PIRANHA

▸ Tempere os cubos de piranha com sal, pimenta-do-reino e o suco de limão. Aqueça uma frigideira com um fio de azeite e sele os cubos de peixe até dourarem. Separe uma pequena porção para a montagem e reserve o restante.

▸ Leve uma caçarola média ao fogo médio. Junte o azeite, a erva-doce, a pimenta dedo-de-moça, o pimentão, a cebola, a cúrcuma, o alho e a batata e refogue tudo sem deixar dourar. Em seguida, acrescente o tomate, o vinho branco, os 500 ml de fumet, os cubos de piranha reservados e o manjericão. Abaixe o fogo e deixe cozinhar por cerca de 20 minutos.

▸ Transfira o caldo para o liquidificador, acrescente o fubá e bata até homogeneizar. Coe com uma peneira sobre a caçarola e cozinhe o caldo até encorpar. Ajuste o tempero se necessário.

FAÇA A MONTAGEM

▸ Distribua o caldo de piranha em pratos fundos. No centro, coloque os cubos de piranha, a pimenta dedo-de-moça, o pimentão amarelo, o tomate e as folhas de manjericão.

SALPICÃO DE FRANGO

DIFICULDADE: ●○○ **PREPARO:** 1 HORA **COZIMENTO:** 50 MINUTOS

CONSERVAÇÃO: 3 DIAS NA GELADEIRA PORÇÕES

A palavra "salpicão" vem do espanhol "salpicón", que significa "mistura". Trata-se de um prato de um ou mais ingredientes picados e misturados com um molho. Existem diferentes versões nas culinárias espanhola e latino-americana. No Brasil, a partir da década de 1950, o salpicão se tornou popular nas festas de fim de ano, sendo preparado com frango desfiado. No Le Cordon Bleu, os chefs adicionaram a técnica de defumação artesanal para enriquecer o preparo com sabores mais intensos.

EQUIPAMENTOS ESPECIAIS: PAPEL-TOALHA, DEFUMADOR DE ALIMENTOS, FOUET, PENEIRA DE METAL, ESCUMADEIRA, TERMÔMETRO CULINÁRIO

PARA O PEITO DE FRANGO DEFUMADO

600 g de peito de frango sem pele e sem osso

1 dente de alho picado

sal a gosto

pimenta-do-reino branca moída na hora a gosto

lascas de madeira de laranjeira para defumação

PARA O SALPICÃO

50 g de uvas-passas brancas

50 ml de vinho branco seco

½ cenoura cortada em bastões de 0,3 cm x 6 cm

2 talos de salsão cortados em cubinhos

1 maçã verde com casca cortada em cubos (mantenha de molho em água fria com gotas de limão)

150 g de maionese

150 g de iogurte natural integral

30 ml de azeite de oliva extra virgem

15 ml de suco de limão-siciliano

sal a gosto

pimenta-do-reino moída na hora a gosto

PARA A MONTAGEM

óleo de girassol para fritar

1 alho-poró cortado em tiras finas

1 batata asterix cortada em tiras finas (tipo palha)

cebolinha cortada na diagonal a gosto

DICA DO CHEF

O preparo do frango defumado pode ser substituído por frango defumado pronto.

VOCÊ SABIA?

Para que o alho-poró não amargue, deve-se dourá-lo pouco.

PREPARE O PEITO DE FRANGO DEFUMADO

▸ Tempere o peito de frango com o alho, sal e pimenta-do-reino. Coloque-o em uma caçarola média funda, cubra com água e leve ao fogo médio para cozinhar por cerca de 20 minutos. Retire o frango da caçarola, escorra bem e seque com papel-toalha. Reserve.

▸ Com um maçarico, acenda as lascas de laranjeira na caixa (ou panela) de defumação.

▸ Assim que a brasa estiver pronta, acomode o peito de frango e controle a queima para manter o aroma da laranjeira defumando a carne por cerca de 30 minutos. Caso seja necessário trocar as lascas, pare o processo, ajuste as lascas e retome a defumação. Retire o frango do defumador, desfie grosseiramente e reserve.

PREPARE O SALPICÃO

▸ Coloque as uvas-passas no vinho branco para hidratar. Enquanto isso, ponha o frango desfiado, a cenoura, o salsão e a maçã em uma tigela.

▸ Separadamente, bata a maionese e o iogurte com um fouet e tempere com o azeite, o limão, sal e pimenta. Reserve na geladeira.

▸ Escorra bem as uvas-passas, adicione à tigela com os demais ingredientes e misture. Acrescente o molho reservado, misture bem, ajuste o tempero e leve à geladeira por ao menos 1 hora ou até o momento de servir.

FAÇA A MONTAGEM

▸ Aqueça uma caçarola pequena funda com o óleo de girassol até atingir 160 °C e frite o alho-poró. Assim que ele estiver levemente dourado (não muito), retire com uma escumadeira e escorra em uma travessa forrada com papel-toalha.

▸ Em seguida, frite a batata, porém ela pode ser bem dourada e ficar crocante. Coloque também em uma travessa forrada com papel-toalha.

▸ Distribua o salpicão nas tigelas de servir e decore com o alho-poró, a batata e a cebolinha.

SALPICÃO DE FRANGO

SALADA DE
FEIJÃO-MANTEIGUINHA

SALADA DE FEIJÃO-MANTEIGUINHA

DIFICULDADE: ●○○ **PREPARO:** 12 HORAS E 30 MINUTOS **COZIMENTO:** 1 HORA E 10 MINUTOS
CONSERVAÇÃO: 3 DIAS NA GELADEIRA   PORÇÕES

O feijão-manteiguinha de Santarém é da espécie caupi, de origem africana, que se adaptou muito bem na Amazônia e se tornou parte da cultura alimentar da região. Saladas assim acompanham peixes, mas também são apreciadas sozinhas, pela riqueza nutricional dos ingredientes que as compõem.

EQUIPAMENTOS ESPECIAIS: PENEIRA DE METAL DE MALHA FINA

PARA O FEIJÃO
200 g de feijão-manteiguinha de Santarém
1 folha de louro
1 talo de salsão
¼ de cebola
½ cenoura

PARA A SALADA
1 cebola-roxa cortada em cubos médios
1 pepino japonês sem casca e sem sementes cortado em cubos médios
100 g de tomate italiano sem pele e sem sementes cortado em cubos médios
150 g de palmito pupunha fresco ou em conserva cortado em tiras finas
½ manga palmer cortada em cubos médios
cebolinha fatiada na diagonal a gosto
2 pimentas-de-cheiro sem sementes picadas finamente
40 g de castanhas-de-caju picadas grosseiramente
120 ml de azeite de oliva extra virgem
raspas e suco de 1 limão-siciliano
raspas e suco de 1 limão-cravo
1 dente de alho ralado
gengibre ralado a gosto
açúcar refinado
sal a gosto
pimenta-do-reino moída na hora a gosto

PARA A MONTAGEM
brotos de coentro a gosto

PREPARE O FEIJÃO
▸ Deixe o feijão de molho por ao menos 12 horas, trocando a água a cada 4 horas.

▸ Escorra o feijão e coloque-o numa caçarola média funda. Junte o louro, o salsão, a cebola e a cenoura e cubra com água até dois dedos acima do conteúdo da panela. Leve ao fogo médio e cozinhe até o feijão ficar tenro (cerca de 1 hora). Em seguida, escorra-o em uma peneira. Reserve apenas o feijão.

PREPARE A SALADA
▸ Em uma tigela, ponha o feijão cozido, a cebola, o pepino, o tomate, o palmito, a manga, a cebolinha, a pimenta-de-cheiro e as castanhas. Reserve.

▸ Prepare um molho vinagrete com o azeite, o suco e as rapas dos limões, o alho e o gengibre. Tempere com açúcar, sal e pimenta-do-reino. Em seguida, adicione à tigela com o feijão e misture bem.

FAÇA A MONTAGEM
▸ Coloque a salada em uma travessa de servir e decore com os brotos de coentro.

DICA DO CHEF
O feijão-manteiguinha pode ser substituído por outras espécies de feijão de cor clara, como o fradinho, o feijão-de-corda e até mesmo o feijão-branco.

SALADA DE
BACALHAU E BATATA

SALADA DE BACALHAU E BATATA

DIFICULDADE: ●●○ **PREPARO:** 2 DIAS E 30 MINUTOS **COZIMENTO:** 30 MINUTOS

CONSERVAÇÃO: 3 DIAS NA GELADEIRA   4 PORÇÕES

O bacalhau chegou à cozinha brasileira por influência da cultura portuguesa e ganhou lugar de destaque nas festas de fim de ano e nos feriados religiosos, como a Páscoa. Para uma apresentação mais elegante, os chefs do Le Cordon Bleu propõem acrescentar à receita a técnica de confit.

EQUIPAMENTOS ESPECIAIS: PAPEL-TOALHA, TERMÔMETRO CULINÁRIO, ESCUMADEIRA, FRIGIDEIRA ANTIADERENTE DE 20 CM DE DIÂMETRO, ASSADEIRA QUADRADA DE 20 CM

PARA O CONFIT

600 g de lombo de bacalhau salgado

1 folha de louro

2 ramos de tomilho

1 cabeça de alho descascada

100 g de tomates-cereja

300 ml de azeite de oliva

PARA A SALADA

4 cebolas pérolas cortadas ao meio no sentido do comprimento

azeite de oliva para untar

1 pimentão amarelo

1 pimentão vermelho

200 g de batata asterix descascada cortada em cubos médios e cozida al dente

200 g de grão-de-bico cozido

50 g de azeitonas roxas sem caroço

50 ml de azeite de oliva extra virgem

suco de 1 limão-siciliano

sal a gosto

pimenta-do-reino branca moída na hora a gosto

PARA A MONTAGEM

2 ovos cozidos cortados em quartos

sal a gosto

folhas de salsinha a gosto

VOCÊ SABIA?

Na cozinha contemporânea, "confit" significa cozimento lento em óleo, gordura ou calda de açúcar em baixa temperatura (cerca de 90 °C no máximo, mas podendo chegar a 60 °C), ao contrário das frituras, que são feitas em alta temperatura.

PREPARE O CONFIT

▸ Com 2 dias de antecedência, passe o bacalhau em água corrente para retirar o excesso de sal. Coloque-o em uma tigela, cubra com água e deixe de molho na geladeira. Troque a água pelo menos cinco vezes por dia.

▸ No dia do preparo, escorra a água e corte o bacalhau em cubos médios. Seque o excesso de água com um pano de prato limpo ou papel-toalha.

▸ Coloque o bacalhau, o louro, o tomilho, o alho, os tomates e o azeite em uma caçarola funda média e leve ao fogo baixo. Controle a temperatura com o termômetro para que se mantenha em 90 °C. Cozinhe em confit e, com o auxílio de uma escumadeira, retire cada ingrediente no seu tempo: primeiro, retire o tomate assim que a pele estourar (cerca de 10 minutos).

▸ Em seguida, retire o bacalhau, que deve estar pronto em cerca de 40 minutos. Por fim, retire os dentes de alho (cerca de 1 hora, até ficarem macios). Descarte a folha de louro e o tomilho e reserve o azeite confitado. Corte os tomates ao meio e reserve com os demais ingredientes.

PREPARE A SALADA

▸ Preaqueça o forno a 150 °C. Para manter a temperatura do forno de cozinha comum abaixo de 180 °C, pode-se manter a porta aberta com o auxílio de uma colher de pau.

▸ Aqueça a frigideira antiaderente em fogo médio e toste a parte cortada de todas as metades das cebolas até ficarem dourado-escuras. Cuidado para não deixar queimar. Em seguida, acomode as cebolas em uma assadeira untada com azeite e leve ao forno por 20 minutos. Retire do forno, despetale e reserve.

▸ Toste os pimentões na chama do fogão até que a pele fique completamente queimada. Transfira para uma tigela e feche com filme de PVC para abafar por cerca de 5 minutos. Em seguida, retire a pele queimada e lave os pimentões em água corrente, para retirar todo o resíduo de queimado. Corte os pimentões em fatias finas e descarte as sementes. Reserve.

▸ Em uma tigela, coloque as pétalas das cebolas assadas, o bacalhau, os tomates e o alho confitados, os pimentões, a batata, o grão-de-bico e as azeitonas. Tempere com o azeite extra virgem, o suco de limão, sal e pimenta. Misture tudo delicadamente.

FAÇA A MONTAGEM

▸ Divida a salada nos pratos de serviço, cuidando para que haja um pouco de todos os ingredientes em cada um. Acrescente os ovos temperados com sal.

▸ Regue com um pouco do azeite confitado e finalize com as folhas de salsinha.

PRATOS PRINCIPAIS

PANACHÉ DE PALMITO,
QUIABO, PINHÕES E LEGUMES

PANACHÉ DE PALMITO, QUIABO, PINHÕES E LEGUMES

DIFICULDADE: ●○○ **PREPARO:** 1 HORA **COZIMENTO:** 1 HORA

CONSERVAÇÃO: 3 DIAS NA GELADEIRA   **4** PORÇÕES

O time de chefs do Le Cordon Bleu criou este prato para trazer as técnicas francesas aos ingredientes brasileiros, unindo a cozinha desses países com foco nos vegetais.

EQUIPAMENTOS ESPECIAIS: PROCESSADOR OU LIQUIDIFICADOR, FRIGIDEIRA ANTIADERENTE DE 30 CM DE DIÂMETRO, ESCUMADEIRA, PAPEL-TOALHA

PARA O PANACHÉ

500 g de palmito pupunha fresco cortado em pedaços de 4 cm

sal a gosto

pimenta-do-reino preta moída na hora a gosto

azeite de oliva a gosto

3 folhas de couve-manteiga fatiadas finamente

6 quiabos cortados ao meio no sentido do comprimento

1 chuchu cortado em cubos de 1 cm

200 g de pinhões cozidos e fatiados

5 g de açúcar demerara

2 maxixes sem sementes cortados em cubinhos

1 cebola-roxa cortada em cubinhos

1 pimenta cambuci sem sementes picada finamente

suco de limão a gosto

óleo de girassol para fritar

2 batatas-doces descascadas e cortadas em cubos de 1 cm

PARA O PESTO BRASILEIRO

25 g de couve-manteiga rasgada

50 g de castanhas-do-pará picadas

150 ml de azeite de oliva

50 g de queijo de minas curado ralado

2 dentes de alho sem casca

sal a gosto

PARA A MONTAGEM

flores comestíveis a gosto

PREPARE O PANACHÉ

▸ Em uma caçarola média, leve ao fogo água suficiente para mergulhar os pedaços de palmito. Assim que a água entrar em ebulição, coloque os palmitos e cozinhe por cerca de 3 minutos. Retire os palmitos da água, escorra, seque com papel-toalha, coloque numa fôrma e tempere com sal e pimenta. Leve para assar em forno preaquecido a 180 °C até ficarem ligeiramente dourados. Retire do forno e reserve.

▸ Em uma frigideira antiaderente, aqueça um fio de azeite e refogue a couve até murchar. Tempere com sal e reserve.

▸ Assim que retirar a couve da frigideira, remova o excesso de azeite com um papel-toalha e toste os quiabos até dourarem. Tempere com sal e reserve.

▸ Na mesma frigideira onde foi preparada a couve e os quiabos, adicione um fio de azeite e refogue bem o chuchu e os pinhões em fogo médio. Se necessário, adicione água aos poucos até o chuchu ficar tenro. Quando o chuchu estiver tenro e ainda houver um pouco de água na frigideira, adicione o açúcar. Deixe o açúcar derreter e misture bem para que todo o conteúdo da frigideira fique bem envolvido pelo refogado. Tempere com sal e pimenta-do-reino. Reserve.

▸ Prepare um vinagrete: misture o maxixe, a cebola e a pimenta cambuci e tempere com limão e sal. Reserve.

▸ Em uma caçarola média funda, esquente o óleo a 180 °C para fritar a batata-doce, por imersão, até dourar. Com o auxílio de uma escumadeira, retire a batata do óleo, deixe escorrer um pouco e coloque em um recipiente forrado com papel-toalha. Tempere com sal e reserve.

PREPARE O PESTO BRASILEIRO

▸ Em um processador ou liquidificador, bata todos os ingredientes do pesto até obter uma pasta homogênea. Reserve.

FAÇA A MONTAGEM

▸ Monte os pratos de servir com todos os legumes, a couve, o vinagrete e flores comestíveis. Sirva acompanhado do pesto.

DICA DO CHEF

Os pinhões podem ser substituídos por castanhas portuguesas, e o palmito pode ser substituído por aspargos brancos.

VOCÊ SABIA?

Os pinhões devem ficar de molho por 4 horas e, depois, ser cozidos na panela de pressão, por 40 minutos. O ideal é descascá-los ainda quentes.

MIL-FOLHAS DE RAÍZES BRASILEIRAS
COM CREME DE QUEIJO

MIL-FOLHAS DE RAÍZES BRASILEIRAS COM CREME DE QUEIJO

DIFICULDADE: ●●○ **PREPARO:** 30 MINUTOS **COZIMENTO:** 1 HORA E 30 MINUTOS

CONSERVAÇÃO: 3 DIAS NA GELADEIRA   **4 PORÇÕES**

A inspiração para este prato foi brincar com as raízes nativas e culturais do território brasileiro.

EQUIPAMENTOS ESPECIAIS: FATIADOR MANDOLINE, ASSADEIRA RETANGULAR DE 30 × 40 CM, 2 TAPETES DE SILICONE, SACO DE CONFEITAR DESCARTÁVEL, FRIGIDEIRA ANTIADERENTE DE 30 CM DE DIÂMETRO, BISNAGA, PAPEL-TOALHA

PARA O MIL-FOLHAS

150 g de batata asterix descascada e fatiada na mandoline (reserve em uma tigela com água gelada)

150 g de mandioquinha descascada e fatiada na mandoline (reserve em uma tigela com água gelada)

150 g de mandioca descascada e fatiada na mandoline (reserve em uma tigela com água gelada)

azeite de oliva quanto baste para untar

sal a gosto

100 g de queijo de coalho ralado finamente

100 g de queijo meia cura ralado finamente

100 g de requeijão cremoso

100 ml de creme de leite fresco

PARA A MONTAGEM

100 g de queijo de coalho cortado em cubinhos

melado de cana a gosto

pétalas de flores comestíveis a gosto

PREPARE O MIL-FOLHAS

▸ Preaqueça o forno a 140 °C.

▸ Retire a batata da água e disponha sobre papel-toalha para secar bem. Repita o processo com a mandioquinha e a mandioca. À medida que as fatias forem secando, acomode-as em um tapete de silicone e unte com azeite. Cubra com o outro tapete de silicone, também untado com azeite e virado para as fatias. Leve para assar por 10 ou 15 minutos, ou até ficarem crocantes e levemente douradas. Tempere com sal.

▸ Em uma caçarola média funda, misture os dois tipos de queijo, o requeijão cremoso e o creme de leite. Aqueça a mistura em fogo médio e mexa até formar um creme untuoso e homogêneo.

▸ Transfira o creme de queijo para um saco de confeitar do tipo descartável. Enrole bem a abertura do saco para que não transborde no momento de espremer. Com uma tesoura, faça um corte de 1 cm de espessura no bico do saco.

FAÇA A MONTAGEM

▸ Em pratos individuais, monte os mil-folhas começando com um pouco de creme no prato para "grudar" o preparo. Intercale fatias sortidas dos chips com o creme, formando uma torre de cerca de 7 cm de altura. Finalize com um pouco mais de creme de queijo ao lado do mil-folhas.

▸ Em uma frigideira antiaderente, toste a seco os cubinhos de queijo de coalho em dois lados até dourarem.

▸ Prepare uma bisnaga com o melado de cana e decore o prato com traços de melado.

▸ Finalize com as pétalas de flores.

DICA DO CHEF

Nesta receita, também é possível utilizar raízes como beterraba, beterraba amarela e pastinaca.

NHOQUE DE BATATA DOCE COM MOLHO
DE PEQUI, ORA-PRO-NÓBIS E CIPÓ-ALHO

NHOQUE DE BATATA-DOCE COM MOLHO DE PEQUI, ORA-PRO-NÓBIS E CIPÓ-ALHO

DIFICULDADE: ●●○   **PREPARO:** 40 MINUTOS   **COZIMENTO:** 1 HORA E 50 MINUTOS
CONSERVAÇÃO: 3 DIAS NA GELADEIRA   PORÇÕES

Os chefs especialistas do curso Diplôme em Plant Based do Le Cordon Bleu desenvolveram receitas inspiradas em plantas comestíveis dos biomas brasileiros. Esta receita surgiu da união do bioma amazônico com o conceito de comfort food, um prato que remete a lembranças familiares e agradáveis.

EQUIPAMENTOS ESPECIAIS: MIXER, PENEIRA DE METAL, ASSADEIRA FUNDA, ESCUMADEIRA, MINIPROCESSADOR, FRIGIDEIRA ANTIADERENTE

PARA O MOLHO DE PEQUI

15 g de óleo de coco

30 g de cebola picada finamente

2 dentes de alho picados finamente

50 g de pequi em conserva drenado e picado finamente

150 g de leite de castanha-de-caju ou de aveia

pitadas de levedura nutricional

sal a gosto

pimenta-do-reino preta moída na hora a gosto

PARA O NHOQUE

sal grosso para assar

600 g de batata-doce roxa

100 g de farinha de mandioca crua fina e mais um pouco para polvilhar

sal a gosto

água suficiente para cozinhar

óleo de girassol a gosto

PARA A DECORAÇÃO

4 folhas de cipó-alho

PARA A MONTAGEM

sementes de puxuri raladas a gosto

pó das folhas de cipó-alho

9 folhas de ora-pro-nóbis cortadas no sentido do comprimento

PREPARE O MOLHO DE PEQUI

▸ Aqueça o óleo de coco, em fogo baixo, em uma caçarola média, e refogue a cebola, o alho e o pequi até amolecerem. Não deixe a cebola e o alho ficarem muito dourados, apenas refogue-os. Em seguida, adicione o leite vegetal mexendo com cuidado para não talhar.

▸ Apague o fogo e bata esse refogado com um mixer até formar um creme bem liso. Se necessário, leve novamente ao fogo baixo e reduza o líquido para que fique com a consistência de molho. Tempere com pitadas da levedura nutricional, sal e pimenta-do-reino.

PREPARE O NHOQUE

▸ Preaqueça o forno a 180 °C. Em uma assadeira funda, ajeite uma cama de sal grosso, em uma camada grossa, e acomode as batatas-doces inteiras sobre ela. Asse até ficarem bem macias (cerca de 50 minutos) ❶.

▸ Com o auxílio de uma faca, retire a pele das batatas enquanto ainda estiverem quentes ❷ e amasse com um garfo. Na sequência, passe a batata amassada por uma peneira de metal para retirar todos os grumos ❸.

▸ Prepare a massa do nhoque adicionando, aos poucos, a farinha de mandioca à batata amassada ainda quente para "pré-cozinhar" a farinha e alcançar a consistência desejada ❹. A massa do nhoque deve ficar leve ❺. Tempere a massa com sal.

▸ Em uma bancada polvilhada com farinha de mandioca fina, enrole a massa em tiras de 2 cm de espessura e corte os nhoques com cerca de 3 cm cada ❻.

▸ Em uma caçarola média funda, ferva uma quantidade de água suficiente para que os nhoques fiquem submersos. Assim que a água ferver, coloque os nhoques em pequenas porções para cozinhar. Quando eles subirem à superfície, retire-os com uma escumadeira e reserve em uma travessa untada com óleo.

▸ Aqueça um fio de óleo em uma frigideira e grelhe os nhoques, de ambos os lados, para criar uma crosta dourada.

PREPARE A DECORAÇÃO

▸ Desidrate as folhas de cipó-alho em forno preaquecido a 90 °C, por cerca de 1 hora e 30 minutos. Transfira as folhas desidratadas para um miniprocessador e bata até virarem um pó.

FAÇA A MONTAGEM

▸ Comece colocando o molho de pequi no fundo do prato e organize os nhoques por cima.

▸ Rale as sementes de puxuri sobre os nhoques e decore com o pó de cipó-alho e as folhas de ora-pro-nóbis.

DICA DO CHEF

O pequi pode ser substituído por azafran (o açafrão real), em pistilos ou em pó, mas em quantidade menor. O nirá fresco e o alho selvagem podem substituir o cipó-alho. A semente de puxuri é considerada a "noz-moscada amazônica" e pode ser substituída por noz-moscada.

VOCÊ SABIA?

A batata não deve ser amassada com utensílios elétricos para não desenvolver a elasticidade do amido. E a levedura nutricional, por fornecer um sabor umami mais acentuado aos preparos vegetais, deve ser adicionada aos poucos para não roubar a cena. Por isso, sempre experimente antes de cada adição.

PRATOS PRINCIPAIS · 95

TORTA DE LEGUMES E CREME DE
QUEIJO DE MINAS COM GELEIA DE CAFÉ

TORTA DE LEGUMES E CREME DE QUEIJO DE MINAS COM GELEIA DE CAFÉ

DIFICULDADE: ●●○   **PREPARO:** 1 DIA   **COZIMENTO:** 1 HORA

CONSERVAÇÃO: 3 DIAS NA GELADEIRA   PORÇÕES

Inspirada na torta tian, de origem provençal, esta receita ganhou um toque latino-americano com o calor do café.

EQUIPAMENTOS ESPECIAIS: RECIPIENTE COM TAMPA HERMÉTICA, CORTADOR DE ARO DE 4 CM, SACO DE CONFEITAR E BICO DE CONFEITAR MÉDIO, LIQUIDIFICADOR, PINCEL DE SILICONE, FÔRMA REDONDA CANELADA DE 30 CM DE DIÂMETRO COM FUNDO REMOVÍVEL, FRIGIDEIRA SAUTEUSE DE 30 CM DE DIÂMETRO

PARA OS LEGUMES
azeite de oliva a gosto

2 miniberinjelas cortadas em canoas com 2 cm de espessura

2 miniabobrinhas cortadas em rodelas na diagonal com 1 cm de espessura

5 tomates-cereja cortados ao meio

pimenta calabresa a gosto

tomilho a gosto

alecrim a gosto

2 folhas de louro

sal a gosto

pimenta-do-reino branca moída na hora a gosto

PARA A ABÓBORA GLACEADA
300 g de abóbora de pescoço cortada em meias-luas

25 g de açúcar

50 g de água

15 g de manteiga sem sal

sal a gosto

PARA O CREME DE QUEIJO
100 g de queijo de minas frescal ralado fino

100 g de queijo de minas meia cura ralado fino

100 g de requeijão cremoso

100 ml de creme de leite fresco

PARA A GELEIA DE CAFÉ
250 g de cerveja tipo stout

250 g de água

100 g de açúcar mascavo

3 g de ágar-ágar

5 g de café solúvel

PARA A MASSA
5 folhas de massa filo

manteiga sem sal derretida a gosto

PARA A MONTAGEM
pétalas de flores comestíveis a gosto

PRATOS PRINCIPAIS • 97

PREPARE OS LEGUMES

▸ Aqueça a frigideira sauteuse em fogo médio e adicione um fio generoso de azeite. Refogue os legumes na ordem de tempo de cocção, do que precisa de mais tempo para o mais rápido. Sendo assim, comece pela berinjela, refogando-a por cerca de 5 minutos. Em seguida, adicione a abobrinha e refogue por mais 3 minutos. Por último, adicione o tomate e refogue até que murche levemente.

▸ Abaixe o fogo e tempere com a pimenta calabresa, o tomilho, o alecrim, a folha de louro, sal e pimenta-do-reino.

▸ Retire do fogo e acomode o refogado em um recipiente com tampa hermética. Caso necessário, adicione mais azeite para deixar os legumes bem untados. Aguarde esfriar, tampe o recipiente e deixe os legumes marinarem por 24 horas antes de utilizar na montagem da torta.

PREPARE A ABÓBORA GLACEADA

▸ Para preparar as meias-luas de abóbora, corte a parte do pescoço da abóbora em fatias de 3 mm no sentido do comprimento. Com o cortador de aro, recorte círculos dessas fatias e corte esses círculos em meias-luas.

▸ Em uma caçarola média funda, em fogo médio, aqueça o açúcar, a água e a manteiga. Quando chegar no ponto de calda, adicione a abóbora e cozinhe por, aproximadamente, 2 minutos. Tempere com sal. Reserve.

PREPARE O CREME DE QUEIJO

▸ Em uma caçarola pequena funda, coloque os queijos de minas, o requeijão e o creme de leite. Leve ao fogo baixo e derreta os queijos, mexendo constantemente com uma espátula de silicone para não grudar no fundo da panela e queimar.

▸ Assim que derreter completamente e formar um creme, transfira para o saco de confeitar previamente montado com o bico. Reserve.

PREPARE A GELEIA DE CAFÉ

▸ Em uma caçarola pequena funda, em fogo baixo, aqueça a cerveja com a água, o açúcar e o ágar-ágar. Deixe reduzir até ficar com metade do volume, mexendo frequentemente para não queimar. Em seguida, adicione o café e misture bem até homogeneizar. Retire do fogo e transfira para uma tigela para que esfrie e gelifique.

▸ Quando gelificar completamente e estiver com aparência de gelatina consistente, leve ao liquidificador e bata até obter uma textura de geleia. Reserve.

PREPARE A MASSA

▸ Utilize a fôrma redonda canelada como molde para cortar 5 discos de massa filo. Considere o diâmetro da fôrma somado à altura da borda para cortar os discos. Em seguida, com um pincel de silicone, espalhe uma camada fina de manteiga em um disco e coloque outro disco sobre ela. Repita o processo com todos os discos para formar uma massa semelhante à massa folhada.

▸ Unte a fôrma com uma camada fina de manteiga e acomode a massa filo delicadamente, moldando no fundo e na lateral canelada. Na sequência, faça furos com um garfo, delicadamente, na massa no fundo da fôrma e leve para assar em forno preaquecido a 160 °C até dourar (cerca de 20 minutos). Retire do forno e deixe descansar em uma bancada. Reserve.

FAÇA A MONTAGEM

▸ Preencha o fundo da massa da torta com o creme de queijo.

▸ Em seguida, disponha a abóbora glaceada formando círculos intercalados. Comece pela borda e coloque-os delicadamente para que não afundem no creme de queijo. A ideia é obter 4 círculos intercalados.

▸ No centro da torta, arrume os legumes, com a mesma delicadeza. Decore os legumes com as pétalas de flores comestíveis.

▸ Desenforme e sirva a torta com a geleia de café em um recipiente à parte.

ALIGOT DE MANDIOCA COM VINAGRETE DE COGUMELOS YANOMAMI E COUVE CROCANTE

DIFICULDADE: ●●○   **PREPARO:** 50 MINUTOS   **COZIMENTO:** 50 MINUTOS
CONSERVAÇÃO: 3 DIAS NA GELADEIRA   PORÇÕES

A mandioca, planta rainha do Brasil, é utilizada integralmente como alimento. O tucupi, caldo extraído da raiz da mandioca, traz o ácido que harmoniza com o sabor suave da mandioca. Nesta receita, unimos esses ingredientes muito usados na região Norte do Brasil com o aligot, uma especialidade da cozinha francesa.

EQUIPAMENTOS ESPECIAIS: PROCESSADOR, ESPÁTULA DE SILICONE, MIXER, TERMÔMETRO, ESCUMADEIRA E PAPEL-TOALHA

PARA A MANDIOCA BATIDA
400 g de mandioca fresca descascada e cortada em pedaços irregulares
sal a gosto

PARA O VINAGRETE DE COGUMELOS YANOMAMI
10 g de cogumelos Yanomami desidratados cortados ao meio com a haste
4 maxixes sem sementes cortados em cubinhos
70 g de cebola-roxa cortada em cubinhos
12 pimentas biquinho cortadas ao meio
folhas de beldroega a gosto
suco de 1 limão-cravo
azeite de oliva extra virgem a gosto
sal a gosto
pimenta-do-reino moída na hora a gosto

PARA A COUVE CROCANTE
6 folhas de couve-manteiga sem os talos fatiadas finamente
óleo de girassol para fritar
sal a gosto
pimenta-do-reino moída na hora a gosto

PARA O ALIGOT DE MANDIOCA
350 g de mandioca batida
175 g de requeijão de corte picado
175 g de queijo da Canastra meia cura ralado fino
125 ml de tucupi
50 g de manteiga sem sal
sal a gosto
pimenta-do-reino moída na hora a gosto

PARA A MONTAGEM
brotos de beterraba ou de coentro a gosto

PREPARE A MANDIOCA BATIDA

▸ Em uma caçarola grande cozinhe a mandioca em água com sal. Quando a mandioca estiver bem cozida, retire da água, mas não descarte a água do cozimento. Corte os pedaços de mandioca ao meio e descarte as fibras internas.

▸ Em seguida, bata a mandioca no processador até formar uma massa lisa. O segredo é bater bem para ativar o amido e deixar a massa mais elástica. Caso necessário, utilize a água do cozimento para auxiliar o processamento e atingir a consistência de purê. Reserve.

PREPARE O VINAGRETE DE COGUMELOS YANOMAMI

▸ Coloque os cogumelos de molho em água suficiente para cobri-los e deixe hidratando por cerca de 20 minutos. Uma vez hidratados, escorra, retire o excesso de líquido e reserve.

▸ Em uma tigela, coloque os cogumelos, o maxixe, a cebola, a pimenta biquinho e misture. Em seguida, adicione as folhas de beldroega. Regue com o suco de limão e o azeite e tempere com sal e pimenta-do-reino. Misture tudo e reserve.

PREPARE A COUVE CROCANTE

▸ Coloque o óleo em uma caçarola pequena funda e aqueça, em fogo médio, até a temperatura de 180 °C. Frite a couve, por imersão, em porções pequenas para que não fique enxarcada. O tempo de fritura da porção deve ser breve, retire do óleo, com uma escumadeira, assim que atingir o tom verde-escuro.

▸ Deixe o excesso de óleo escorrer com a escumadeira e acomode a couve crocante em uma travessa forrada com papel-toalha. Quando toda a couve estiver pronta, salpique sal e reserve.

PREPARE O ALIGOT DE MANDIOCA

▸ Coloque a mandioca batida em uma caçarola média funda, em fogo baixo, e adicione o requeijão de corte e o queijo da Canastra. Deixe os queijos derreterem, mexendo com frequência. Caso fique com grumos, bata o aligot com um mixer para deixar um aspecto liso e aveludado.

▸ Assim que os queijos derreterem, adicione o tucupi e a manteiga. Com uma espátula de silicone, mexa constantemente para misturar bem, trazer elasticidade e criar um aspecto de liga mais cremosa ao aligot. Tempere com sal e pimenta-do-reino no final do processo.

FAÇA A MONTAGEM

▸ Em um prato fundo, monte o aligot em $\frac{1}{3}$ do prato.

▸ Ao lado do aligot, arrume o vinagrete e a couve crocante. Ajeite o cogumelo entre o vinagrete e o aligot. Finalize a decoração com o broto por cima do aligot.

DICA DO CHEF

O tucupi pode ser substituído por creme de leite fresco, porém o prato não terá o mesmo impacto pela ausência de acidez. Já o queijo da Canastra pode ser substituído por queijo de minas meia cura ou queijo parmesão. Os funghi secchi substituem os cogumelos Yanomami.

ALIGOT DE MANDIOCA COM
VINAGRETE DE COGUMELOS
YANOMAMI E COUVE CROCANTE

PRATOS PRINCIPAIS · 101

PEIXE MOQUEADO COM
CREME DE CEBOLA E
FARINHA-D'ÁGUA

PEIXE MOQUEADO COM CREME DE CEBOLA E FARINHA-D'ÁGUA

DIFICULDADE: ●●○   **PREPARO:** 40 MINUTOS   **COZIMENTO:** 50 MINUTOS
CONSERVAÇÃO: 2 DIAS NA GELADEIRA   **PORÇÕES**

O tambaqui e o tucunaré são peixes amazônicos de água doce. Nesta receita, apresentamos a cultura amazônica tradicional do peixe com a técnica ancestral do moquear para produzir os sabores e os aromas intensos da floresta, porém com a apresentação gastronômica do Le Cordon Bleu.

EQUIPAMENTOS ESPECIAIS: FACA DE CHEF, CHURRASQUEIRA

PARA O PEIXE

1 tambaqui ou tucunaré inteiro de cerca de 2 kg sem escamas e limpo

suco de 3 limões-cravos

2 litros de água

cominho em pó a gosto

sal a gosto

2 pimentas-de-cheiro sem sementes picadas finamente

3 dentes de alho picados finamente

½ maço de coentro picado finamente (folhas e talos)

PARA O CREME DE CEBOLA

1 cebola-roxa fatiada finamente

suco de 1 limão-cravo

60 g de creme de leite fresco

60 g de coalhada integral

sal a gosto

uma pitada de açúcar

pimenta-do-reino branca moída na hora a gosto

folhas de hortelã-pimenta a gosto

PARA A MONTAGEM

farinha-d'água a gosto

DICA DO CHEF

Os peixes amazônicos podem ser substituídos por outros peixes de água doce (pescada-branca, pacu ou dourada) ou até mesmo marinhos (pescadas, badejo ou garoupa). Já a pimenta-de-cheiro pode ser trocada por outras pimentas frescas de baixa picância ou por pimenta-do-reino verde.

PREPARE O PEIXE MOQUEADO

▸ Abra o peixe pela barriga, retire as vísceras e as nadadeiras, mantenha a cauda e a cabeça e lave em água corrente.

▸ A próxima etapa é ticar o peixe: com uma faca de chef bem afiada, faça profundos cortes transversais e paralelos com cerca de 3 mm de distância no lombo do peixe ❶, começando da cauda até a cabeça, mas com cuidado para não quebrar a espinha. É possível sentir com a faca o limite entre a carne e a espinha. Faça em ambos os lados ❷.

▸ Em um recipiente grande o suficiente para que o peixe caiba de lado, prepare uma marinada com o suco de limão e a água ❸. Deixe o peixe marinando por, pelo menos, 30 minutos.

▸ Após esse tempo, misture o cominho, o sal, a pimenta-de-cheiro e o alho e passe pelos dois lados do peixe ❹. Passe essa mistura também dentro da barriga do peixe e recheie com o coentro fresco.

▸ Prepare um braseiro na churrasqueira de modo que o carvão solte bastante fumaça, de acordo com as especificações do equipamento ❺.

▸ Asse o peixe na churrasqueira sobre uma grelha, de ambos os lados, até ele ficar dourado ❻.

PREPARE O CREME DE CEBOLA

▸ Em uma tigela, deixe a cebola marinando no limão por, pelo menos, 30 minutos.

▸ Após o tempo de marinada, adicione o creme de leite, a coalhada, o sal, o açúcar e a pimenta-do-reino. Ajuste o tempero para sentir salgado e agridoce.

▸ Acomode o creme em uma cumbuca de serviço e finalize com folhas de hortelã-pimenta. Reserve.

FAÇA A MONTAGEM

▸ Sirva o peixe moqueado inteiro, para mostrar a finalização da técnica de ticar. Acompanhe-o com a farinha-d'água disposta em uma cuia e o creme de cebola.

VOCÊ SABIA?

Para consumir os peixes amazônicos, é importante submetê-los a duas técnicas. Primeiramente, o ticar, ou tiqui, que está explicado no passo a passo desta receita. Depois, a marinada de limão, para eliminar o pitiú, sabor e aroma de terra característicos dos peixes de água doce. Essas etapas são fundamentais para garantir a excelência culinária desses pratos tão culturais. A técnica de ticar pode ser aplicada a peixes com muitas espinhas e a marinada é apropriada a todos os peixes de água doce. Caso você não tenha churrasqueira, pode preparar o peixe no forno, a 200 °C, ou em uma grelha, mas saiba que ele não terá o sabor defumado tão característico dos peixes moqueados.

PRATOS PRINCIPAIS · 105

PIRARUCU DE CASACA

PRATOS PRINCIPAIS • 107

PIRARUCU DE CASACA

DIFICULDADE: ●●○ **PREPARO:** 5 HORAS **COZIMENTO:** 40 MINUTOS

CONSERVAÇÃO: 2 DIAS NA GELADEIRA **4** PORÇÕES

O pirarucu seco é conhecido popularmente como "bacalhau da Amazônia". Peixe muito apreciado na região, faz parte da gastronomia local. Esta receita é uma das mais tradicionais do Amazonas e recebe esse nome porque o peixe é servido envolto em muitas camadas, bem "arrumado com sua casaca".

EQUIPAMENTOS ESPECIAIS: FRIGIDEIRA SAUTEUSE ANTIADERENTE DE 30 CM DE DIÂMETRO, 4 AROS DE MONTAGEM DE 12 CM

PARA O PIRARUCU

600 g de pirarucu seco

105 ml de azeite de oliva

1 cebola média picada

4 dentes de alho picados

2 tomates sem sementes picados

1 pimentão vermelho sem sementes picado

50 g de ervilhas congeladas

200 ml de leite de coco

sal a gosto

pimenta-do-reino preta moída na hora a gosto

salsinha picada a gosto

cebolinha picada a gosto

40 g de azeitonas verdes sem caroço picadas finamente

300 g de farinha de Uarini

tucupi a gosto

PARA A MONTAGEM

2 bananas-da-terra fatiadas em rodelas com 0,5 cm de espessura

azeite de oliva a gosto

batata palha a gosto

azeitona verde fatiada a gosto

cebolinha fatiada em rodelas finas a gosto

PREPARE O PIRARUCU

- Primeiro é necessário dessalgar o pirarucu. Deixe o pirarucu de molho em uma tigela grande com bastante água por cerca de 24 horas, trocando a água a cada 4 horas. Após esse tempo, escorra e lave o peixe.
- Coloque o peixe em uma caçarola grande e cubra-o com água, leve ao fogo alto até começar a ferver. Abaixe o fogo e deixe cozinhar por cerca de 10 minutos. Retire o peixe da caçarola, escorra e desfie em lascas.
- Em uma frigideira sauteuse antiaderente, aqueça 30 ml do azeite em fogo alto. Refogue as lascas de pirarucu até dourarem e a carne ficar mais seca. Em seguida, adicione mais 30 ml de azeite à frigideira, espere esquentar e junte a cebola e o alho. Refogue, sem deixar dourar, mexendo constantemente. Por fim, acrescente o tomate e o pimentão e, assim que murcharem, adicione a ervilha e o leite de coco. Tempere com sal e pimenta-do-reino. Desligue o fogo e junte a salsinha, a cebolinha e as azeitonas.
- Em uma tigela média, misture bem a farinha de Uarini com os 45 ml restantes de azeite e salpique o tucupi apenas para hidratar levemente. Reserve.

FAÇA A MONTAGEM

- Preaqueça o forno a 200 °C.
- Leve uma frigideira antiaderente ao fogo alto e deixe aquecer. Grelhe as bananas a seco até dourarem bem de ambos os lados.
- Unte com azeite os aros para montar o pirarucu de casaca nos pratos, em 4 porções. Centralize o aro e coloque a farinha de Uarini hidratada na base, o refogado de pirarucu sobre ela e cubra com as rodelas de banana. Leve os pratos ao forno até que as porções estejam bem aquecidas.
- Retire do forno e mantenha os aros. Decore com a batata palha, a azeitona fatiada e a cebolinha por cima da banana e regue com um pouco mais de azeite. Retire os aros com cuidado e sirva imediatamente.

DICA DO CHEF

O pirarucu seco pode ser substituído por bacalhau seco. A banana-da-terra pode ser substituída por outras bananas. A farinha de Uarini pode ser substituída por farinha-d'água ou farinha de rosca.

PEIXE RECHEADO ASSADO EM FOLHA DE BANANEIRA
COM BEURRE BLANC DE LIMÃO-CRAVO

PEIXE RECHEADO ASSADO EM FOLHA DE BANANEIRA COM BEURRE BLANC DE LIMÃO-CRAVO

DIFICULDADE: ●●● **PREPARO:** 50 MINUTOS **COZIMENTO:** 1 HORA
CONSERVAÇÃO: 2 DIAS NA GELADEIRA **(4) PORÇÕES**

Assar em folha de bananeira é uma técnica culinária de influência indígena muito sustentável, que serve para todos os tipos de carne e vegetais. Outro ponto positivo é o sabor e o aroma que a folha de bananeira agrega aos preparos.

EQUIPAMENTOS ESPECIAIS: FACA DE CHEF, PEGADOR MULTIÚSO, PAPEL-TOALHA, CHURRASQUEIRA, LIQUIDIFICADOR, FOUET, FRIGIDEIRA ANTIADERENTE DE 20 CM DE DIÂMETRO, 1 ROLO DE BARBANTE, PALITOS DE DENTE

PARA O PEIXE

1 peixe de água doce de cerca de 2 kg inteiro sem escamas e limpo
suco de 2 limões-cravos
1 litro de água filtrada
2 pimentas-de-cheiro amazônicas sem sementes picadas finamente
3 dentes de alho picados finamente
sal a gosto
pimenta-do-reino preta moída na hora a gosto
azeite de oliva a gosto

PARA A FAROFA ÚMIDA

80 g de castanha-do-pará
15 ml de azeite de oliva
50 ml de água
450 g de farinha de Uarini
½ maço de coentro picado finamente
½ maço de cebolinha picada finamente
cúrcuma em pó a gosto
sal a gosto
pimenta-do-reino preta moída na hora a gosto

PARA A BEURRE BLANC DE LIMÃO-CRAVO

75 g de cebola picada finamente
50 ml de suco de limão-cravo
70 ml de creme de leite fresco
170 g de manteiga sem sal gelada cortada em cubinhos
sal a gosto
pimenta-do-reino preta moída na hora a gosto
raspas da casca de limão-cravo a gosto

PARA A MONTAGEM

2 folhas de bananeira
água e cubos de gelo para resfriamento
limão-siciliano cortado ao meio na horizontal a gosto

DICA DO CHEF

Os peixes amazônicos podem ser substituídos por outros peixes de água doce (pacu, dourado) ou até mesmo marinhos (pescadas, badejo). A pimenta-de-cheiro pode ser trocada por outras pimentas frescas de baixa picância ou por pimenta-do-reino verde. E a farinha de Uarini pode ser substituída pela farinha-d'água, outra farinha de mandioca ou farinha de rosca.

PREPARE O PEIXE

▸ Abra o peixe pela barriga, retire as vísceras, as nadadeiras, a cauda e a cabeça. Lave o peixe em água corrente.

▸ A próxima etapa é ticar o peixe: com uma faca de chef bem afiada, faça profundos cortes transversais e paralelos com cerca de 3 mm de distância no lombo do peixe, começando da cauda até a cabeça, mas com cuidado para não quebrar a espinha. É possível sentir com a faca o limite entre a carne e a espinha. Faça em ambos os lados (ver p. 104).

▸ Em uma bacia grande, prepare uma marinada com o suco de limão e a água filtrada. Deixe o peixe marinando por, pelo menos, 30 minutos. Após esse período, retire o peixe da marinada e escorra o excesso de líquido.

▸ Misture a pimenta-de-cheiro, o alho, o sal, a pimenta-do-reino e o azeite. Passe por todo o peixe, inclusive no interior. Reserve.

PREPARE A FAROFA ÚMIDA

▸ No liquidificador, bata as castanhas com o azeite e a água até formar uma pasta. Transfira a pasta para uma tigela grande e misture com a farinha, o coentro, a cebolinha e a cúrcuma. Ao final, tempere com sal e pimenta. Reserve.

PREPARE A BEURRE BLANC DE LIMÃO-CRAVO

▸ Em uma caçarola média funda, aqueça, em fogo baixo, a cebola com o suco de limão. A cebola deve ficar translúcida e o suco reduzido à metade.

▸ Adicione o creme de leite, ainda em fogo baixo, e sem deixar ferver. Emulsione vigorosamente com o auxílio de um fouet, acrescentando a manteiga aos poucos para trazer uma consistência cremosa e aveludada ao preparo. Tempere com sal e pimenta, retire do fogo e adicione as raspas de limão. Reserve.

FAÇA A MONTAGEM

▸ Higienize as folhas de bananeira com álcool de ambos os lados.

▸ Encha uma caçarola grande funda com água e leve para ferver.

▸ Corte as folhas de bananeira em um tamanho similar ao comprimento do peixe. Retire o talo ❶. Faça o branqueamento delas: coloque-as na caçarola com a água já fervendo e deixe até amaciarem, aproximadamente 2 minutos. Com um pegador, retire cada parte da folha da cocção e mergulhe imediatamente em uma tigela cheia de água e gelo para dar o choque térmico. Retire da água e coloque para escorrer em um recipiente forrado com papel-toalha ❷.

▸ Abra duas folhas sobre uma bancada e seque-as bem com papel-toalha ❸. Acomode o peixe sobre as folhas, levante delicadamente a parte da barriga e recheie com a farofa. Coloque as outras folhas de bananeira já secas por cima do peixe e dobre-as de modo a embalar todo o peixe ❹.

▸ Prenda as dobras das folhas de bananeira sobre o peixe com palitos de dente para que o pacote não abra. Utilize o barbante para amarrar o peixe ❺, com cuidado, para não rasgar as folhas de bananeira. Faça a amarração por todo o comprimento do peixe, mantendo o invólucro de folha de bananeira bem fechado sobre o peixe, como se fosse um casulo, e retire os palitos de dente ❻.

▸ Prepare um braseiro na churrasqueira de forma que o carvão solte bastante fumaça e coloque o peixe envolto na folha de bananeira sobre uma grelha na churrasqueira para moqueá-lo. Caso não tenha churrasqueira, asse o peixe em forno a 200 °C por cerca de 40 minutos.

▸ Depois de assado, retire o peixe da churrasqueira. Com uma tesoura, corte o barbante e abra com cuidado o pacote de folha de bananeira, que estará esturricada por causa do calor. Retire possíveis pedaços grudados na pele do peixe.

▸ Paralelamente aqueça uma frigideira em fogo alto e toste somente o lado cortado dos limões até formar uma crosta caramelizada. Cuidado para não queimar. Assim que formar a crosta caramelizada, reserve.

▸ Sirva o peixe na folha de bananeira, acompanhado dos limões tostados e da beurre blanc.

PRATOS PRINCIPAIS • 113

MOQUECA CAPIXABA

MOQUECA CAPIXABA

DIFICULDADE: ●●○ **PREPARO:** 3 HORAS **COZIMENTO:** 1 HORA

CONSERVAÇÃO: 2 DIAS NA GELADEIRA   PORÇÕES

Existem inúmeras versões de moqueca no Brasil. Escolhemos a versão capixaba porque seu preparo é Patrimônio Imaterial do estado do Espírito Santo. A tradição diz que a moqueca capixaba deve ser servida na própria panela de barro, que, assim como o preparo, é igualmente especial: é produzida com barro preto encontrado no bairro de Goiabeiras, na capital capixaba. Essa união transforma esse preparo em um terroir.

EQUIPAMENTOS ESPECIAIS: PANELA DE BARRO GRANDE DE 30 CM DE DIÂMETRO, PANELA DE BARRO MÉDIA DE 20 CM DE DIÂMETRO, PENEIRA DE METAL, FOUET, TERMÔMETRO CULINÁRIO

PARA O CALDO DE PEIXE

50 ml de azeite de oliva

3 dentes de alho picados

300 g de cebola picada

200 g de tomate picado

1 kg de cabeça e espinha de peixe branco cortadas em pedaços

3 litros de água

1 ramo de salsinha

1 ramo de cebolinha

1 ramo de coentro

PARA O AZEITE DE URUCUM

120 ml de azeite de oliva

10 g de sementes de urucum

PARA A MOQUECA

600 g de postas de robalo

200 g de camarão fresco limpo com cauda

5 dentes de alho picados finamente

sal a gosto

pimenta-do-reino preta moída na hora a gosto

60 ml de azeite de urucum

1 cebola grande picada finamente

1 pimentão amarelo sem sementes cortado em cubinhos

1 pimentão vermelho sem sementes cortado em cubinhos

3 tomates sem pele e sementes cortados em cubinhos

½ maço de cebolinha picada

½ maço de coentro picado

caldo de peixe o suficiente para cobrir o preparo

PARA O PIRÃO DE PEIXE

400 ml de caldo de peixe e um pouco mais para finalizar

50 ml de azeite de urucum

farinha de mandioca crua a gosto

sal a gosto

pimenta-do-reino preta moída na hora a gosto

PARA A MONTAGEM

cebolinha fatiada finamente na diagonal a gosto

folhas de coentro a gosto

DICA DO CHEF

O robalo pode ser substituído por outros peixes marinhos de carne branca mais resistente. O azeite de urucum é fundamental na tradição capixaba, trazendo um sabor especial ao preparo, mas pode ser substituído por azeite de páprica. Nesse caso, ao preparar o azeite da receita, substitua o urucum por 10 g de páprica em pó.

PREPARE O CALDO DE PEIXE

▸ Aqueça uma caçarola grande funda em fogo médio e refogue, no azeite de oliva, o alho, a cebola e o tomate. Em seguida, acrescente os pedaços da cabeça e da espinha do peixe e refogue por 4 minutos.

▸ Acrescente a água e as ervas frescas. Assim que levantar fervura, abaixe o fogo e cozinhe até o líquido reduzir (cerca de 30 minutos).

▸ Coe o caldo com uma peneira de metal e separe 500 ml para o pirão e para a finalização, o restante será utilizado no preparo da moqueca.

PREPARE O AZEITE DE URUCUM

▸ Aqueça o azeite em uma caçarola pequena funda, em fogo baixo, até atingir 70 °C. Acrescente as sementes de urucum e deixe por 3 minutos. Retire do fogo e deixe infundir destampado, até esfriar.

▸ Coe com uma peneira de metal e separe as quantidades para a moqueca e para o pirão.

PREPARE A MOQUECA CAPIXABA

▸ Em uma travessa, tempere o peixe e o camarão com o alho, sal e pimenta.

▸ Na panela de barro grande, aqueça o azeite de urucum em fogo alto e refogue ligeiramente a cebola, os pimentões, o tomate, a cebolinha e o coentro. Acrescente o caldo de peixe e deixe ferver por cerca de 10 minutos. Adicione as postas de peixe e deixe cozinhar por 7 minutos. Em seguida, acrescente o camarão e cozinhe por mais 3 minutos. Preparados dessa maneira, o peixe e o camarão atingem o ponto correto de cocção.

PREPARE O PIRÃO DE PEIXE

▸ Coloque o caldo de peixe com o azeite de urucum para ferver em uma caçarola média funda ❶. Assim que levantar fervura, abaixe o fogo.

▸ Adicione aos poucos, mas constantemente, a farinha de mandioca ❷ mexendo sempre com um fouet para não formar grumos.

▸ A mistura deve ficar com uma consistência bem líquida ❸, pois a farinha engrossa aos poucos, mas engrossa bem.

▸ Cozinhe, sem parar de mexer, até a mistura ficar homogênea. Caso necessário, adicione mais caldo ❹.

▸ Quando a farinha ficar translúcida, sem grãos opacos, o pirão estará no ponto correto ❺.

▸ Caso necessário, amoleça com um pouco de caldo de peixe morno até ficar em consistência de creme. Tempere com sal e pimenta ❻.

FAÇA A MONTAGEM

▸ Sirva a moqueca em prato fundo, monte o prato com delicadeza para mostrar o peixe e o camarão. Sirva o pirão em uma cumbuquinha ao lado. Decore a moqueca e o pirão com a cebolinha e as folhas de coentro.

VOCÊ SABIA?

Tradicionalmente, a moqueca é acompanhada por arroz branco, mas nós recomendamos servir este prato com o arroz pilaf (ver p. 121).

PRATOS PRINCIPAIS • 117

BOBÓ DE CAMARÃO
COM FAROFA DE DENDÊ

BOBÓ DE CAMARÃO COM FAROFA DE DENDÊ

DIFICULDADE: ●●○   **PREPARO:** 40 MINUTOS   **COZIMENTO:** 40 MINUTOS

CONSERVAÇÃO: 2 DIAS NA GELADEIRA   PORÇÕES

Preparo emblemático da cozinha do Recôncavo Baiano, o bobó é considerado uma iguaria de influência afro-brasileira. Alguns historiadores sugerem que ele foi adaptado do preparo africano chamado ipeté (feito originalmente com inhame), o qual era oferendado para a Orixá Oxum. Esta receita foi feita a partir da releitura das receitas mais tradicionais agregadas com o toque Le Cordon Bleu.

EQUIPAMENTOS ESPECIAIS: ESPREMEDOR DE BATATA OU PENEIRA DE METAL, ESCUMADEIRA, FRIGIDEIRA SAUTEUSE ANTIADERENTE DE 30 CM DE DIÂMETRO

PARA O MOLHO

400 g de mandioca sem casca cortada em cubos

sal a gosto

60 ml de azeite de dendê

150 g de cebola picada finamente

2 dentes de alho picados finamente

1 pimentão amarelo sem sementes cortado em cubinhos

1 pimentão vermelho sem sementes cortado em cubinhos

4 pimentas-de-cheiro sem sementes picadas finamente

30 g de gengibre ralado finamente

4 tomates sem sementes cortados em cubinhos

250 ml de leite de coco

coentro fresco picado a gosto

PARA OS CAMARÕES NA MANTEIGA

12 camarões graúdos frescos limpos e com cauda

sal a gosto

pimenta-do-reino preta moída na hora a gosto

100 g de manteiga clarificada (ver p. 206)

3 dentes de alho picados finamente

PARA A FAROFA DE DENDÊ

60 ml de azeite de dendê

200 g de farinha de copioba

1 pimenta dedo-de-moça sem sementes cortada em rodelas finas

sal a gosto

pimenta-do-reino preta moída na hora a gosto

PARA A MONTAGEM

folhas de coentro a gosto

PREPARE O MOLHO

▸ Em uma caçarola média funda, coloque a mandioca, cubra com água e cozinhe em fogo médio com uma pitada de sal. Quando estiver bem macia, retire a mandioca com uma escumadeira e reserve um pouco da água do cozimento. Remova a fibra central da mandioca e bata no liquidificador com essa água até obter um purê bem liso. Reserve.

▸ Na mesma caçarola, em fogo médio, aqueça o azeite de dendê e refogue a cebola, o alho, os pimentões, a pimenta-de-cheiro e o gengibre. Em seguida, acrescente o tomate, o purê de mandioca e o leite de coco. Acerte o sal e deixe cozinhar até que os ingredientes fiquem bem macios, na consistência de um creme. Junte o coentro e ajuste o tempero, se necessário.

PREPARE OS CAMARÕES NA MANTEIGA

▸ Tempere os camarões com sal e pimenta.

▸ Em uma frigideira sauteuse antiaderente, derreta a manteiga clarificada em fogo alto e doure o alho. Adicione os camarões e salteie até dourarem. Retire do fogo e reserve.

PREPARE A FAROFA DE DENDÊ

▸ Na mesma frigideira usada para preparar os camarões, aqueça o azeite de dendê em fogo médio. Acrescente a farinha e refogue até ficar crocante, mexendo constantemente.

▸ Adicione a pimenta dedo-de-moça, refogue por cerca de 3 minutos, tempere com sal e pimenta, retire do fogo e reserve.

FAÇA A MONTAGEM

▸ Coloque o molho no fundo de cumbucas de cerâmica de servir e organize os camarões na manteiga e a farofa de dendê sobre o molho. Decore com as folhas de coentro.

▸ Sirva com arroz pilaf (ver p. 121).

DICA DO CHEF

O azeite de dendê pode ser substituído por óleo de canola aromatizado com páprica ou urucum. E a farinha de copioba pode ser substituída por outra farinha de mandioca.

VOCÊ SABIA?

O processador e o liquidificador trabalham demais o amido da mandioca e a deixam com uma consistência grudenta. Portanto, para que a mandioca tenha aparência e consistência mais elegantes, amasse-a com um espremedor ou peneira de metal.

MOJICA DE PINTADO COM ARROZ PILAF

DIFICULDADE: ●○○ **PREPARO:** 1 HORA **COZIMENTO:** 30 MINUTOS
CONSERVAÇÃO: 2 DIAS NA GELADEIRA   PORÇÕES

A palavra "mojica" origina-se do termo tupi "muiíka", que significa "engrossado com mandioca/fécula". É um ensopado tradicional do Pantanal feito em panela de barro. Carrega em seu preparo três ingredientes de forte identidade nacional: mandioca, peixe de água doce e urucum. Para trazer um toque elegante ao prato, o arroz pilaf vem como acompanhamento.

EQUIPAMENTOS ESPECIAIS: PANELA DE BARRO DE 30 CM DE DIÂMETRO

PARA A MOJICA

500 g de mandioca descascada e cortada em cubos de 4 cm

600 g de postas de pintado sem pele cortadas em cubos de 4 cm

2 dentes de alho

sal a gosto

pimenta-do-reino verde picada a gosto

suco de 1 limão-cravo

tomilho limão a gosto

60 ml de óleo de canola

2 g de sementes de urucum

140 g de cebola picada

70 g de pimentão vermelho sem sementes cortado em cubinhos

2 tomates maduros picados

150 ml de leite de coco

salsinha picada a gosto

PARA O ARROZ PILAF

250 g de arroz branco

50 g de cebola finamente picada

60 g de manteiga sem sal

500 ml de água aquecida

sal a gosto

pimenta-do-reino branca moída na hora a gosto

PARA A MONTAGEM

cebolinha fatiada finamente na diagonal a gosto

tomilho limão a gosto

PREPARE A MOJICA

▸ Coloque a mandioca em uma caçarola média funda, cubra com água e leve para cozinhar em fogo médio até ficar bem macia. Reserve com a água, que será utilizada na preparação da mojica.

▸ Tempere o peixe com alho, sal, pimenta-do-reino verde e limão. Deixe marinar por 10 minutos. Acrescente o tomilho limão e reserve.

▸ Na panela de barro, em fogo baixo, aqueça o óleo até ele atingir 70 °C. Acrescente as sementes de urucum e refogue por 3 minutos. Retire as sementes e adicione a cebola, o pimentão e o tomate. Assim que começarem a suar, junte a mandioca e a água e cozinhe por cerca de 5 minutos em fogo médio. Adicione o leite de coco e o peixe e cozinhe por 5 ou 6 minutos. Deixe formar um caldo encorpado e acerte o tempero. Finalize com a salsinha e retire do fogo. Reserve.

PREPARE O ARROZ PILAF

▸ Lave bem o arroz e deixe escorrer até secar. Em uma caçarola pequena funda, coloque a cebola com $2/3$ da manteiga e leve para refogar, em fogo médio, até a cebola ficar translúcida.

▸ Acrescente o arroz e refogue até que todos os grãos estejam cobertos pela manteiga. Adicione a água, o sal, a pimenta e deixe ferver. Quando iniciar a fervura, tampe a caçarola e leve ao forno preaquecido a 180 °C de 18 a 20 minutos. Após esse tempo, retire a caçarola do forno, acrescente o restante da manteiga e misture novamente, tampe a panela e deixe repousar por 5 minutos antes de servir.

FAÇA A MONTAGEM

▸ Adicione o creme da mojica em uma travessa de servir e organize os cubos de pintado e de mandioca por cima.

▸ Decore com cebolinha fatiada e sirva com o arroz pilaf salpicado de tomilho limão.

DICA DO CHEF

O peixe pintado pode ser substituído por outros peixes de carne branca mais resistente.

MOJICA DE PINTADO COM ARROZ PILAF

CALDEIRADA AMAZÔNICA

124 · GASTRONOMIA BRASILEIRA

CALDEIRADA AMAZÔNICA

DIFICULDADE: ●●○ **PREPARO:** 30 MINUTOS **COZIMENTO:** 50 MINUTOS
CONSERVAÇÃO: 2 DIAS NA GELADEIRA   PORÇÕES

A receita foi inspirada nas famosas caldeiradas nortistas, preparadas com muito caldo, temperos e peixes da bacia amazônica.

EQUIPAMENTOS ESPECIAIS: FRIGIDEIRA SAUTEUSE ANTIADERENTE DE 25 CM DE DIÂMETRO

PARA A CALDEIRADA

800 g de tambaqui ou outro peixe de carne branca e firme, limpo, com a pele e cortado com os ossos da costela

12 camarões graúdos limpos com a cauda

sal a gosto

pimenta-do-reino branca picada a gosto

suco de limão-cravo a gosto

azeite de oliva a gosto

100 g de cebola picada finamente

4 dentes de alho picados finamente

200 g de tomate sem pele e sementes

2 pimentas-de-cheiro amazônicas picadas e sem sementes

cúrcuma em pó a gosto

urucum em pó a gosto

250 ml de tucupi ou fumet de peixe (ver p. 73)

250 ml de caldo de peixe e um pouco mais caso necessário (ver p. 139)

chicória-do-pará picada grosseiramente a gosto

jambu a gosto

1 ramo de coentro picado finamente

PARA A MONTAGEM

brotos de coentro a gosto

4 ovos de codorna cozidos e cortados ao meio

pimenta-de-cheiro a gosto

PREPARE A CALDEIRADA

▸ Tempere o tambaqui e os camarões, separadamente, com sal, pimenta-do-reino e suco de limão. Reserve ambos na geladeira.

▸ Em uma caçarola grande funda, coloque, em fogo médio, o azeite, acrescente a cebola e o alho e refogue, sem deixar dourar. Em seguida, acrescente o tomate, a pimenta-de-cheiro, a cúrcuma e o urucum e refogue por cerca de 3 minutos. Adicione o tucupi e o caldo de peixe e, assim que levantar fervura, abaixe o fogo e deixe cozinhar por cerca de 20 minutos para reduzir o caldo até que forme um ensopado.

▸ Paralelamente, aqueça um fio de azeite na frigideira sauteuse, em fogo alto, e grelhe os camarões até ficarem corados de ambos os lados. Assim que ficarem prontos, reserve em uma tigela.

▸ Na mesma frigideira, adicione mais azeite e comece fritando o lado da pele do tambaqui. Quando esta estiver crocante e dourada, retire o peixe e coloque-o numa fôrma untada com azeite, com a pele virada para cima. Leve ao forno preaquecido a 180 °C e deixe assar por 10 minutos. Reserve.

▸ Adicione os camarões à caçarola. Acrescente a chicória-do-pará e o jambu e cozinhe por 5 minutos. Caso necessário, adicione mais caldo de peixe ou tucupi. Ajuste o tempero ao final e acrescente o coentro.

FAÇA A MONTAGEM

▸ Para o empratamento, utilize pratos de serviço fundos.

▸ Coloque o caldo da caldeirada com a chicória e o jambu e acomode cuidadosamente o tambaqui e os camarões sobre o caldo. Decore com os brotos de coentro, os ovos de codorna e a pimenta-de-cheio.

CAMARÃO COM ROYALE DE MILHO, CHUCHU GLACEADO,
ERVILHA TORTA E BEURRE BLANC DE MARACUJÁ

CAMARÃO COM ROYALE DE MILHO, CHUCHU GLACEADO, ERVILHA-TORTA E BEURRE BLANC DE MARACUJÁ

DIFICULDADE: ●●○   **PREPARO:** 50 MINUTOS   **COZIMENTO:** 1 HORA
CONSERVAÇÃO: 2 DIAS NA GELADEIRA   PORÇÕES

Esta criação dos chefs harmonizou as cores vivas e os sabores que fazem parte das tradições culinárias brasileiras com as técnicas e os preparos clássicos franceses. Beurre blanc é uma técnica francesa que consiste em uma emulsão de manteiga e vinho branco ou vinagre, comumente utilizada como molho para peixes e frutos do mar. É conhecida por sua textura cremosa e sabor delicado.

EQUIPAMENTOS ESPECIAIS: FORMINHAS REDONDAS (OU RAMEQUINS) DE 5 CM DE DIÂMETRO, ASSADEIRA RETANGULAR DE 40 CM E BORDAS ALTAS, LIQUIDIFICADOR, ESCUMADEIRA, PENEIRA DE METAL DE MALHA FINA, JARRA, FOUET, FRIGIDEIRA SAUTEUSE ANTIADERENTE DE 30 CM DE DIÂMETRO, TERMÔMETRO CULINÁRIO, PAPEL-MANTEIGA

PARA O ROYALE DE MILHO

óleo de girassol para untar

125 g de milho fresco cozido

15 g de cebola picada finamente

25 g de manteiga sem sal

90 ml de leite integral

60 ml de creme de leite fresco

1 ovo

folhas de manjericão a gosto

sal a gosto

pimenta-do-reino preta moída na hora a gosto

PARA O CHUCHU GLACEADO

3 chuchus preparados com corte torneado (cerca de 12 pedaços)

água a gosto

manteiga a gosto

5 g de açúcar

2 g de sal

pimenta-do-reino moída na hora a gosto

PARA A ERVILHA-TORTA

100 g de ervilha-torta cortada em tiras diagonais de 2 cm

água e cubos de gelo para resfriamento

manteiga sem sal a gosto

sal a gosto

pimenta-do-reino preta moída na hora a gosto

PARA A BEURRE BLANC DE MARACUJÁ

75 g de cebola picada finamente

polpa de 2 maracujás sem sementes

10 ml de vinagre de jerez (opcional)

30 ml de creme de leite fresco (opcional)

125 g de manteiga gelada

sal a gosto

pimenta-do-reino preta moída na hora a gosto

PARA O CAMARÃO REFOGADO

12 camarões limpos com a cauda

sal a gosto

pimenta-do-reino preta moída na hora a gosto

manteiga clarificada a gosto (ver p. 206)

PARA A MONTAGEM

folhas de capuchinha a gosto

sementes de maracujá a gosto

PREPARE O ROYALE DE MILHO

▸ Preaqueça o forno a 160 °C. Para manter a temperatura do forno de cozinha caseiro abaixo de 180 °C, pode-se manter a porta aberta com o auxílio de uma colher de pau.

▸ Unte as forminhas com o óleo de girassol. Forre apenas o fundo com papel-manteiga e reserve.

▸ Leve uma caçarola pequena funda ao fogo médio. Acrescente o milho, a cebola e a manteiga e deixe suar. Junte o leite e ferva por cerca de 2 minutos. Transfira para o liquidificador e bata até formar um creme. Passe esse creme por uma peneira de malha fina, sobre uma tigela. Espere amornar e acrescente o creme de leite, o ovo e as folhas de manjericão. Misture bem com um fouet e tempere com sal e pimenta-do-reino. Com o auxílio de uma jarra, coloque o creme nas forminhas. Acomode as forminhas em uma assadeira retangular e prepare o banho-maria colocando água quente na fôrma até atingir a altura de $1/3$ das forminhas. Faça isso delicadamente para não respingar água dentro do creme. Leve para assar por uns 25 minutos ou até que os royales estejam firmes como flã. Retire do banho-maria e reserve.

PREPARE O CHUCHU GLACEADO

▸ Leve a frigideira sauteuse ao fogo alto e adicione o chuchu. Junte a água, a manteiga, o açúcar e o sal. Mantenha em fogo alto para reduzir o caldo e glaçar o chuchu, que deverá ficar com uma camada brilhante, levemente adocicada. Tempere com a pimenta, apague o fogo e reserve.

PREPARE A ERVILHA-TORTA

▸ Branqueie a ervilha. Em uma caçarola pequena funda, ferva uma quantidade de água suficiente para cozinhar a ervilha. Coloque a ervilha na água fervente e cozinhe por 1 minuto. Em seguida, retire-a da água com uma escumadeira e coloque imediatamente em uma tigela cheia de água e gelo para dar o choque térmico. Quando esfriar, retire do banho e escorra. Em fogo alto, na frigideira sauteuse antiaderente, aqueça a manteiga. Adicione a ervilha branqueada e mexa constantemente para a manteiga envolvê-la completamente. Adicione sal e pimenta-do-reino e reserve.

PREPARE A BEURRE BLANC DE MARACUJÁ

▸ Em uma frigideira, em fogo baixo, aqueça a cebola com a polpa dos maracujás e o vinagre de jerez. A cebola deve ficar translúcida e o suco, reduzido pela metade. Em seguida, junte o creme de leite e aumente para fogo médio. Assim que ferver, acrescente a manteiga gelada e mexa vigorosamente, até trazer uma consistência cremosa e aveludada ao preparo. Tempere com sal e pimenta e reserve.

PREPARE O CAMARÃO REFOGADO

▸ Tempere os camarões já limpos com sal e pimenta.

▸ Aqueça a manteiga clarificada na frigideira, em fogo alto, e refogue os camarões até ficarem rosados de ambos os lados. Reserve.

FAÇA A MONTAGEM

▸ Coloque o royale em um lado do prato e a beurre blanc à frente. Organize os camarões por cima do molho e, ao lado, coloque o chuchu e a ervilha-torta.

▸ Decore com folhas de capuchinha e sementes de maracujá. Sirva imediatamente.

VOCÊ SABIA?

O corte torneado de legumes é uma técnica clássica da culinária francesa para deixá-los na forma de um barril, assegurando o cozimento uniforme, enquanto o formato agrada aos olhos. A técnica é frequentemente aplicada em tubérculos como cenoura, nabo e rabanete, que podem apresentar formas irregulares. Os chefs utilizam uma faca de tornear, que tem uma lâmina curva, para remover as bordas enquanto giram o vegetal, transformando-o em uma peça cilíndrica e perfeitamente redonda, o que é visualmente atraente e permite uma cocção uniforme.

TAINHA NA TELHA

TAINHA NA TELHA

DIFICULDADE: ●●● **PREPARO:** 40 MINUTOS **COZIMENTO:** 1 HORA E 20 MINUTOS
CONSERVAÇÃO: 2 DIAS NA GELADEIRA PORÇÕES

A origem deste prato é controversa. Alguns pesquisadores da alimentação afirmam que é de influência portuguesa, da região do Ribatejo. Já outros propõem uma origem italiana, baseada no fato de que esse mesmo prato é encontrado em outras versões em vários estados brasileiros, após a imigração italiana para cá.

EQUIPAMENTOS ESPECIAIS: 1 TELHA DE CERÂMICA, PAPEL-ALUMÍNIO, FACA DE DESOSSA OU DE CHEF

PARA A TAINHA

1 tainha de cerca de 2,5 kg inteira
suco de 1 limão-siciliano
8 folhas de sálvia
sal a gosto
pimenta-do-reino branca moída na hora a gosto

PARA O RECHEIO

45 ml de azeite de oliva
1 cebola pequena picada
3 dentes de alho picados
300 g de camarões frescos limpos cortados em gomos
150 g de farinha de mandioca crua
4 azeitonas verdes sem caroço picadas
¼ de maço de salsinha picado
½ maço de cebolinha picado
sal a gosto
pimenta-do-reino branca moída na hora a gosto

PARA O ACOMPANHAMENTO

10 batatas bolinha descascadas
sal a gosto
azeite de oliva a gosto
3 cebolas pérolas cortadas ao meio
10 tomates-cereja
pimenta-do-reino branca moída na hora a gosto

PARA A FINALIZAÇÃO

brotos de coentro a gosto
salsinha picada finamente a gosto

PREPARE A TAINHA

▸ Lave bem a telha e deixe secar. Caso ela não tenha as extremidades fechadas, pode ser fechada com papel-alumínio. Unte a telha com óleo.

▸ Limpe a tainha por fora, retirando as escamas e as nadadeiras com cuidado para não furar ou cortar a carne. Preserve a cabeça e a cauda. Abra a tainha pela barriga, iniciando na altura das guelras até o mais perto da cauda, utilizando uma faca de desossa, ou de chef, bem afiada.

▸ Retire toda a barrigada e os órgãos internos. Lave bem a tainha em água corrente e verifique a limpeza nas guelras, para que não tenha nenhum tipo de impureza (as tainhas são peixes costeiros e podem ficar com as guelras impregnadas da sujeira).

▸ Na sequência, retire toda a espinha, no sentido da barriga ao dorso. Ao chegar no dorso, retire a espinha central com cuidado para não furar o peixe. Com o auxílio da faca, quebre delicadamente a espinha central perto da cabeça e da cauda e a descarte.

▸ Tempere a tainha por dentro com o suco do limão, a sálvia, sal e pimenta. Reserve.

PREPARE O RECHEIO

▸ Em uma frigideira grande, aqueça o azeite em fogo médio. Doure a cebola e o alho, acrescente os camarões e refogue até eles ficarem rosados de ambos os lados.

▸ Adicione a farinha de mandioca e refogue até dourar, mexendo constantemente. Por fim, adicione as azeitonas, a salsinha e a cebolinha e tempere com sal e pimenta. Retire do fogo e reserve.

PREPARE O ACOMPANHAMENTO

▸ Preaqueça o forno a 180 °C.

▸ Coloque as batatas em uma caçarola média funda, cubra com água, adicione uma pitada de sal e leve ao fogo alto até ferver. Após levantar fervura, abaixe o fogo e cozinhe até as batatas ficarem macias por fora, mas com o centro levemente rijo. Escorra. Acomode as batatas em uma fôrma, tempere com um fio de azeite e sal e asse por cerca de 20 minutos, até ficarem levemente coradas. Reserve.

▸ Em uma frigideira antiaderente, em fogo alto, toste somente a parte interior das cebolas, até ficarem dourado-escuras. Acomode as cebolas douradas e os tomates-cereja em uma fôrma, tempere com um fio de azeite, pimenta e sal e asse por cerca de 10 minutos. Reserve.

ASSE O PEIXE E FAÇA A FINALIZAÇÃO

▸ Recheie a tainha com a farofa, deixando espaço para que o peixe possa ser fechado. Com cuidado, acomode-o de lado sobre a telha. Regue com um fio de azeite e salpique o sal e a pimenta.

▸ Leve a tainha para assar até que o peixe fique macio e corado na superfície (cerca de 40 minutos).

▸ Sirva a tainha na própria telha com os legumes do acompanhamento.

▸ Com os brotos de coentro, decore a abertura com o recheio e salpique a salsinha nos legumes.

DICA DO CHEF

A tainha pode ser substituída por outro peixe marinho como as pescadas.

VOCÊ SABIA?

A telha funciona como uma fôrma de barro, o que traz um sabor característico diferente ao peixe assado. É importante que ela seja de cerâmica simples, nova (ou usada para fins culinários) sem qualquer tipo de verniz, tinta ou outro produto.

CEVICHE BRASILEIRO

DIFICULDADE: ●●○   **PREPARO:** 30 MINUTOS   **COZIMENTO:** 30 MINUTOS

CONSERVAÇÃO: CONSUMO IMEDIATO   PORÇÕES

Ceviche é um prato de cozinha de fusão peruano. Para a inspiração brasileira, a receita recebeu vários ingredientes nacionais. O peixe é marinado em suco de limão-cravo e usamos a pimenta dedo-de-moça, uma das mais tradicionais do Brasil. Além disso, os chips de banana-da-terra complementam com sua textura crocante.

EQUIPAMENTOS ESPECIAIS: ESCUMADEIRA, FACA DE LEGUMES, PAPEL-TOALHA, 2 TIGELAS DE TAMANHOS DIFERENTES DE MODO QUE UMA CAIBA DENTRO DA OUTRA

PARA O CEVICHE

200 g de cebola-roxa fatiada finamente

água e cubos de gelo para banho-maria invertido

4 maxixes

2 espigas de milho debulhadas

sal a gosto

600 g de filé de saint peter

1 dente de alho picado

pimenta-do-reino branca moída na hora a gosto

suco de 2 limões-cravos

100 ml de leite de coco

2 g de cúrcuma fresca ralada finamente

½ pimenta dedo-de-moça sem sementes picada

1 ramo de talos de coentro picados

1 ramo de cebolinha picada

azeite de oliva extra virgem a gosto

PARA A BANANA FRITA

2 bananas-da-terra verdes laminadas finamente no sentido do comprimento e cortadas em pedaços de 9 cm

óleo de girassol para fritar

sal a gosto

PARA A MONTAGEM

folhas de capuchinha a gosto

folhas de coentro a gosto

cebolinha francesa fatiada finamente a gosto

PREPARE O CEVICHE

▸ Coloque a cebola em uma tigela com água e gelo e deixe de molho por 30 minutos. Passado esse tempo, retire da água, escorra e reserve.

▸ Retire o excesso dos espinhos, corte os maxixes ao meio e descarte as sementes. Depois, corte em tiras finas. Reserve.

▸ Coloque o milho em uma caçarola pequena funda e cubra com água, adicione uma pitada de sal e cozinhe por 15 minutos. Retire as espigas da água, escorra e debulhe com uma faca de legumes. Reserve.

▸ Prepare uma tigela grande com cubos de gelo e água e coloque outra tigela um pouco menor dentro dela, de modo que a maior parte dela fique em contato com a água gelada, mas não entre água nela. Corte os filés de saint peter em cubos de 2 cm e coloque o peixe nessa tigela menor. Adicione a cebola, o maxixe, o milho, o alho e misture. Tempere levemente com sal e pimenta-do-reino. Mantenha reservado no banho de gelo.

▸ Prepare um molho com o suco dos limões, o leite de coco, a cúrcuma, a pimenta dedo-de-moça, o coentro, a cebolinha, o azeite extra virgem, sal e pimenta-do-reino. Misture bem todos os ingredientes. Adicione o molho à tigela e misture bem para que todos os pedaços de peixe, a cebola e o maxixe fiquem bem envoltos no molho. Reserve.

PREPARE A BANANA FRITA

▸ Disponha as fatias de banana sobre uma cama de papel-toalha para que fiquem bem secas.

▸ Em uma caçarola pequena funda, aqueça o óleo a 170 °C. Frite as fatias de banana, em pouca quantidade para não enxarcarem, até ficarem bem douradas.

▸ Escorra com uma escumadeira e seque em uma travessa com papel-toalha. Salpique sal em cada fatia de banana. Reserve.

FAÇA A MONTAGEM

▸ Coloque o ceviche no centro de cumbucas individuais e adicione molho suficiente para preencher o fundo. Coloque as fatias de banana sobre o ceviche e decore com as folhas de capuchinha, as folhas de coentro e a cebolinha francesa.

DICA DO CHEF

O maxixe pode ser substituído por pepino. Para um sabor diferente, o leite de coco pode ser substituído por leite de castanha-de-caju.

CEVICHE BRASILEIRO

PRATOS PRINCIPAIS • 135

SUFLÊ DE CARANGUEJO
COM MOLHO DE MEXILHÕES

SUFLÊ DE CARANGUEJO COM MOLHO DE MEXILHÕES

DIFICULDADE: ●○○   **PREPARO:** 20 MINUTOS   **COZIMENTO:** 30 MINUTOS
CONSERVAÇÃO: CONSUMO IMEDIATO   PORÇÕES

Um dos clássicos da cozinha francesa recebe os sabores do litoral brasileiro nesta criação da cozinha de fusão.

EQUIPAMENTOS ESPECIAIS: LIQUIDIFICADOR, PENEIRA, BATEDEIRA, ESPÁTULA DE SILICONE, 4 CUMBUCAS DE CERÂMICA OU RAMEQUINS INDIVIDUAIS DE SERVIÇO

PARA O MOLHO DE MEXILHÕES

12 mexilhões limpos com as conchas

80 ml de vinho branco

200 ml de fumet de peixe (ver p. 73, mas utilize espinha de outro peixe se preferir)

100 g de cebola picada finamente

2 folhas de louro

salsinha picada a gosto

páprica defumada a gosto

50 g de creme de leite fresco

25 g de manteiga sem sal gelada cortada em cubinhos

sal a gosto

pimenta-do-reino branca moída na hora a gosto

PARA O SUFLÊ

80 g de manteiga sem sal e mais um pouco para untar

100 g de cebola picada

30 g de alho picado

150 g de tomate sem pele, sem sementes e cortado em cubinhos

200 g de carne de caranguejo desfiada

salsinha picada a gosto

cebolinha picada a gosto

80 g de farinha de trigo e mais um pouco para polvilhar

375 ml de leite integral

sal a gosto

pimenta-do-reino branca moída na hora a gosto

3 ovos grandes

PREPARE O MOLHO DE MEXILHÕES

▸ Separe os mexilhões das conchas. Aqueça uma caçarola média funda em fogo médio e adicione os mexilhões, as conchas, o vinho, o fumet, a cebola, o louro, a salsinha e a páprica defumada. Tampe e, assim que levantar fervura, abaixe o fogo e deixe cozinhar até reduzir pela metade (cerca de 20 minutos).

▸ Retire do fogo, descarte as conchas e as folhas de louro e bata o restante do preparo no liquidificador. Coe em uma peneira e volte o preparo à caçarola em fogo médio.

▸ Adicione o creme de leite, espere levantar fervura, abaixe o fogo e acrescente a manteiga gelada mexendo vigorosamente para dar brilho ao molho. Tempere com sal e pimenta. Reserve.

PREPARE O SUFLÊ

▸ Preaqueça o forno a 170 °C. Para manter a temperatura do forno de cozinha comum abaixo de 180 °C, pode-se manter a porta aberta com o auxílio de uma colher de pau.

▸ Aqueça uma caçarola média funda em fogo médio, derreta a manteiga e refogue a cebola e o alho, sem deixar dourar. Em seguida, adicione o tomate e refogue até murchar. Acrescente a carne de caranguejo e cozinhe bem, mexendo constantemente. Adicione a salsinha e a cebolinha e misture.

▸ Acrescente a farinha de trigo e mexa bem para ela incorporar à mistura e não formar grumos. Quando começar a soltar da panela, adicione o leite e, assim que levantar fervura, abaixe o fogo e deixe cozinhar até ficar um creme mais espesso. Tempere com sal e pimenta, apague o fogo e, com cuidado, adicione as gemas uma a uma ao creme, mexendo vigorosamente.

▸ Na batedeira, com o batedor do tipo globo, bata as claras em neve. Em seguida, com o auxílio de uma espátula de silicone, incorpore delicadamente as claras em neve ao creme. Cuidado para não misturar em excesso, pois assim perderá o ar incorporado e o suflê não vai crescer.

▸ Unte as cumbucas com manteiga e polvilhe com farinha de trigo. Divida a massa nas cumbucas, leve ao forno e asse por 20 minutos sem abrir a porta do forno durante esse tempo. Sirva os suflês imediatamente, acompanhados do molho de mexilhões.

▸ Uma maneira de degustar esse prato é fazer um buraco com a colher no meio do suflê e derramar o molho no interior.

▸ Uma salada de folhas verdes acompanha perfeitamente este prato.

ARROZ CALDOSO COM VIEIRAS E ESPUMA DE BACON

DIFICULDADE: ●●○ **PREPARO:** 30 MINUTOS **COZIMENTO:** 2 HORAS

CONSERVAÇÃO: 1 DIA NA GELADEIRA   **4 PORÇÕES**

Receita criada pelos chefs do Le Cordon Bleu com base na cultura nacional de consumo do arroz branco. Foram utilizadas técnicas gastronômicas, como o preparo de espuma, para trazer um olhar contemporâneo ao conceito de comfort food.

EQUIPAMENTOS ESPECIAIS: PENEIRA DE MALHA FINA, DESCASCADOR DE LEGUMES, ESCUMADEIRA, TERMÔMETRO CULINÁRIO, ESCORREDOR DE ARROZ, MIXER, FRIGIDEIRA ANTIADERENTE DE 30 CM DE DIÂMETRO

PARA O CALDO DE PEIXE

1 litro de água

1 cebola cortada em pedaços irregulares

1 cenoura cortada em pedaços irregulares

1 talo de salsão cortado em pedaços irregulares

1 espinha de peixe de tamanho médio

1 folha de louro

1 talo de tomilho

PARA O PIMENTÃO CONFITADO

1 pimentão amarelo

óleo de canola a gosto

PARA O ARROZ CALDOSO

300 g de arroz branco

60 g de manteiga sem sal em temperatura ambiente

70 g de cebola picada finamente

20 g de alho picado finamente

600 ml de caldo de peixe quente

350 g de abóbora-moranga sem sementes descascada e cortada em cubinhos

1 pimentão confitado

pimenta-do-reino branca moída na hora a gosto

pimenta-da-jamaica moída na hora a gosto

pimenta síria a gosto

50 g de manteiga sem sal gelada para finalização

sal a gosto

PARA A ESPUMA DE BACON

250 ml de leite integral

25 g de leite em pó

50 g de bacon cortado em cubinhos

PARA AS VIEIRAS

12 vieiras limpas

sal a gosto

pimenta-do-reino branca moída na hora a gosto

azeite de oliva a gosto

PARA A MONTAGEM

bacon que sobrou da espuma de bacon escorrido e bem picado

azeite de oliva a gosto

brotos de coentro a gosto

pétalas de minirrosas vermelhas a gosto

PREPARE O CALDO DE PEIXE

▸ Coloque a água em uma caçarola média, adicione a cebola, a cenoura, o salsão, a espinha de peixe, o louro e o tomilho e cozinhe em fogo baixo por 30 minutos. Quando os legumes estiverem cozidos, coe o caldo com uma peneira de malha fina sobre uma tigela grande. Reserve 600 ml para o preparo do arroz caldoso.

PREPARE O PIMENTÃO

▸ Com um bom descascador de legumes, retire a pele do pimentão cuidadosamente para não retirar a polpa junto. Corte-o ao meio, retire as sementes e pique em cubinhos de 0,5 cm.

▸ Coloque o pimentão em uma caçarola pequena, cubra com o óleo e cozinhe em fogo baixo por cerca de 10 minutos. Utilize um termômetro para controlar a temperatura do óleo, que não deve ultrapassar 90 °C. Passado o tempo, retire o pimentão do óleo com uma escumadeira, escorra bem e reserve.

PREPARE O ARROZ CALDOSO

▸ Lave o arroz em um escorredor até que a água saia translúcida. Em seguida, deixe escorrer bem para secar.

▸ Aqueça uma caçarola média funda em fogo médio, adicione a manteiga em temperatura ambiente e refogue a cebola e o alho, sem deixar dourar. Acrescente o arroz e o caldo de peixe quente.

▸ Na metade da cocção do arroz, adicione a abóbora, o pimentão confitado e tempere com as pimentas.

▸ Caso necessário, adicione mais caldo para que o arroz fique caldoso. Quando o arroz já estiver cozido, junte a manteiga gelada e misture bem para deixar com um aspecto de cremosidade. Tempere com sal e reserve.

PREPARE A ESPUMA DE BACON

▸ Coloque o leite, o leite em pó e o bacon em uma caçarola média funda e leve ao fogo baixo. Cozinhe por cerca de 10 minutos sem deixar ferver, para infundir o leite com o sabor e o aroma do bacon.

▸ Retire do fogo e coe em uma peneira sobre uma tigela. Reserve os pedaços de bacon para a montagem.

▸ Para preparar a espuma: quando estiver na hora de servir, leve o leite preparado ao fogo até 75 °C, incline levemente a panela, posicione o mixer na superfície do leite e bata até formar a espuma. Reserve.

PREPARE AS VIEIRAS

▸ Tempere as vieiras com sal e pimenta.

▸ Aqueça um fio de azeite em uma frigideira antiaderente, em fogo médio, e doure ambos os lados das vieiras (cerca de 1 minuto de cada lado). Reserve.

FAÇA A MONTAGEM

▸ Em uma frigideira antiaderente, frite no azeite o bacon que foi utilizado para fazer a espuma, até ficar dourado e crocante. Escorra e reserve.

▸ Em pratos fundos de servir, coloque o arroz caldoso e três vieiras sobre o arroz em cada prato. Com o auxílio de uma colher, pegue a espuma de bacon e coloque-a entre as vieiras nos pratos, formando três montinhos.

▸ Decore a espuma com um pouco do bacon frito e finalize a decoração do prato com os brotos e as flores comestíveis.

DICA DO CHEF

As minirrosas e os brotos de coentro podem ser substituídos por outras flores e brotos comestíveis.

VOCÊ SABIA?

O leite em pó serve como uma proteína extra para formar a espuma.

ARROZ CALDOSO COM
VIEIRAS E ESPUMA DE BACON

PREJEREBA EMPANADA COM VINAGRETE
DE CAJU E CUSCUZ AMAZÔNICO

PREJEREBA EMPANADA COM VINAGRETE DE CAJU E CUSCUZ AMAZÔNICO

DIFICULDADE: ●●○   **PREPARO:** 30 MINUTOS   **COZIMENTO:** 1 HORA E 20 MINUTOS

CONSERVAÇÃO: 2 DIAS NA GELADEIRA   PORÇÕES

Esta receita contempla a técnica de empanamento à inglesa adaptada com farinha de milho. A prejereba é um peixe do litoral brasileiro muito apreciado por seu sabor e pela textura mais consistente.

EQUIPAMENTOS ESPECIAIS: FRIGIDEIRA ANTIADERENTE DE 20 CM DE DIÂMETRO, ESCUMADEIRA, PENEIRA, PAPEL-TOALHA

PARA A PREJEREBA EMPANADA
4 filés de prejereba de 200 g cada
sal a gosto
pimenta-do-reino preta moída na hora a gosto
suco de 1 limão-cravo
150 g de farinha de trigo
2 ovos
150 g de fubá
1 litro de óleo de canola para fritar

PARA O VINAGRETE DE CAJU
3 cajus descascados cortados em cubinhos
45 ml de azeite de oliva
20 ml de vinagre de maçã
folhas de tomilho a gosto
sal a gosto
pimenta-do-reino branca moída na hora a gosto

PARA O CUSCUZ AMAZÔNICO
200 g de farinha-d'água
150 ml de leite de coco
150 ml de água
5 g de cogumelos Yanomami desidratados
azeite de oliva a gosto
50 g de manteiga sem sal
2 dentes de alho picados
1 cebola-roxa cortada em cubinhos de 2 mm
1 pimenta-de-cheiro amazônica sem sementes picada
100 g de cogumelos shiitake sem talos cortados em lâminas finas
50 g de castanha-do-pará
½ maço de couve-manteiga sem talos cortada em tiras finas
sal a gosto
pimenta-do-reino branca moída na hora a gosto
cebolinha cortada em rodelas finas a gosto
coentro picado a gosto

PARA A MONTAGEM
1 limão-taiti cortado em gomos finos
folhas de capuchinha a gosto

PREPARE A PREJEREBA EMPANADA

▸ Tempere os filés de peixe com sal, pimenta e suco de limão e deixe marinando, por 15 minutos, na geladeira.

▸ Monte uma linha de produção para o empanamento. Primeiro, um prato com uma cama de farinha de trigo. Em seguida, uma tigela com ovos batidos e sal. Por fim, outro prato com uma cama de fubá.

▸ Faça o empanamento passando os filés pela farinha de trigo, na sequência, pelo ovo e finalize com o fubá.

▸ Aqueça o óleo a 160 °C em uma caçarola funda e frite os filés por imersão com o auxílio de uma escumadeira. Retire quando estiverem dourados, escorra o excesso de óleo e deixe secar em uma travessa coberta com papel-toalha. Reserve. Se você achar que o peixe não cozinhou por inteiro, finalize a cocção em um forno preaquecido a 160 °C por cerca de 10 minutos.

PREPARE O VINAGRETE DE CAJU

▸ Coloque os cubinhos de caju em uma tigela e acrescente o azeite, o vinagre de maçã e o tomilho, tempere com sal e pimenta. Reserve.

PREPARE O CUSCUZ AMAZÔNICO

▸ Em uma tigela, coloque a farinha-d'água e o leite de coco e deixe por cerca de 10 minutos. Quando a farinha estiver hidratada, solte os grãos com a ajuda de um garfo e reserve. Em outra tigela, coloque a água e os cogumelos Yanomami. Quando estiverem hidratados, escorra em uma peneira e reserve.

▸ Aqueça um fio de azeite com a manteiga em uma frigideira em fogo médio e refogue o alho, a cebola e a pimenta-de-cheiro até suarem. Acrescente os cogumelos shiitake e Yanomami e, assim que eles murcharem, adicione a castanha-do-pará e a couve-manteiga. Quando a couve-manteiga murchar, acrescente a farinha-d'água e misture tudo muito bem até aquecer. Tempere com sal e pimenta-do-reino. Retire do fogo e misture a cebolinha e o coentro. Reserve.

FAÇA A MONTAGEM

▸ Aqueça uma frigideira antiaderente em fogo alto e toste apenas um lado dos gomos de limão.

▸ Coloque um pouco de cuscuz nos pratos, um pouco de vinagrete e um pedaço de peixe ao lado. Adicione os gomos de limão e decore com as folhas de capuchinha.

DICA DO CHEF

A prejereba pode ser substituída por peixe marinho de carne branca adequado à fritura, como a pescada. O caju pode ser substituído por gomos de laranja e os cogumelos Yanomami, por funghi secchi ou shiitake seco.

TAMBAQUI COM MOUSSELINE DE FOIE GRAS, ACELGA CHINESA, CROQUETE DE TAPIOCA E MOLHO DE JABUTICABA

DIFICULDADE: ●●● **PREPARO:** 3 HORAS **COZIMENTO:** 1 HORA
CONSERVAÇÃO: 2 DIAS NA GELADEIRA **(4)** PORÇÕES

Preparo criado pelos chefs do Le Cordon Bleu, harmonizando ingredientes nativos dos biomas brasileiros com um terroir icônico francês, o foie gras.

EQUIPAMENTOS ESPECIAIS: PINÇA CULINÁRIA PARA RETIRAR ESPINHAS, MINIPROCESSADOR, PENEIRA DE METAL COM MALHA FINA, FORNO COMBINADO OU FORNO DE VAPOR, PEGADOR MULTIÚSO, ESCORREDOR DE MACARRÃO, FRIGIDEIRA SAUTEUSE DE 20 CM DE DIÂMETRO, TERMÔMETRO DE COZINHA, PAPEL-TOALHA, FILME DE PVC

PARA A DEMI-GLACE
1 litro de caldo de carne

PARA O TAMBAQUI
1 manta de costela de tambaqui com 16 ossos de costela
120 g de foie gras
120 g de aparas de tambaqui picadas
2 talos de cebolinha francesa finamente picados
2 claras
30 g de creme de leite fresco
4 folhas de couve-manteiga
água e cubos de gelo para resfriamento
sal a gosto
pimenta-do-reino branca moída na hora a gosto
óleo de girassol para untar

PARA A ACELGA CHINESA
½ maço de acelga chinesa
20 ml de azeite de oliva
2 dentes de alho picados finamente
sal a gosto
pimenta-do-reino preta moída na hora a gosto

PARA O MOLHO DE JABUTICABA
300 ml de demi-glace
40 g de geleia de jabuticaba
20 g de manteiga sem sal gelada
sal a gosto
pimenta-do-reino preta moída na hora a gosto

PARA O CROQUETE DE TAPIOCA
500 ml de leite integral
250 g de tapioca granulada
325 g de queijo de coalho ralado finamente
sal a gosto
pimenta-do-reino branca moída na hora a gosto
150 g de chorizo espanhol ou linguiça calabresa finamente picados
óleo de girassol para fritar

PARA A MONTAGEM
ossos da costela de tambaqui limpos e secos a gosto

PREPARE A DEMI-GLACE
▸ Coloque o caldo de carne em uma caçarola média em fogo médio e deixe reduzir em 70%. Reserve os 300 ml que restaram para o preparo do molho de jabuticaba.

PREPARE O TAMBAQUI
▸ Com a faca de cozinha, abra a carne do tambaqui, fazendo uma manta. Remova as espinhas do peixe com uma pinça culinária, com cuidado para não rasgar a carne. Limpe bem e reserve os ossos da costela para a montagem.

▸ Para o preparo da mousseline, bata em um miniprocessador o foie gras com as aparas de tambaqui. Para deixar a mistura bem cremosa e sem grumos, passe por uma peneira de malha fina sobre uma tigela. Acrescente a cebolinha francesa, as claras e o creme de leite. Reserve na geladeira.

▸ Para branquear as folhas de couve-manteiga, ferva uma quantidade de água que baste para mergulhar as folhas. Deixe as folhas por tempo suficiente para amolecerem, é rápido. Retire-as com um pegador e mergulhe-as em uma tigela com água e gelo para dar o choque térmico e interromper o cozimento. Assim que esfriar, retire as folhas do banho de gelo e as acomode em um escorredor de macarrão para retirar o excesso de água. Faça todo esse processo com delicadeza para não rasgar as folhas. Reserve-as. Reserve, também, a água fervente e a tigela com banho de gelo.

▸ Tempere a manta de tambaqui com sal e pimenta. Em uma bancada, abra um pedaço retangular de filme de PVC e em cima dele faça uma cama com as folhas de couve-manteiga branqueadas. Em seguida, acomode a manta de tambaqui por cima da couve e bem no centro, no sentido do comprimento, espalhe uma camada da mousseline. Com a ajuda do filme de PVC, enrole o peixe como se fosse uma ballotine (ver p. 157). Corte as pontas da ballotine de tambaqui para dar acabamento e depois fatie em 4 cilindros menores com a mesma espessura. Prepare o forno combinado (ou de vapor) a 75 °C e 100% de vapor. Asse os cilindros de tambaqui em uma assadeira untada com óleo de girassol por 20 minutos. Reserve.

PREPARE A ACELGA CHINESA

▸ Separe as folhas menores da acelga chinesa, elas serão utilizadas inteiras. Aqueça o azeite de oliva em uma frigideira sauteuse, refogue o alho, sem deixar dourar, e acrescente as folhas de acelga. Salteie deixando-as al dente na consistência. Tempere com sal e pimenta e reserve.

PREPARE O MOLHO DE JABUTICABA

▸ Coloque a demi-glace em uma caçarola pequena, leve ao fogo médio e reduza-o até a metade do seu volume. Acrescente a geleia de jabuticaba, espere levantar fervura, retire do fogo e coe o molho em uma peneira de malha fina. Volte o molho coado para a caçarola, leve ao fogo baixo, acrescente a manteiga e mexa vigorosamente até que o molho encorpe. Tempere com sal e pimenta e reserve.

PREPARE O CROQUETE DE TAPIOCA

▸ Em uma tigela, misture o leite, a tapioca e o queijo e tempere com sal e pimenta. Tenha cuidado com o sal, pois o queijo e o chorizo já são salgados. Espere a tapioca absorver o líquido e a massa ficar hidratada (cerca de 40 minutos).

▸ Em uma bancada, abra um pedaço retangular de filme de PVC e coloque a massa de tapioca sobre ele. Recheie o centro da massa com o chorizo e enrole, moldando como um sushi, com cuidado para o chorizo ficar centralizado. O resultado deve ser um cilindro bem mais fino que o do tambaqui. Leve à geladeira até firmar (cerca de 1 hora). Após esse tempo, desembrulhe o croquete.

▸ Aqueça o óleo de girassol a 180 °C em uma caçarola média com quantidade suficiente para fritar por imersão. Frite os croquetes até dourarem por inteiro. Assim que estiverem bem dourados, retire do óleo com uma escumadeira, escorra bem e leve para secar em uma travessa coberta com papel-toalha. Corte em discos de 2 cm de espessura. Reserve.

FAÇA A MONTAGEM

▸ Monte uma porção do tambaqui no centro do prato. Decore com 4 ossos de tambaqui, fazendo uma alusão ao formato de costela. À frente monte as folhas de acelga em formato V. Monte dois discos de tapioca entre as acelgas. Ao lado, faça um semicírculo de molho de jabuticaba.

TAMBAQUI COM MOUSSELINE DE
FOIE GRAS, ACELGA CHINESA, CROQUETE
DE TAPIOCA E MOLHO DE JABUTICABA

LAGOSTA SALTEADA COM ESPAGUETE DE CACAU,
ERVILHA-TORTA, BACON E MOLHO DE VINHO

LAGOSTA SALTEADA COM ESPAGUETE DE CACAU, ERVILHA-TORTA, BACON E MOLHO DE VINHO

DIFICULDADE: ●●● **PREPARO:** 1 HORA E 30 MINUTOS **COZIMENTO:** 1 HORA
CONSERVAÇÃO: 2 DIAS NA GELADEIRA **(4) PORÇÕES**

Preparo criado pelos chefs do Le Cordon Bleu para homenagear a harmonização de ingredientes brasileiros, como a lagosta da costa marinha e o cacau de produção nacional, acrescentados de um toque dos sabores franceses.

EQUIPAMENTOS ESPECIAIS: FRIGIDEIRA ANTIADERENTE DE 30 CM DE DIÂMETRO, FILME DE PVC, ROLO DE MASSA, MÁQUINA CASEIRA DE MACARRÃO COM ACESSÓRIO DE CORTES, ASSADEIRA GRANDE, ESCUMADEIRA, PENEIRA, FOUET, ESCORREDOR DE MACARRÃO, PAPEL-TOALHA

PARA O ESPAGUETE DE CACAU

300 g de farinha de trigo tipo 00 e mais um pouco para sovar

60 g de cacau em pó

sal a gosto

4 ovos

água filtrada quanto baste para dar ponto na massa

azeite de oliva extra virgem a gosto

PARA A LAGOSTA

4 caudas de lagostas pequenas frescas e limpas

sal a gosto

pimenta-do-reino branca moída na hora a gosto

70 g de manteiga clarificada (ver p. 206)

2 dentes de alho picados finamente

PARA O MOLHO DE VINHO

120 ml de vinho branco seco

200 ml de creme de leite fresco

80 g de manteiga gelada

sal a gosto

pimenta-do-reino branca moída na hora a gosto

PARA A GUARNIÇÃO

120 g de ervilha-torta

500 ml de água fervente

água e gelo para resfriamento

100 g de bacon finamente picado

sal a gosto

pimenta-do-reino branca moída na hora a gosto

PARA A MONTAGEM

folhas de cerefólio a gosto

PREPARE O ESPAGUETE DE CACAU

▸ Misture bem a farinha, o cacau e o sal. Em uma superfície de trabalho limpa, faça um ninho com essa mistura. Quebre os ovos no centro do ninho e use um garfo para mesclar as gemas com as claras. Tente manter as paredes de farinha intactas da melhor maneira possível antes de começar a fazer a mistura da massa. Em seguida, use as mãos para misturar delicadamente a farinha. Continue trabalhando a massa para juntá-la em uma bola.

▸ Inicie a sova. No começo, a massa deve ficar bem seca, mas, depois de 8 a 10 minutos, deve estar homogênea e macia. Se a massa ainda parecer muito seca, umedeça os dedos com água e continue amassando para umedecer a massa. Se a massa ficar muito pegajosa, polvilhe a superfície de trabalho com mais farinha e continue a sova.

▸ Quando a massa estiver homogênea, forme uma bola e embrulhe em filme de PVC. Deixe a massa descansar na geladeira por cerca de 30 minutos, para relaxar o glúten. Depois que a massa descansar, corte-a em quatro pedaços iguais. Use um rolo ou a palma das mãos para achatar suavemente um dos pedaços em um disco oval.

▸ Depois do nível 0, passe a massa três vezes no nível 1, três vezes no nível 2 e uma vez nos níveis 3, 4, 5 e 6. Repita essas etapas com os outros três pedaços de massa. Cada vez que terminar com um pedaço, acomode-o em uma assadeira levemente enfarinhada e polvilhe com farinha. Em seguida, passe a massa pela máquina de macarrão com o cortador para espaguete acoplado.

▸ Leve ao fogo uma panela com água e sal. Quando a água ferver, junte o macarrão e cozinhe até ele ficar al dente. Escorra e regue com um fio de azeite para a massa não grudar. Reserve.

PREPARE A LAGOSTA

▸ Corte as caudas de lagosta em escalopes de cerca de 3 cm e tempere com sal e pimenta. Reserve em uma travessa, preferencialmente na geladeira.

▸ Aqueça a manteiga clarificada em uma frigideira antiaderente, em fogo médio, acrescente o alho e refogue sem deixar dourar. Sele os escalopes de ambos os lados, certificando-se de que o interior da carne esteja levemente corado e úmido. Corte cada cauda em 3 fatias. Reserve.

PREPARE O MOLHO DE VINHO

▸ Coloque o vinho em uma caçarola pequena em fogo médio e reduza-o pela metade. Adicione o creme de leite, aumente o fogo e deixe levantar fervura. Assim que ferver, reduza o fogo novamente para médio e acrescente a manteiga.

▸ Mexa constantemente com um fouet até o molho reduzir e encorpar, ficando em ponto nappé. Tempere com sal e pimenta e reserve na própria panela.

PREPARE A GUARNIÇÃO

▸ Branqueie a ervilha-torta. Ferva a água em uma caçarola média, coloque as ervilhas por, no máximo, 1 minuto, retire-as com uma escumadeira e transfira imediatamente para uma tigela com água e cubos de gelo, em quantidade suficiente para que fiquem mergulhadas. Assim que resfriarem, retire-as da água e deixe escorrer em uma peneira.

▸ Corte as pontas das ervilhas, retire o fio lateral e corte-as em tiras diagonais de 2 cm de espessura. Reserve.

▸ Aqueça uma frigideira antiaderente em fogo médio e frite o bacon picado até ficar crocante. Desligue o fogo, retire o bacon, escorra bem a gordura e coloque em uma travessa forrada com papel-toalha.

▸ Na mesma frigideira, salteie a ervilha na gordura do bacon por cerca de 2 minutos. Finalize com sal e pimenta-do-reino e reserve.

FAÇA A MONTAGEM

▸ Enrole as porções de espaguete e coloque na lateral do prato. Disponha as fatias de lagosta ao lado da massa e decore com a ervilha-torta e o bacon, em torno e por cima da massa.

▸ Com uma colher, faça um semicírculo ao redor do preparo com o molho de vinho. Finalize decorando o espaguete com folhas de cerefólio.

DICA DO CHEF

A farinha de trigo tipo 00 pode ser substituída pela farinha de trigo comum, encontrada com mais facilidade nos mercados brasileiros.

VOCÊ SABIA?

O molho de vinho deve ficar em ponto nappé. Trata-se de um molho com aparência cremosa e densa. Para saber se o molho está nesse ponto, mergulhe uma colher de sopa no molho e passe o dedo no lado convexo dela, fazendo uma linha horizontal, se o molho não escorrer em cima da linha, está no ponto nappé.

PIRARUCU ENROLADO EM FOLHA DE
TAIOBA COM MOUSSELINE DE CAMARÃO
E SAUCE AUX MOULES CRÉMÉE

PIRARUCU ENROLADO EM FOLHA DE TAIOBA COM MOUSSELINE DE CAMARÃO E SAUCE AUX MOULES CRÉMÉE

DIFICULDADE: ●●●   **PREPARO:** 1 HORA   **COZIMENTO:** 1 HORA E 15 MINUTOS
CONSERVAÇÃO: CONSUMO IMEDIATO   PORÇÕES

Para este prato, utilizamos um peixe da bacia amazônica feito com uma técnica de cozimento francesa em baixa temperatura controlada e a vácuo. Esse preparo enaltece os aromas e sabores naturais dos preparos e preserva a consistência macia e fresca dos ingredientes.

EQUIPAMENTOS ESPECIAIS: 4 SACOS DE VÁCUO TAMANHO MÉDIO, MÁQUINA DE VÁCUO CASEIRA, TERMOCIRCULADOR SOUS VIDE CASEIRO, PENEIRA DE METAL DE MALHA FINA, ESCUMADEIRA, PROCESSADOR, LIQUIDIFICADOR, MIXER, PEGADOR MULTIÚSO, ESCORREDOR DE MACARRÃO, PAPEL-TOALHA

PARA O PIRARUCU

1,2 kg de lombo de pirarucu fresco
sal a gosto
pimenta-do-reino branca moída na hora a gosto
4 folhas grandes de taioba
água e gelo para resfriamento
100 g de alho-poró cortado em cubinhos de 4 mm
100 g de abobrinha cortada em cubinhos de 4 mm
100 g de cenoura cortada em cubinhos de 4 mm
8 camarões médios limpos
4 claras
120 ml de creme de leite fresco
5 cebolinhas francesas picadas finamente

PARA O SAUCE AUX MOULES CRÉMÉE

24 mexilhões lavados
200 ml de fumet de peixe (ver p. 73, mas utilize espinha de outro peixe se preferir)
160 ml de vinho branco seco
200 g de cebola grosseiramente picada
2 folhas de louro
2 talos de salsinha
300 g de creme de leite fresco
sal a gosto
pimenta-do-reino branca moída na hora a gosto
50 g de manteiga sem sal gelada

PARA A MONTAGEM

4 mexilhões sem a casca reservados do molho
flores de amaranto roxo a gosto

PREPARE O PIRARUCU

▸ Corte 4 pedaços do pirarucu em quadrados de 250 g. Pique bem as 200 g de aparas que restaram e reserve na geladeira. Corte cada quadrado de pirarucu ao meio e tempere com sal e pimenta. Reserve na geladeira.

▸ Retire os talos centrais das folhas de taioba. Prepare as folhas de taioba com a técnica de branqueamento: ferva uma quantidade suficiente de água para mergulhar as folhas. Deixe as folhas tempo suficiente para amolecerem (não mais que 2 minutos de cozimento). Retire as folhas com um pegador e transfira imediatamente para uma tigela com água e gelo para fazer o resfriamento e interromper o cozimento. Coloque as folhas em um escorredor para eliminar o excesso de água. Faça todo esse processo com delicadeza para não rasgar as folhas. Reserve-as. Reserve também a água fervente e a tigela com banho de gelo.

PRATOS PRINCIPAIS • 153

▸ Repita o processo de branqueamento com os legumes deixando-os por 1 minuto na água fervente. Mantenha os ingredientes em uma peneira de metal para facilitar o manuseio. Comece pelo alho-poró, em seguida, a abobrinha e, na sequência, a cenoura. Escorra bem e reserve-os em um prato com papel-toalha.

▸ Bata as aparas de pirarucu e os camarões em um processador até formar uma massa homogênea. Em seguida, passe por uma peneira de metal de malha bem fina e acondicione essa massa em uma tigela. Adicione as claras, o creme de leite, a cebolinha francesa e os legumes branqueados e misture bem com uma espátula. Tempere com sal e pimenta. Reserve.

▸ Abra uma folha de taioba sobre a bancada, coloque uma fatia de pirarucu sobre ela, coloque um pouco da massa de peixe e camarão por cima e acomode outra fatia de pirarucu por cima. Envolva o preparo com a folha de taioba como se ela fosse um papel de presente.

▸ Com cuidado, acomode o preparo do peixe no saco de vácuo e utilize o nível 3 (leve) na máquina de vácuo para não amassar o preparo.

▸ Prepare o sous vide conforme o guia de passo a passo do equipamento, a 56 °C. Acondicione os sacos de vácuo e cozinhe por 45 minutos. Reserve.

PREPARE O SAUCE AUX MOULES CRÉMÉE

▸ Coloque os mexilhões, o fumet, o vinho, a cebola, o louro e a salsinha em uma caçarola média e cozinhe em fogo médio. Assim que levantar fervura, abaixe o fogo. Quando as conchas dos mexilhões começarem abrir, retire-os com uma escumadeira. Reserve 8 mexilhões para a montagem e utilize o restante no molho.

▸ Coe o caldo e volte para a caçarola em fogo baixo. Volte os mexilhões sem a concha para a caçarola, adicione o creme de leite e deixe reduzir levemente. Em seguida, transfira para o liquidificador, bata até ficar cremoso e volte para a caçarola coando em uma peneira de malha fina. Deixe cozinhar brevemente em fogo baixo, tempere com sal e pimenta, adicione a manteiga gelada e bata com um mixer para o molho encorpar. Reserve.

FAÇA A MONTAGEM

▸ Retire os embrulhos de peixe do saco de vácuo e corte cada um deles na diagonal.

▸ No momento da montagem, faça uma espuma com o molho segurando o mixer na superfície do líquido.

▸ Em um prato fundo, adicione ¼ de molho e acomode sobre ele a porção de peixe cortada ao meio de modo que o lado cortado fique à mostra. Com uma colher de sopa, retire a espuma criada e finalize a superfície do molho. Decore com o mexilhão sem a casca e as flores de amaranto.

DICA DO CHEF

O pirarucu pode ser substituído por robalo ou pescada-amarela e a taioba pode ser substituída por couve-manteiga.

VOCÊ SABIA?

A técnica de sous vide, que consiste no cozimento em baixa temperatura com o ingrediente embalado a vácuo, pode ser substituída pelo cozimento a vapor. A cocção a vapor é um método de cozinhar alimentos usando o vapor da água fervente. Para isso, pode-se usar uma cesta ou um suporte para cozimento a vapor que caibam em uma panela ou um vaporizador elétrico especializado.

BALLOTINE DE FRANGO COM
MOLHO DE XINXIM E ARROZ
DE COCO

BALLOTINE DE FRANGO COM MOLHO DE XINXIM E ARROZ DE COCO

DIFICULDADE: ●●○   **PREPARO:** 1 HORA E 30 MINUTOS   **COZIMENTO:** 1 HORA

CONSERVAÇÃO: 3 DIAS NA GELADEIRA   PORÇÕES

Xinxim de galinha é uma receita tradicional da cozinha afro-brasileira do Recôncavo Baiano. Consiste em um cozido de galinha encorpado e aromatizado a partir do "trio fundo negro", uma base aromática que faz uso de três tipos de temperos: amendoim, castanha-de-caju e camarão seco, sempre acompanhada do azeite de dendê. Os chefs do Le Cordon Bleu prepararam uma releitura da receita tradicional.

EQUIPAMENTOS ESPECIAIS: BARBANTE, FRIGIDEIRA SAUTEUSE DE 30 CM DE DIÂMETRO, LIQUIDIFICADOR OU PROCESSADOR, ASSADEIRA RETANGULAR DE 30 CM, FACA DE LEGUMES, ESCORREDOR DE ARROZ, PENEIRA

PARA A BALLOTINE DE FRANGO

4 sobrecoxas de frango

sal a gosto

pimenta-do-reino preta moída na hora a gosto

suco de 1 limão-taiti

PARA O ARROZ DE COCO

220 g de arroz de jasmim

240 ml de água

300 ml de leite de coco

1 folha de louro

sal a gosto

PARA O MOLHO DE XINXIM

100 g de amendoins torrados sem casca

100 g de castanhas-de-caju

150 g de camarões secos descascados e moídos

azeite de dendê a gosto

1 cebola picada finamente

30 g de gengibre ralado finamente

4 dentes de alho picados finamente

1 pimenta-malagueta sem sementes picada finamente

4 talos de coentro picados finamente

200 ml de leite de coco

200 ml de caldo de frango (ver p. 207) ou de pato (ver p. 161) e um pouco mais se necessário

sal a gosto

PARA A MONTAGEM

folhas de salsinha a gosto

PREPARE A BALLOTINE DE FRANGO (PARTE 1)

▸ Para preparar as sobrecoxas de frango em ballotine, utilize uma faca de legumes para desossar e abra a carne como uma manta, tomando cuidado para deixar a carne íntegra. Mantenha a pele. Em seguida, tempere a carne com sal, pimenta e o limão. Enrole-a como se fosse um rocambole, com a pele para fora, e amarre com um barbante em todo o seu comprimento para manter o formato cilíndrico. Deixe marinar por, pelo menos, 30 minutos na geladeira.

PREPARE O ARROZ DE COCO

▸ Coloque o arroz em um escorredor e lave-o até que a água fique translúcida. Deixe escorrer bem até secar.

▸ Coloque o arroz, a água, o leite de coco e a folha de louro em uma caçarola pequena funda e leve ao fogo alto. Assim que levantar fervura, abaixe o fogo e cozinhe mexendo constantemente para ativar o amido do arroz.

▸ Assim que todo o líquido secar, desligue o fogo, tampe a caçarola e deixe por 5 minutos. Após esse tempo, misture novamente o arroz e tempere com sal. A textura deve ser bem macia e aglutinada, parecida com um pudim, para ser moldado. Reserve.

PREPARE O MOLHO DE XINXIM

▸ Para o preparo do aromático fundo negro, em um liquidificador ou processador, bata os amendoins, as castanhas e os camarões até formar uma pasta grossa. Reserve.

▸ Aqueça uma frigideira sauteuse em fogo médio e doure as ballotines em um fio generoso do azeite de dendê até que a pele fique bem crocante e corada ❶. Reserve as ballotines para a segunda parte do seu preparo.

▸ Na mesma frigideira, verifique se o azeite de dendê perdeu sua cor alaranjada após a fritura das ballotines. Caso sim, descarte-o e adicione um novo fio generoso de azeite. Coloque em fogo alto e refogue a cebola, o gengibre, o alho, a pimenta--malagueta e o coentro ❷ até dourarem bem e soltarem seus aromas ❸.

▸ Caso necessário, adicione mais azeite de dendê para iniciar o refogado do trio fundo negro. Adicione a pasta na frigideira ❹ e refogue bem para soltar seu aroma. Quando o trio fundo negro dourar, junte o leite de coco e o caldo de frango ❺. Misture bem e, assim que levantar fervura, coloque em fogo baixo, deixe engrossar levemente ❻ e o trio fundo negro cozinhar bem e amolecer, formando um molho.

▸ Retire o molho do fogo e bata no liquidificador até formar um creme liso. Passe por uma peneira para retirar os grumos, volte para a frigideira e aqueça novamente em fogo baixo. Caso a consistência esteja muito grossa, afine com um pouco mais de caldo de frango e ajuste o sal. Reserve.

PREPARE A BALLOTINE DE FRANGO (PARTE 2)

▸ Preaqueça o forno a 180 °C.

▸ Paralelamente ao preparo do molho de xinxim, finalize as ballotines. Primeiro, retire o barbante, pois, nesta etapa, elas já mantêm o formato cilíndrico, e acomode-as em uma assadeira retangular untada com azeite. Leve ao forno e asse as ballotines até a pele ficar bem crocante e corada (cerca de 18 minutos). Reserve.

FAÇA A MONTAGEM

▸ Corte cada ballotine em medalhões. Em um prato fundo, coloque o molho de xinxim e os medalhões de ballotine por cima.

▸ Prepare uma quenelle (ver p. 40) com o arroz de coco e disponha ao lado dos medalhões. Decore o arroz com folhas de salsinha.

VOCÊ SABIA?

A técnica culinária da ballotine consiste em desossar um pedaço de carne ou ave, enrolada em um cilindro e amarrada com barbante de cozinha para manter sua forma durante o cozimento. Geralmente é recheada, mas pode ser mais simples, como a feita para esta receita. Essa técnica de cozimento é comumente usada na culinária francesa e pode ser uma maneira elegante de apresentar o prato.

PRATOS PRINCIPAIS • 159

PATO NO TUCUPI COM
ARROZ DE JAMBU

PATO NO TUCUPI COM ARROZ DE JAMBU

DIFICULDADE: ●○○   **PREPARO:** 50 MINUTOS   **COZIMENTO:** 3 HORAS E 30 MINUTOS

CONSERVAÇÃO: 3 DIAS NA GELADEIRA   PORÇÕES

Preparo icônico da região Norte do Brasil, especialmente na cidade de Belém, no Pará. Está presente na maior manifestação católica do país, o Círio de Nazaré, que leva mais de um milhão de pessoas às ruas da cidade todo mês de outubro. Sua origem indígena traz a majestosa mandioca como ingrediente principal, por meio do extraordinário tucupi.

EQUIPAMENTOS ESPECIAIS: ESCUMADEIRA, PAPEL-ALUMÍNIO, BARBANTE, FRIGIDEIRA ANTIADERENTE COM 30 CM DE DIÂMETRO, PINCEL CULINÁRIO, CONCHA

PARA O CALDO DE PATO
500 g de ossos de pato
1 cenoura picada grosseiramente
100 g de cebola picada grosseiramente
1 talo de salsão
1 dente de alho
½ alho-poró picado grosseiramente
1 cravo-da-índia
1 folha de louro
5 grãos de pimenta-do-reino branca
5 talos de tomilho
1,5 litro de água

PARA O ARROZ DE JAMBU
1 cebola picada finamente
30 ml de azeite de oliva
2 dentes de alho picados
250 g de arroz branco
300 ml de água
200 ml de tucupi
90 g de jambu picado finamente
sal a gosto
pimenta-do-reino preta moída na hora a gosto

PARA O PATO NO TUCUPI
4 coxas com sobrecoxa de pato com pele
suco de 1 limão-cravo
sal a gosto
pimenta-do-reino branca moída na hora a gosto
azeite de oliva a gosto
1 cebola picada finamente
3 pimentas-de-cheiro sem sementes picadas finamente
4 dentes de alho picados finamente
1 litro de tucupi
1 litro de caldo de pato e mais um pouco caso necessário
50 g de chicória-do-pará picada grosseiramente
50 g de jambu em hastes inteiras com folhas

PARA A MONTAGEM
12 flores de jambu
pimentas-de-cheiro a gosto

DICA DO CHEF

O tucupi não tem substituto à altura, por ser um ingrediente único. Uma sugestão de substituição seria a utilização de um caldo de legumes preparado com cúrcuma, acrescido de limão ao final do cozimento. Pode-se utilizar somente as flores do jambu ou substituir por espinafre. Já a pimenta-de-cheiro pode ser substituída por pimenta biquinho ou jalapeño e a chicória-do-pará pode ser substituída por azedinha ou cavolo nero.

PREPARE O CALDO DE PATO

▸ Coloque os ossos, a cenoura, a cebola, o salsão, o alho, o alho-poró, o cravo, o louro, a pimenta, o tomilho e a água em uma caçarola grande e aqueça em fogo alto. Quando levantar fervura, abaixe o fogo e, com uma escumadeira, retire um pouco da gordura e da espuma que se formarão na superfície. Deixe cozinhar por cerca de 2 horas. A seguir, escorra, coe e reserve o caldo.

PREPARE O ARROZ DE JAMBU

▸ Aqueça uma caçarola pequena em fogo médio e refogue a cebola no azeite até ela ficar translúcida. Em seguida, adicione o alho e deixe dourar. Coloque o arroz e misture bem para envolver todos os grãos no azeite. Adicione a água e o tucupi, misture bem e deixe ferver. Assim que levantar fervura, abaixe o fogo e mantenha a panela meio tampada, com uma pequena abertura para deixar o vapor escapar.

▸ Na metade do cozimento, em torno de 9 minutos, adicione o jambu, misture e cozinhe até o arroz ficar levemente úmido, não deixe a água secar por completo. Tempere com sal e pimenta com cuidado, pois o tucupi intensifica o sabor salgado. Tampe a caçarola e reserve.

PREPARE O PATO NO TUCUPI

▸ Na véspera do preparo, separe as coxas das sobrecoxas nas juntas, mas mantenha a pele. Limpe somente a pele do osso das coxas e sobrecoxas para que fique bem branquinho. Tempere com o limão, sal e pimenta. Deixe marinando na geladeira até o dia seguinte.

▸ No dia do preparo, enrole o osso de cada coxa e sobrecoxa com papel-alumínio, para protegê-lo e evitar que queime na hora de cozinhar. Amarre a carne em toda a sua extensão com um pedaço de barbante para que ela fique em forma de cilindro e não desmanche enquanto cozinha.

▸ Aqueça uma caçarola grande funda em fogo médio, coloque um fio generoso de azeite e doure bem as coxas e sobrecoxas. Retire da panela e reserve.

▸ Na mesma caçarola, refogue a cebola com a pimenta-de-cheiro e o alho até dourarem. Ponha as coxas e as sobrecoxas de volta e finalize o refogado. Acrescente o tucupi e o caldo de pato. Aumente o fogo e deixe levantar fervura. Em seguida, abaixe novamente o fogo e deixe cozinhar com a caçarola meio tampada por cerca de 1 hora. Depois, adicione a chicória-do-pará e o jambu e cozinhe por mais 30 minutos. O objetivo é reduzir 1/3 do volume do caldo, para que fique espesso.

▸ Quando a carne estiver bem macia, retire o barbante e o papel-alumínio. Com o auxílio de um pincel, pincele um pouco do caldo de tucupi para glaçar as coxas e as sobrecoxas, formando uma camada brilhante. Ajuste o sal e a pimenta-do-reino, se necessário.

FAÇA A MONTAGEM

▸ Em um prato fundo, coloque um pouco da chicória e do jambu com um pouco de caldo e uma coxa ou sobrecoxa sobre as folhas. Regue com mais caldo e decore com as flores de jambu e as pimentas-de-cheiro.

▸ Sirva com o arroz à parte.

VOCÊ SABIA?

A técnica de deglaçar refere-se ao ato de adicionar líquido a uma panela quente para soltar todos os pedaços caramelizados presos no fundo. Eles são um tesouro saboroso e aromático para qualquer preparo, pois trazem profundidade ao sabor final.

FRANGO DA REVOLUÇÃO REVISITADO

DIFICULDADE: ●●○   **PREPARO:** 2 HORAS E 30 MINUTOS   **COZIMENTO:** 50 MINUTOS
CONSERVAÇÃO: 3 DIAS NA GELADEIRA   PORÇÕES

Conta-se que esta receita tem origem no final da Revolução Constitucionalista de 1932, no Vale do Paraíba, no estado de São Paulo. Tropas armadas invadiram uma fazenda e, para apaziguar a fome e o mau humor dos soldados, as mulheres da fazenda mataram algumas galinhas, fritaram em azeite com urucum, para ficarem coradas mais rápido, e as cozinharam em leite azedo. Os chefs do Le Cordon Bleu prepararam uma releitura dessa receita, que quase sumiu do mapa gastronômico de São Paulo.

EQUIPAMENTOS ESPECIAIS: PENEIRA DE MALHA DE METAL BEM FINA, PAPEL-ALUMÍNIO, TERMÔMETRO CULINÁRIO, PINÇA CULINÁRIA DE METAL PARA FRITURA, PAPEL-TOALHA, LIQUIDIFICADOR

PARA O ÓLEO DE URUCUM
100 ml de óleo de girassol
10 g de sementes de urucum

PARA O FRANGO
4 coxas e sobrecoxas de galeto
suco de 2 limões-cravo
sal a gosto
pimenta-do-reino preta moída na hora a gosto
60 ml de óleo de urucum

PARA O EMPANAMENTO
100 g de farinha de trigo e mais pouco para empanar
50 g de amido de milho
sal a gosto
200 ml de água tônica
óleo de girassol para fritar
8 quiabos inteiros limpos
pimenta-do-reino branca moída na hora a gosto
gergelim branco a gosto

PARA O MOLHO DE COALHADA
1 cebola cortada em quartos
4 dentes de alho inteiros
azeite de oliva a gosto
700 ml de coalhada integral
3 talos de cebolinha picados
salsinha picada a gosto
sal a gosto
pimenta-do-reino branca moída na hora a gosto

PARA A MONTAGEM
brotos de trevo roxo a gosto
cerefólio a gosto
óleo de urucum a gosto

DICA DO CHEF

As sementes de urucum podem ser substituídas por colorau ou páprica doce, e o galeto pode ser substituído por frango comum.

PRATOS PRINCIPAIS · 163

PREPARE O ÓLEO DE URUCUM

▸ Coloque o óleo e as sementes de urucum em uma caçarola funda pequena e leve ao fogo baixo. Quando começarem a aparecer as primeiras bolinhas, apague o fogo, tampe e deixe descansar por 30 minutos. Em seguida, escorra em uma peneira e reserve 60 ml para o preparo do frango.

PREPARE O FRANGO

▸ Limpe somente a pele do osso da coxa. Tempere com o suco de limão, sal e pimenta e deixe marinando no óleo de urucum por 2 horas na geladeira. Enrole o osso limpo com um pedaço de papel-alumínio para protegê-lo na hora de empanar e fritar.

PREPARE O EMPANAMENTO

▸ Em uma tigela, misture bem a farinha de trigo, o amido de milho, o sal e a água tônica. Reserve na geladeira.

▸ Coloque o óleo de girassol em quantidade suficiente para imergir as coxas e sobrecoxas em uma caçarola média funda. Com o auxílio de um termômetro, aqueça e mantenha o óleo a 160 °C.

▸ Crie uma linha de produção para o empanamento. Acomode um pouco de farinha de trigo em uma travessa rasa e, ao lado, posicione a tigela com a massa de empanamento refrigerada. Passe os quiabos na farinha de trigo formando uma camada fina e acomode em um prato. Faça o mesmo processo com o frango, cuidando para não passar farinha nos ossos das coxas, que ainda devem estar cobertos pelo papel-alumínio. Salpique sal e pimenta nos quiabos e nos pedaços de frango.

▸ Com a pinça, mergulhe cada quiabo na massa de empanamento, retire o excesso de massa e salpique o gergelim. Em seguida, frite-os no óleo aquecido até dourarem e a massa ficar crocante. Retire do óleo e acomode em uma travessa forrada com papel-toalha. Reserve.

▸ Faça o mesmo processo com as coxas e as sobrecoxas de frango, tomando cuidado para não imergir os ossos das coxas cobertos com papel-alumínio na massa. Na hora de fritar, o ideal é fazer uma coxa por vez para segurar o osso para fora do óleo, utilizando a pinça. Quando retirar as coxas da fritura, retire o papel-alumínio. Acomode os pedaços de frango em uma travessa forrada com papel-toalha. Reserve.

PREPARE O MOLHO DE COALHADA

▸ Em uma caçarola funda de tamanho médio, coloque a cebola e o alho e cubra com azeite. Leve ao fogo baixo e, com o auxílio do termômetro, mantenha a temperatura a 90 °C. Cozinhe na técnica de confit e retire cada ingrediente a seu tempo. A cebola fica pronta em cerca de 15 minutos. Os dentes de alho levam em torno de 1 hora até ficarem macios. Reserve o azeite.

▸ Transfira o alho, a cebola, a coalhada, a cebolinha e a salsinha para o liquidificador. Bata bem até formar um molho consistente. Adicione um fio do azeite reservado do confit para trazer brilho ao molho. Finalize temperando com sal e pimenta e reserve.

FAÇA A MONTAGEM

▸ Em pratos fundos, adicione uma camada do molho de coalhada, sem exagero. Arrume as sobrecoxas e coxas por cima e adicione dois pedaços de quiabo ao lado delas.

▸ Decore com os brotos de trevo e cerefólio. Adicione um fio de óleo de urucum no molho de coalhada para finalizar.

FRANGO DA REVOLUÇÃO REVISITADO

PANCETTA PURURUCA COM CANJIQUINHA, MOLHO DE GOIABADA E FAROFA E COUVE CROCANTES

DIFICULDADE: ●●●   **PREPARO:** 1 DIA E 1 HORA   **COZIMENTO:** 2 HORAS E 30 MINUTOS
CONSERVAÇÃO: 3 DIAS NA GELADEIRA   PORÇÕES

Os chefs se inspiraram na tradicional receita de leitão pururuca para montar este prato contemporâneo. Uma celebração atual da cozinha caipira mineira, tão apreciada nacionalmente.

EQUIPAMENTOS ESPECIAIS: ASSADEIRA, TRAVESSA FUNDA, GRELHA, TERMÔMETRO CULINÁRIO, CONCHA DE AÇO INOX, FRIGIDEIRA DE 20 CM DE DIÂMETRO, PENEIRA DE METAL DE MALHA FINA, AROS DE METAL DE DOIS TAMANHOS, FILME DE PVC, PAPEL-ALUMÍNIO

PARA A PANCETTA PURURUCA

1 kg de pancetta suína

200 g de sal grosso temperado com 3 talos de tomilho desfolhados, 2 dentes de alho picadinhos e páprica defumada a gosto

300 ml de óleo de girassol

PARA O MOLHO DE GOIABADA

20 ml de óleo de girassol

400 g de pernil suíno desossado cortado em cubinhos

60 g de cenoura picada grosseiramente

1 cebola picada grosseiramente

2 dentes de alho picados grosseiramente

1 pimenta dedo-de-moça sem sementes cortada ao meio

2 folhas de louro

70 ml de cachaça

200 ml de demi-glace (ver p. 145)

40 g de goiabada cortada em cubinhos

1 talo de tomilho

uma pitada de sal

pimenta-do-reino preta moída na hora a gosto

PARA A CANJIQUINHA

100 g de canjiquinha branca

400 ml de leite integral e mais um pouco se necessário

1 bouquet garni (ver p. 68)

sal a gosto

pimenta-do-reino branca moída na hora a gosto

70 g de queijo da Canastra ralado finamente

PARA A FAROFA CROCANTE

40 g de manteiga sem sal

40 g de bacon defumado picado em cubos de 3 mm

1 dente de alho picado finamente

70 g de abóbora cabotiá cortada em cubos de 3 mm

80 g de farinha de mandioca biju

salsinha a gosto picada finamente

raspas da casca de limão-cravo a gosto

sal a gosto

pimenta-do-reino branca moída na hora a gosto

PARA A MONTAGEM

couve crocante (ver p. 99)

pétalas de flores comestíveis a gosto

PREPARE A PANCETTA PURURUCA

▸ Fure a pancetta com a ponta de uma faca para facilitar a cura ❶. Coloque metade do sal sobre a pancetta ❷. Em uma travessa funda, acomode a outra metade do sal e disponha a pancetta por cima. Cubra a travessa com filme de PVC, leve à geladeira e deixe curar por 24 horas.

▸ Após esse tempo, retire a pancetta do sal e lave-a rapidamente em uma tigela com água fria para retirar o excesso de sal ❸ e seque com um pano de prato limpo.

▸ Preaqueça o forno a 180 °C. Coloque a pancetta em uma assadeira, com o lado da gordura para cima, cubra com papel-alumínio e leve para assar por 1 hora e 30 minutos. Passado o tempo, retire do forno, remova o papel-alumínio e asse por mais 1 hora.

▸ Aqueça o óleo em uma caçarola pequena funda até atingir 200 °C. Acomode a pancetta em cima de uma grelha e posicione uma assadeira embaixo para recolher o óleo. Com uma concha de aço inox, inicie a pururuca dando um banho de óleo quente na carne. Comece, vagarosamente, em um lado da pancetta ❹, passe ao meio ❺ e vá até a outra ponta ❻. A gordura da carne deve ficar com uma aparência bem crocante e estufada.

▸ Corte em porções retangulares de aproximadamente 150 g e reserve.

PREPARE O MOLHO DE GOIABADA

▸ Aqueça uma frigideira em fogo médio, adicione o óleo de girassol e doure o pernil. Em seguida, junte a cenoura, a cebola, o alho, a pimenta e o louro e refogue até dourar. Deglace com a cachaça, espere reduzir pela metade e adicione a demi-glace, a goiabada e o tomilho. Assim que levantar fervura, abaixe o fogo e mexa vigorosamente para dissolver a goiabada. Adicione uma pitada de sal e pimenta e cozinhe em fogo baixo, mexendo o tempo todo até reduzir em $1/3$ o volume.

▸ Transfira o molho para uma tigela passando-o por uma peneira e, em seguida, retorne à frigideira, em fogo baixo. Cozinhe até chegar ao ponto nappé (ver p. 151). Caso esteja muito espesso, dilua com um pouco de água até ficar na consistência desejada. Reserve.

PREPARE A CANJIQUINHA

▸ Coloque a canjiquinha, o leite, o bouquet garni e uma pitada de sal e de pimenta em uma caçarola média funda e cozinhe, em fogo médio, mexendo constantemente. Cozinhe até a canjiquinha amolecer e o creme começar a encorpar (cerca de 30 minutos). Caso o creme engrosse muito e a canjiquinha ainda esteja dura, adicione leite morno aos poucos até a canjiquinha ficar no ponto, mas cuidado para não deixar o creme muito ralo.

▸ Assim que a canjiquinha estiver bem molinha, retire o bouquet garni, adicione o queijo da Canastra e mexa bem para derreter e incorporar. Verifique a cremosidade e adicione mais leite morno se necessário. Ajuste o sal e a pimenta e reserve.

PREPARE A FAROFA CROCANTE

▸ Aqueça uma frigideira em fogo médio, derreta a manteiga, adicione o bacon e frite até ficar crocante e dourado. Coloque o alho e deixe dourar levemente. Em seguida, adicione a abóbora, abaixe o fogo e refogue até que fique tenra. Junte a farinha e mexa até ela dourar levemente (cerca de 4 minutos). Salpique a salsinha e as raspas da casca de limão, tempere com sal e pimenta e reserve.

FAÇA A MONTAGEM

▸ Em um prato raso, acomode uma porção da canjiquinha em um lado, fazendo uma cama para a pancetta. Coloque a pancetta sobre a canjiquinha com a pururuca para cima.

▸ Ao lado, organize os dois aros, um maior e outro dois números menor. No aro menor, coloque uma porção de farofa e, na circunferência maior, adicione um círculo de couve crocante.

▸ Faça semicírculos com o molho de goiabada ao lado e decore a couve com pequenas pétalas de flores comestíveis.

PRATOS PRINCIPAIS

DICA DO CHEF

A goiabada pode ser substituída por polpa de tamarindo, desde que ajustada a acidez final no preparo. A canjiquinha branca pode ser substituída pela amarela ou por um purê de batata-doce. O queijo da Canastra pode ser substituído por queijo de minas curado ou queijo pecorino romano. A farinha de mandioca biju pode ser substituída por outras farinhas de mandioca ou por farinha de rosca. E o limão-cravo pode ser substituído por limão-siciliano.

VOCÊ SABIA?

Para a técnica de cura, sempre calcule a quantidade de sal em 20% do peso da carne a ser curada.

PANCETTA PURURUCA COM
CANJIQUINHA, MOLHO DE GOIABADA
E FAROFA E COUVE CROCANTES

PRATOS PRINCIPAIS · 171

FEIJOADA SERGIPANA REVISITADA

FEIJOADA SERGIPANA REVISITADA

DIFICULDADE: ●●○ **PREPARO:** 12 HORAS E 50 MINUTOS **COZIMENTO:** 1 HORA

CONSERVAÇÃO: 3 DIAS NA GELADEIRA **PORÇÕES**

Feijoada é o ensopado de carne e feijão considerado o prato nacional do Brasil. Tem sua origem em Portugal, mas também é popular em países africanos. Pode ser preparada com qualquer tipo de feijão, como preto, branco, vermelho etc. Outro ingrediente fundamental é a carne salgada, geralmente suína ou bovina. No Brasil, dependendo da região, é servida com vegetais como couve, repolho, quiabo, batata e abóbora. Os chefs escolheram a versão sergipana, preparada com feijão-roxo e abóbora-moranga, e a revisitaram para preparar um prato contemporâneo e de fusão.

EQUIPAMENTOS ESPECIAIS: PANELA DE PRESSÃO, FRIGIDEIRA SAUTEUSE ANTIADERENTE DE 30 CM, LIQUIDIFICADOR, BISNAGA PARA MOLHOS

PARA O FEIJÃO

500 g de feijão-roxo demolhado por 12 horas

500 g de carne-seca dessalgada cortada em cubos de 2 cm

1 cebola picada finamente

2 dentes de alho picados finamente

2 folhas de louro

PARA A FEIJOADA

20 ml de óleo de girassol

½ cebola picada finamente

4 dentes de alho picados finamente

4 pimentas-de-cheiro amazônicas sem sementes picadas finamente

feijão cozido

2 paios cortados em rodelas de 1 cm e em meia-lua

cominho a gosto

colorau a gosto

200 g de quiabo cortado ao meio no sentido do comprimento

manteiga de garrafa a gosto

200 g de mandioca cortada no formato de bastões de 8 cm × 2 cm cozida al dente

200 g de abóbora-moranga cortada no formato de bastões de 8 cm × 2 cm cozida al dente

sal a gosto

pimenta-do-reino preta moída na hora a gosto

PARA A MONTAGEM

folhas de coentro a gosto

PREPARE O FEIJÃO

▸ Coloque em uma panela de pressão o feijão, a carne-seca, a cebola, o alho e as folhas de louro, com água suficiente para cobrir os ingredientes, e leve ao fogo médio. Assim que iniciar a pressão, abaixe o fogo e cozinhe por 20 minutos. Retire do fogo, aguarde a pressão sair e separe a carne-seca em um recipiente, o feijão em outro e o caldo em outro. Reserve.

PREPARE A FEIJOADA

▸ Aqueça uma caçarola grande funda em fogo médio, coloque o óleo e refogue a cebola, o alho e a pimenta-de-cheiro até dourarem. Acrescente o feijão cozido, o paio, a carne-seca, o cominho, o colorau, coloque metade do caldo do feijão reservado e deixe cozinhar por 10 minutos. Verifique, de tempos em tempos, a quantidade de caldo presente na caçarola e, caso fique muito seca, adicione mais caldo aos poucos.

▸ Enquanto a feijoada cozinha, prepare os vegetais. Aqueça uma frigideira sauteuse em fogo alto e coloque os quiabos com o lado cortado para baixo. Toste até que eles fiquem bem corados e vire para tostar do outro lado. Reserve em uma travessa.

▸ Na mesma frigideira, adicione um fio generoso de manteiga de garrafa, grelhe a mandioca, dourando todos os lados, e reserve na travessa ao lado dos quiabos. Acrescente mais manteiga de garrafa na frigideira e doure a abóbora, de todos os lados. Reserve ao lado dos outros ingredientes da travessa. Tempere todos os vegetais com sal e pimenta-do-reino e reserve.

▸ Retire o paio e a carne-seca da caçarola da feijoada e escorra o excesso de líquido desses ingredientes. Em seguida, refogue-os na manteiga de garrafa na mesma frigideira em que foram feitos os vegetais. Reserve.

▸ Retire $1/3$ dos ingredientes do caldo da feijoada e bata no liquidificador para formar um molho espesso. Ajuste o sal tanto desse molho quanto da feijoada que ficou na panela e tempere com a pimenta. Reserve.

FAÇA A MONTAGEM

▸ Em um prato raso, faça uma faixa central com o feijão sem o caldo. Ao redor, coloque os bastões de mandioca e de abóbora, a carne-seca, o paio e o quiabo. Decore com as folhas de coentro.

▸ Coloque o molho em uma bisnaga e faça semicírculos ao lado da feijoada.

▸ Sirva acompanhada de arroz pilaf (ver p. 121) e couve crocante (ver p. 99).

DICA DO CHEF

O feijão-roxo pode ser substituído pelo mulatinho ou preto. A mandioca pode ser substituída por batata-doce. E a abóbora-moranga, também chamada de jerimum nas regiões Norte e Nordeste do país, pode ser substituída por abóbora cabotiá.

PUCHERO BRASILEIRO

PUCHERO BRASILEIRO

DIFICULDADE: ●○○ **PREPARO:** 12 HORAS **COZIMENTO:** 1 HORA E 30 MINUTOS
CONSERVAÇÃO: 3 DIAS NA GELADEIRA PORÇÕES

Seguindo a tradição dos cozidos, presentes em todo o país, o puchero é muito popular nas regiões que fazem divisa com a Argentina e o Uruguai. "Puchero" vem da palavra espanhola "pucho", que significa "pequenos pedaços", numa referência às carnes e aos vegetais utilizados no preparo.

EQUIPAMENTO ESPECIAL: PANELA DE PRESSÃO

PARA O PUCHERO

- 200 g de grão-de-bico demolhado por 12 horas
- 200 g de charque dessalgado cortado em cubos de 2 cm
- 3 folhas de louro
- 150 g de bacon cortado em cubinhos
- 2 coxas com sobrecoxas de frango desossadas cortadas em cubos de 2 cm
- 1 linguiça calabresa cortada em rodelas de 1,5 cm
- manteiga clarificada a gosto (ver p. 206)
- 1 cebola picada finamente
- 3 dentes de alho picados finamente
- 1 pimenta dedo-de-moça sem sementes picada finamente
- 1 talo de salsão cortado em cubos de 1,5 cm
- 1 cenoura cortada em triângulos de 1,5 cm
- ½ pimentão verde sem sementes cortado em cubinhos
- ½ pimentão amarelo sem sementes cortado em cubinhos
- ½ pimentão vermelho sem sementes cortado em cubinhos
- 4 tomates italianos sem sementes cortados em cubinhos
- 5 g de colorau ou páprica doce
- 20 g de mostarda de Dijon
- sal a gosto
- pimenta-do-reino preta moída na hora a gosto

PARA A MONTAGEM

- brotos de coentro a gosto

PREPARE O PUCHERO

▸ Em uma caçarola média funda, coloque o grão-de-bico que ficou de molho, o charque e o louro e cubra com água até 3 dedos acima do conteúdo da panela. Leve ao fogo alto e, quando levantar fervura, abaixe o fogo e cozinhe por 30 minutos, até ficar macio. Retire do fogo e reserve o grão-de-bico cozido com a água do cozimento. Reserve o charque separadamente.

▸ Aqueça uma caçarola grande funda em fogo médio e toste o bacon até ficar bem dourado. Em seguida, refogue as carnes na gordura que soltar, primeiro o frango, depois a linguiça. Quando dourarem, junte o charque e, se necessário, acrescente um fio generoso de manteiga clarificada. Deixe dourar bem.

▸ Retire as carnes da caçarola, adicione um fio generoso de manteiga clarificada, a cebola, o alho e a pimenta dedo-de-moça e doure bem. Junte o salsão, a cenoura e os pimentões e refogue os vegetais sem deixar dourar. Acrescente o tomate, refogue rapidamente e junte as carnes e o grão-de-bico com a água de seu cozimento. Adicione o colorau e aguarde-o soltar seu aroma e sua cor. Aumente o fogo e, assim que levantar fervura, diminua para o fogo médio e cozinhe, mexendo de vez em quando, até encorpar o caldo. Ao final, acrescente a mostarda e ajuste o sal e a pimenta.

FAÇA A MONTAGEM

▸ Sirva o puchero em pratos fundos e decore com brotos de coentro.

BARREADO

BARREADO

DIFICULDADE: ●●○ **PREPARO:** 40 MINUTOS **COZIMENTO:** 6 HORAS
CONSERVAÇÃO: 3 DIAS NA GELADEIRA   PORÇÕES

O barreado se tornou um símbolo da cultura do Paraná. Conta-se que, no século XVIII, os pescadores dessa região precisavam de uma refeição fácil de transportar e que fosse nutritiva para os longos e árduos dias de pescaria. Tradicionalmente, o preparo do prato pode levar até um dia, e a panela fica vedada com uma pasta feita de farinha de mandioca e água para evitar que o vapor escape. Costuma ser servido com pirão, banana, laranja e molho de pimenta.

EQUIPAMENTOS ESPECIAIS: PANELA DE BARRO MÉDIA, BALANÇA DE PRECISÃO, ESCUMADEIRA, MARTELO DE COZINHA

PARA O CALDO DE CARNE

500 g de ossos de boi cortados em pedaços de 6 cm
1 cebola cortada grosseiramente
1 cenoura cortada grosseiramente
1 talo de salsão cortado grosseiramente
1 dente de alho
1,5 litro de água
15 g de purê de tomate
1 bouquet garni (ver p. 68)
6 grãos de pimenta-do-reino preta

PARA O BARREADO

150 g de bacon picado
2 cebolas picadas finamente
5 dentes de alho picados finamente
1 kg de miolo de paleta de boi cortado em cubos
cebolinha picada finamente
salsinha picada finamente
2 folhas de louro
5 g de cominho em pó
2 g de coentro em pó
noz-moscada ralada a gosto
sal a gosto
pimenta-do-reino moída na hora a gosto
caldo de carne a gosto
500 g de farinha de mandioca crua

PARA A MONTAGEM

3 bananas-da-terra fatiadas na diagonal com 1 cm grelhadas
farinha de mandioca de Morretes a gosto
brotos de coentro

DICA DO CHEF

Pode-se cozinhar o barreado em panela de pressão caso não tenha a panela de barro. A farinha de mandioca de Morretes pode ser substituída por outra farinha de mandioca ou arroz pilaf (ver p. 121).

PRATOS PRINCIPAIS • 179

PREPARE O CALDO DE CARNE

▸ Preaqueça o forno a 230 °C, acomode os ossos de boi em uma fôrma e leve para assar por 20 minutos.

▸ Após esse tempo, acrescente a cebola, a cenoura, o salsão e o alho. Asse por mais 20 minutos ou até tudo ficar bem dourado.

▸ Adicione um pouco da água e, com uma espátula, esfregue o fundo da fôrma para retirar toda a crosta.

▸ Passe esse conteúdo para uma caçarola grande funda e junte os demais ingredientes. Leve para cozinhar em fogo médio-alto e, quando estiver quase para ferver, abaixe o fogo e deixe cozinhar lentamente, para não turvar o caldo. Cozinhe por cerca de 2 horas. Nesse tempo de cozimento, caso suba à superfície uma espuma, retire-a delicadamente utilizando uma escumadeira.

▸ Após a cocção, passe o caldo por uma peneira de malha fina e descarte os sólidos.

PREPARE O BARREADO

▸ Preaqueça o forno a 180 °C.

▸ Na panela de barro, prepare a base do cozimento colocando o bacon, a cebola e o alho ❶. Distribua a carne sobre essa base e cubra com os temperos (cebolinha, salsinha, louro, cominho, coentro, noz-moscada, sal e pimenta). Na sequência, preencha ⅓ da panela com o caldo de carne ❷.

▸ Paralelamente, em uma tigela, misture a farinha de mandioca com água suficiente para fazer uma massa com consistência de argamassa, mas levemente úmida.

▸ Tampe a panela e comece a vedação com essa massa utilizando as mãos levemente úmidas para moldar e vedar a tampa ❸. Faça a vedação em todo o entorno da panela até fechá-la completamente ❹. Certifique-se de que a massa ficou bem colada e aguarde cerca de 20 minutos para que ela seque.

▸ Leve o barreado para assar por 6 horas.

▸ Passado esse tempo, retire a panela do forno e quebre a vedação com um martelo de cozinha e faca, com cuidado para não rachar a panela ❺.

▸ Abra a panela com cuidado para não se queimar com o vapor e mexa o barreado para desfiar a carne e misturá-la bem com o caldo ❻. Reserve.

FAÇA A MONTAGEM

▸ Sirva o barreado em prato fundo, acompanhado de fatias de banana-da-terra grelhadas e farinha de mandioca. Decore com brotos de coentro.

VOCÊ SABIA?

As tradicionais casas de farinha de Morretes preservam todo o amido na farinha, fazendo com que ela tenha um aspecto mais glutinoso ao paladar. Tradicionalmente, na hora da refeição, deve-se misturar a farinha de mandioca com o barreado e formar um pirão que não se cozinha, mas que é escaldado pelo caldo quente presente no prato.

PRATOS PRINCIPAIS • 181

MATAMBRE

DIFICULDADE: ●○○ **PREPARO:** 30 MINUTOS **COZIMENTO:** 2 HORAS E 30 MINUTOS
CONSERVAÇÃO: 2 DIAS NA GELADEIRA   PORÇÕES

"Matambre" é uma palavra de origem espanhola que significa "mata-fome", é um corte de carne bovina muito popular especialmente no Rio Grande do Sul. Consiste em uma manta de carne localizada entre a pele e a costela bovina recheada e enrolada em forma de rocambole. Depois de enrolado, o matambre é amarrado com barbante e assado em forno ou churrasqueira até ficar macio e dourado por fora.

EQUIPAMENTOS ESPECIAIS: PINCEL DE SILICONE, BARBANTE, PAPEL-ALUMÍNIO, ASSADEIRA RETANGULAR

PARA O MATAMBRE

1 kg de manta de matambre
mostarda de Dijon a gosto
sal a gosto
pimenta-do-reino preta moída na hora a gosto
2 dentes de alho picados finamente
1 cebola picada finamente
200 g de bacon defumado fatiado
100 g de queijo parmesão ralado
50 g de farinha de rosca
10 g de salsinha picada finamente
10 g de cebolinha picada finamente
2 ou 3 linguiças toscanas

PARA A MONTAGEM

salsinha finamente picada a gosto

PREPARE O MATAMBRE

▸ Preaqueça o forno a 170 °C.

▸ Abra a peça do matambre em uma tábua ou bancada de trabalho ❶, mantendo o lado com a capa de gordura mais grossa para cima. Com um pincel de silicone, passe a mostarda de Dijon pela gordura, fazendo uma camada fina por toda a manta ❷.

▸ Tempere com sal, pimenta, o alho e a cebola por cima da mostarda e faça uma camada com as fatias de bacon por toda a manta ❸. Em seguida, faça camadas com o parmesão, a farinha de rosca, a salsinha e a cebolinha.

▸ Em uma das extremidades da manta, coloque as linguiças toscanas, formando uma fileira ❹. Dependendo da largura da manta, varie a quantidade de linguiça, pois o comprimento da fileira deve ficar igual ao da manta.

▸ Comece a enrolar o matambre pela extremidade em que as linguiças foram colocadas ❺, até chegar à outra extremidade.

▸ Depois que a peça estiver totalmente enrolada, amarre com o barbante em todo o comprimento ❻ para que não desenrole enquanto assa.

▸ Acomode o matambre em uma assadeira e cubra-a com papel-alumínio. Leve para assar por 2 horas. Passado esse tempo, retire o papel-alumínio e volte ao forno até dourar (cerca de 30 minutos).

FAÇA A MONTAGEM

▸ Retire o barbante e corte o matambre em fatias de 4 cm de espessura. Acomode as fatias em uma tábua de serviço e decore com a salsinha.

▸ Sugestões de acompanhamentos: panaché de legumes (ver p. 88), salpicão de frango (ver p. 75), salada de feijão-manteiguinha (ver p. 79) ou arroz campeiro (ver p. 207).

DICA DO CHEF

O recheio do matambre é variado e pode ser substituído por vegetais e outras carnes.

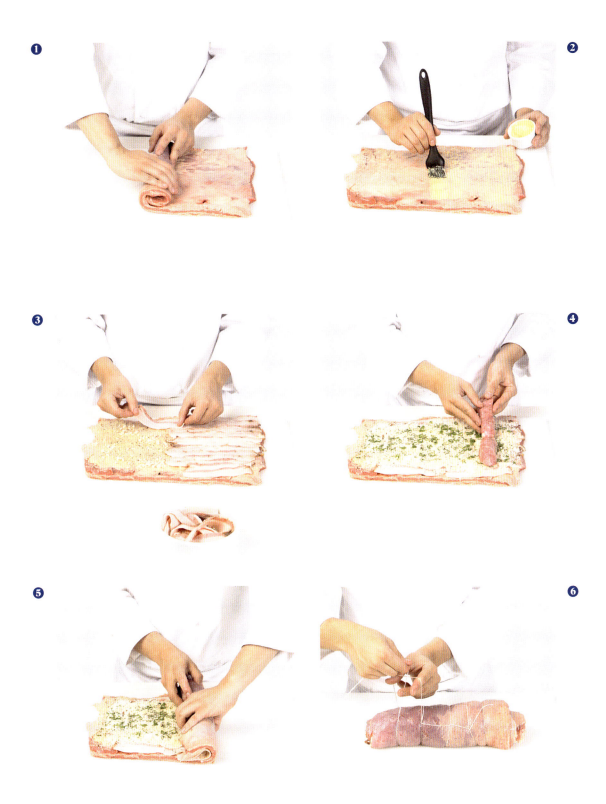

PRATOS PRINCIPAIS • 183

MATAMBRE

**TARTARE DE CARNE DE SOL
COM MAIONESE DE COENTRO
E PLACA DE POLVILHO**

TARTARE DE CARNE DE SOL COM MAIONESE DE COENTRO E PLACA DE POLVILHO

DIFICULDADE: ●●● **PREPARO:** 3 HORAS E 30 MINUTOS **COZIMENTO:** 20 MINUTOS
CONSERVAÇÃO: CONSUMO IMEDIATO   PORÇÕES

O steak tartare moderno é um prato que foi apresentado pelo chef Auguste Escoffier, no seu livro *Le Guide Culinaire*, em 1921, e ganhou o mundo. O prato é considerado uma iguaria e é frequentemente servido em restaurantes sofisticados. Para a versão brasileira, os chefs do Le Cordon Bleu uniram os sabores pungentes provenientes da carne de sol e do coentro, criando uma fusão culinária fenomenal.

EQUIPAMENTOS ESPECIAIS: TRAVESSA FUNDA, FILME DE PVC, FOUET, ASSADEIRA RETANGULAR RASA DE 45 CM, TAPETE DE SILICONE, ESPÁTULA, MINIPROCESSADOR, LIQUIDIFICADOR, ARO DE METAL DE 10 CM

PARA A CARNE DE SOL
120 g de sal grosso
1 cordão de filé-mignon de 600 g limpo

PARA A PLACA DE POLVILHO
250 g de polvilho azedo
5 g de sal
95 ml de água fervente
95 ml de óleo de girassol em temperatura ambiente
95 ml de leite integral em temperatura ambiente
½ ovo levemente batido
sementes de gergelim branco e preto a gosto

PARA A MAIONESE DE COENTRO
80 g de coentro
250 ml de óleo de girassol
2 ovos
1 dente de alho picado finamente
suco de 1 limão-taiti
sal a gosto
pimenta-do-reino branca moída na hora

PARA O TARTARE
90 g de cebola-roxa cortada em cubos de 0,5 cm
2 pimentas cambuci sem sementes cortadas em cubos de 0,5 cm
2 maxixes sem sementes e sem espinhos cortados em cubos de 0,5 cm
40 g de mostarda de Dijon
azeite de oliva extra virgem a gosto
sal a gosto
pimenta-do-reino preta moída na hora a gosto

PARA A MONTAGEM
brotos de coentro a gosto

DICA DO CHEF
A pimenta cambuci pode ser substituída por outra pimenta fresca, e o maxixe pode ser substituído por pepino.

PREPARE A CARNE DE SOL

▸ Forre o fundo de uma travessa com metade do sal grosso e acomode o filé-mignon. Cubra a carne com o restante do sal grosso, feche com filme de PVC e leve à geladeira por 3 horas. Passado esse tempo, lave a carne rapidamente em água corrente para retirar o excesso de sal, seque bem com papel-toalha e reserve.

PREPARE A PLACA DE POLVILHO

▸ Preaqueça o forno a 180 °C.

▸ Nesta primeira etapa, utilize preferencialmente luvas descartáveis, pois a mistura será feita com as mãos. Coloque o polvilho azedo e o sal em uma tigela funda. Escalde o polvilho com metade da água e, com muito cuidado para não se queimar, misture com a ponta dos dedos para fazer uma farofa. Adicione metade do óleo e misture novamente. Acrescente metade do leite e misture.

▸ Repita os processos do passo anterior adicionando o restante da água, do óleo e do leite, sempre misturando bem a cada adição ❶.

▸ Agora a massa estará mais líquida. Descarte as luvas e passe a mexer com um fouet até formar uma massa bem lisa e sem grumos ❷. Caso a massa pareça estar muito seca, acrescente água aos poucos, até obter uma textura cremosa, mas densa. Adicione o ovo e misture bem até a massa ficar homogênea e cremosa ❸. Ajuste o sal se necessário.

▸ Despeje a massa em uma assadeira retangular rasa, forrada com tapete de silicone. Com o auxílio de uma espátula, molde a massa no formato de uma placa com 4 mm de espessura ❹.

▸ Salpique o gergelim por toda a placa ❺ e leve para assar até que a placa fique crocante e levemente dourada (cerca de 20 minutos) ❻.

▸ Retire do forno, espere esfriar e quebre em pedaços com tamanho equivalente a uma torrada ou um pouco maior. Ficarão pedaços de tamanhos distintos. Reserve.

PREPARE A MAIONESE

▸ Bata o coentro em um miniprocessador e acrescente óleo suficiente para bater até que o coentro fique bem triturado. Reserve a mistura de coentro.

▸ Bata no liquidificador, em velocidade alta, os ovos, o alho e o suco de limão até homogeneizar. Acrescente, em fio, a mistura de coentro. Assim que ficar em consistência de maionese, retire do liquidificador, tempere com sal e pimenta e reserve.

PREPARE O TARTARE

▸ Corte a carne de sol em cubos de 0,5 cm. Em uma tigela, misture a cebola, a pimenta cambuci, o maxixe, a mostarda e o azeite. Junte a carne de sol a essa tigela e misture bem. Tempere com sal, pimenta-do-reino e, caso necessite, adicione mais azeite. Reserve.

FAÇA A MONTAGEM

▸ Em pratos rasos, coloque o tartare utilizando um aro de metal. Com uma colher, faça uma gota de maionese ao lado do tartare e, à frente, acomode alguns pedaços da placa de polvilho. Decore com brotos de coentro.

VOCÊ SABIA?

A cura para produzir a carne de sol de filé-mignon leva menos tempo (4 horas) que as curas tradicionais (24 horas ou mais). Os chefs preferem esse corte porque, por ser uma carne mais delicada, o filé-mignon mantém a cor e a estrutura. O tartare deve ser preparado em uma tigela sobre banho de gelo para manter a temperatura e evitar que oxide. Caso queira, pode adicionar brotos de coentro na mistura.

PRATOS PRINCIPAIS · 189

VIRADO À PAULISTA

VIRADO À PAULISTA

DIFICULDADE: ●●○ **PREPARO:** 12 HORAS **COZIMENTO:** 1 HORA

CONSERVAÇÃO: 3 DIAS NA GELADEIRA (4) PORÇÕES

Receita ícone da culinária brasileira, com raízes na colonização e na cozinha tropeira, que moldou a região Sudeste do país. Com o tempo, tornou-se um clássico da culinária de São Paulo. Considerado um símbolo do rico patrimônio culinário do estado, é frequentemente servido no almoço em botecos e restaurantes tradicionais e apreciado por moradores e visitantes.

EQUIPAMENTOS ESPECIAIS: PANELA DE PRESSÃO, LIQUIDIFICADOR, FRIGIDEIRA SAUTEUSE ANTIADERENTE DE 20 CM DE DIÂMETRO, BARBANTE, PINÇA DE METAL PARA FRITURA, ARO DE METAL DE 8 CM, PAPEL-TOALHA

PARA O TUTU DE FEIJÃO

200 g de feijão-carioca demolhado por 12 horas

1 folha de louro

120 g de bacon em peça inteira

1 paio

50 ml de óleo de girassol

80 g de cebola picada finamente

2 dentes de alho picados finamente

80 g de farinha de mandioca crua fina

sal a gosto

pimenta-do-reino preta moída na hora a gosto

PARA AS BISTECAS

4 bistecas de porco grossas desossadas

sal a gosto

pimenta-do-reino preta moída na hora a gosto

suco de limão a gosto

óleo de girassol para fritar

PARA A LINGUIÇA

4 linguiças toscanas

PARA A BANANA

óleo de girassol a gosto

3 bananas-prata cortadas na diagonal em fatias de 1 cm

PARA A COUVE

azeite de oliva a gosto

2 dentes de alho picados finamente

1 maço de couve-manteiga cortada finamente

sal a gosto

pimenta-do-reino preta moída na hora a gosto

PARA A MONTAGEM

arroz pilaf (ver p. 121)

4 ovos fritos com gema mole

VOCÊ SABIA?

Para fazer o ovo perfeito com gema mole, os chefs indicam não colocar o sal na gema, mas apenas na clara, assim não ficam pontinhos sobre a gema.

PREPARE O TUTU DE FEIJÃO

▸ Coloque o feijão, o louro, o bacon e o paio em uma panela de pressão, cubra com água e cozinhe em fogo médio por 30 minutos. Retire do fogo e espere a pressão sair naturalmente. Abra a panela e retire o louro, separe as carnes em uma tigela e o feijão com o caldo em outra. Reserve.

▸ Aqueça uma caçarola média funda em fogo médio com o óleo, junte a cebola, o alho e deixe suar. Acrescente metade do bacon e do paio e refogue ligeiramente. Em seguida, junte o feijão com o caldo e cozinhe até ferver. Retire do fogo, passe a mistura para o liquidificador e bata até obter um creme liso.

▸ Volte o creme de feijão à caçarola, leve ao fogo baixo e adicione a farinha de mandioca, mexendo vigorosamente para não formar grumos. Cozinhe até a farinha ser incorporada e formar um purê espesso. Tempere com sal e pimenta. Reserve.

▸ Seque bem o restante do bacon e do paio já cozidos com papel-toalha. Pique o bacon finamente e corte o paio em cubinhos. Aqueça uma frigideira sauteuse antiaderente em fogo alto e frite o bacon e o paio até ficarem crocantes, não precisa usar óleo. Reserve para a montagem em uma travessa forrada com papel-toalha.

PREPARE AS BISTECAS

▸ Com o barbante, amarre cada bisteca contornando a lateral, para deixar em formato de medalhão. Tempere com sal, pimenta e suco de limão.

▸ Aqueça a frigideira sauteuse em fogo médio, adicione um fio generoso de óleo e frite os medalhões, de ambos os lados, até ficarem dourados e doure também as laterais utilizando a pinça. Retire do fogo, corte e descarte o barbante e reserve.

PREPARE A LINGUIÇA

▸ Na mesma frigideira do preparo das bistecas, frite as linguiças em fogo médio, dourando toda a sua volta. Em seguida, corte-as em fatias diagonais de 1 cm e reserve.

PREPARE A BANANA

▸ Em outra frigideira antiaderente, coloque um fio de óleo e frite as fatias de banana de ambos os lados, em fogo alto, até dourarem. Reserve.

PREPARE A COUVE

▸ Aqueça uma caçarola média funda em fogo médio com o azeite e doure levemente o alho, não deixe muito dourado para não amargar. Acrescente a couve-manteiga mexendo constantemente e espere murchar. Não deixe muito tempo para não passar do ponto e a verdura escurecer. Retire do fogo e tempere com sal e pimenta. Reserve.

FAÇA A MONTAGEM

▸ Em prato raso, acomode a bisteca, ao lado, a couve refogada modelada em formato oval com um garfo. Modele o arroz pilaf com um aro. Faça uma quenelle de tutu e decore com o bacon e o paio fritos. Na sequência, coloque as fatias de bananas e as de linguiça.

▸ Com um aro, corte a clara do ovo já frito para que fique redonda e acomode-o em cima do medalhão de bisteca. Se quiser dar um toque extra na apresentação, estoure a gema na hora de servir.

EMPADÃO GOIANO

DIFICULDADE: ●●○   **PREPARO:** 1 HORA   **COZIMENTO:** 1 HORA E 30 MINUTOS

CONSERVAÇÃO: 3 DIAS NA GELADEIRA   PORÇÕES

O empadão goiano, como o próprio nome diz, é uma iguaria típica de Goiás. Acredita-se que o prato tenha surgido no século XVIII, quando a região ainda era pouco explorada e habitada principalmente por mineradores e fazendeiros. Feito com ingredientes locais, era servido em festas e datas especiais. Para esta apresentação, os chefs decidiram retomar o antigo modo de preparar a massa usando banha de porco, o que proporciona uma maciez extra.

EQUIPAMENTOS ESPECIAIS: FÔRMA REDONDA COM FUNDO REMOVÍVEL DE 20 CM DE DIÂMETRO E 7 CM DE PROFUNDIDADE, PINCEL DE SILICONE, FILME DE PVC, ROLO PARA MASSAS

PARA A MASSA

500 g de farinha de trigo

10 g de fermento químico em pó

5 g de sal

2 ovos

220 g de banha de porco

água quanto baste

PARA O FRANGO COZIDO

1 peito de frango sem pele e sem osso cortado em cubos de 1 cm

500 ml de água

sal a gosto

pimenta-do-reino branca moída na hora a gosto

PARA O RECHEIO

banha de porco a gosto

200 g de linguiça de porco desmanchada

cominho em pó a gosto

coentro em pó a gosto

½ cebola picada finamente

3 dentes de alho picados finamente

2 espigas de milho cozidas e debulhadas

200 g de palmito pupunha em conserva cortado em cubos de 1 cm

200 g de mozarela de búfala ralada grosseiramente

50 g de azeitonas verdes sem caroço cortadas em rodelas

2 tomates sem sementes cortados em cubos de 1 cm

cebolinha picada finamente a gosto

120 ml de leite integral

30 g de amido de milho

300 ml água do cozimento do frango

2 ovos cozidos picados grosseiramente

sal a gosto

pimenta-do-reino moída na hora a gosto

PARA A MONTAGEM

2 gemas levemente batidas

brotos de coentro a gosto

DICA DO CHEF

É importante que se use uma banha de porco de boa qualidade, caso contrário, utilize cerca de 350 g de manteiga sem sal.

PREPARE A MASSA

▸ Em uma tigela, coloque a farinha de trigo, o fermento químico e o sal. Adicione os ovos e a banha e amasse com a ponta dos dedos para fazer uma farofa.

▸ Em seguida, adicione, aos poucos, a água, sovando a massa para obter uma textura homogênea. A massa deve ficar macia e untuosa ao toque. Faça uma bola, envolva com filme de PVC e leve à geladeira por 30 minutos.

PREPARE O FRANGO

▸ Coloque o frango e a água em uma caçarola média funda, tempere com sal e pimenta e leve ao fogo médio. Cozinhe até ficar macio. Reserve o frango e a água do cozimento para o recheio.

PREPARE O RECHEIO

▸ Aqueça uma caçarola grande funda em fogo médio com a banha de porco e refogue a linguiça até dourar. Em seguida, adicione o frango e refogue até ficar corado. Assim que ficarem prontas retire as carnes da caçarola e reserve.

▸ Na mesma caçarola, adicione mais banha de porco se necessário. Coloque o cominho e o coentro em pó e refogue rapidamente até soltarem seus aromas. Em seguida, adicione a cebola e o alho e refogue sem deixar dourar. Volte as carnes para a caçarola, acrescente o milho, o palmito, o queijo e as azeitonas e refogue por cerca de 4 minutos. Adicione o tomate e a cebolinha e abaixe o fogo.

▸ Enquanto o preparo cozinha, misture bem o leite com o amido de milho até dissolver e incorpore ao recheio. Mexa delicadamente e ajuste a textura com a água do cozimento do frango. Esse recheio precisa ser levemente cremoso. Ao final, incorpore os ovos delicadamente e ajuste o sal e a pimenta. Reserve.

FAÇA A MONTAGEM

▸ Preaqueça o forno a 170 °C. Para manter a temperatura do forno de cozinha comum abaixo de 180 °C, pode-se manter a porta aberta com o auxílio de uma colher de pau.

▸ Divida a massa em duas partes, uma com $\frac{1}{3}$ e outra com $\frac{2}{3}$ da quantidade. Com o rolo, abra a parte maior de massa em forma de círculo e forre o fundo e as laterais da fôrma. Em seguida, acomode o recheio na fôrma com cuidado para não transbordar.

▸ Abra a outra parte da massa para fazer a tampa, ajustando-a para ficar exatamente do tamanho necessário. Acomode delicadamente sobre o recheio e pressione as laterais para fechar bem. Com a sobra da massa, prepare uma trança para decorar a lateral.

▸ Para finalizar a montagem do empadão, pincele a tampa com um pouco da gema batida e arrume a trança ao redor, na lateral. Pincele a trança com a gema restante e leve para assar até a massa ficar corada (cerca de 40 minutos). Decore com brotos de coentro para servir.

VOCÊ SABIA?

Caso seja muito difícil abrir a massa com rolo, ela pode ser trabalhada na fôrma com as mãos.

EMPADÃO GOIANO

MEDALHÃO DE CARNE DE SOL
COM PIRÃO DE LEITE, FAROFA
E GLACE DE RAPADURA

MEDALHÃO DE CARNE DE SOL COM PIRÃO DE LEITE, FAROFA E GLACE DE RAPADURA

DIFICULDADE: ●●○   **PREPARO:** 1 HORA   **COZIMENTO:** 50 MINUTOS
CONSERVAÇÃO: 3 DIAS NA GELADEIRA   PORÇÕES

Dois preparos muito típicos do Nordeste brasileiro, a carne de sol e o pirão de leite são tradicionalmente consumidos juntos. Esta receita, com foco no terroir nordestino, ganha o acompanhamento da castanha-de-caju, da abóbora-moranga e da rapadura.

EQUIPAMENTOS ESPECIAIS: FILME DE PVC, FRIGIDEIRA SAUTEUSE DE 30 CM DE DIÂMETRO, FOUET, ASSADEIRA RETANGULAR ANTIADERENTE DE 20 CM, PINÇA LONGA PARA FRITURA

PARA O MEDALHÃO DE CARNE DE SOL
160 g de sal grosso
4 medalhões de filé-mignon de 200 g cada
manteiga clarificada a gosto (ver p. 206)

PARA O PIRÃO DE LEITE
300 ml de leite integral e mais um pouco se necessário
1 bouquet garni (ver p. 68)
100 g de farinha de mandioca crua fina
120 g de queijo de coalho ralado
sal a gosto
pimenta-do-reino branca moída na hora a gosto

PARA A GLACE DE RAPADURA
30 g de manteiga sem sal
50 g de cebola picada finamente
20 g de gengibre ralado
200 ml de cerveja tipo stout
300 ml de demi-glace (ver p. 145)
40 g de rapadura
sal a gosto
pimenta-do-reino preta moída na hora a gosto

PARA A FAROFA
150 g de abóbora-moranga em cubos de 0,5 cm
sal a gosto
pimenta-do-reino branca moída na hora a gosto
azeite de oliva a gosto
50 g de manteiga sem sal
50 g de cebola picada finamente
2 dentes de alho picados finamente
80 g de castanhas-de-caju picadas grosseiramente
150 g de farinha panko
coentro picado a gosto

PARA A MONTAGEM
cubinhos de queijo de coalho grelhados a gosto
cebolinha fatiada finamente na diagonal a gosto
flor de sal a gosto

PREPARE O MEDALHÃO DE CARNE DE SOL

▸ Forre o fundo de uma travessa com metade do sal grosso e acomode a carne. Espalhe o restante do sal por cima, cubra com filme de PVC e leve à geladeira por 3 horas. Passado esse tempo, lave a carne rapidamente em água corrente, para tirar o excesso de sal, seque bem com papel-toalha e reserve.

▸ Aqueça uma frigideira sauteuse em fogo médio com um fio generoso de manteiga clarificada e grelhe os medalhões nas laterais, utilizando a pinça para segurar. O miolo deve ficar rosado. Reserve.

PREPARE O PIRÃO

▸ Coloque o leite com o bouquet garni em uma caçarola média funda e leve ao fogo baixo. Cozinhe por cerca de 15 minutos para infusionar o leite com o bouquet garni. Em seguida, adicione a farinha de mandioca e mexa vigorosamente com um fouet para não formar grumos. Adicione o queijo de coalho e continue mexendo até o queijo derreter completamente. Tempere com sal e pimenta e, se necessário, ajuste a cremosidade com mais leite. Reserve.

PREPARE A GLACE DE RAPADURA

▸ Aqueça uma caçarola pequena funda em fogo médio com a manteiga, adicione a cebola e o gengibre e deixe suar. Junte a cerveja e deixe o líquido reduzir pela metade.

▸ Em seguida, acrescente a demi-glace e a rapadura. Deixe ferver até a mistura ficar espessa. No final, tempere com sal e pimenta. Reserve.

PREPARE A FAROFA

▸ Preaqueça o forno a 180 °C.

▸ Coloque os cubos de abóbora em uma assadeira, tempere com sal, pimenta e azeite e leve ao forno até os cubos ficarem corados (cerca de 15 minutos). Retire do forno e reserve.

▸ Aqueça uma caçarola média funda em fogo médio com a manteiga e refogue a cebola e o alho sem deixar dourar. Em seguida, acrescente as castanhas e a farinha panko e refogue até a farinha dourar. Junte os cubos de abóbora assada e misture bem. Tempere com sal, pimenta e coentro. Reserve.

FAÇA A MONTAGEM

▸ Em um prato raso, posicione o medalhão ao centro. À frente, disponha uma faixa do pirão de leite e uma da farofa cruzando por cima do pirão, de modo a formar um X.

▸ Disponha os cubinhos de queijo de coalho tostados sobre o pirão e salpique a farofa com a cebolinha. Decore o outro lado do prato com a glace de rapadura e espalhe um pouco de flor de sal sobre o medalhão.

DICA DO CHEF

O medalhão de filé-mignon pode ser substituído por medalhão de alcatra ou medalhão suíno. A abóbora-moranga pode ser substituída por outras espécies de abóbora.

VOCÊ SABIA?

No Brasil há muitas técnicas para conservar carnes com sal (cura), e elas variam segundo a região do país. Mudam a quantidade de sal empregada, o grau de desidratação, o tempo de cura e a parte do animal utilizada. São exemplos dessas técnicas a carne-seca, o charque e a carne de sol.

RUBACÃO

DIFICULDADE: ●○○ **PREPARO:** 1 DIA E 30 MINUTOS **COZIMENTO:** 40 MINUTOS
CONSERVAÇÃO: 2 DIAS NA GELADEIRA **4** PORÇÕES

Rubacão é um prato tradicional da Paraíba e do Ceará. É um cozido feito com feijão, arroz, nata, vários tipos de carne (geralmente bovina, suína e linguiça) e, às vezes, vegetais como abóbora ou couve. É considerado um prato do dia a dia, mas que vira tradição na região por ser servido em festas e comemorações, principalmente durante os festejos juninos. Os chefs do Le Cordon Bleu acrescentaram ao preparo o arroz vermelho e a tuile para deixar a apresentação mais delicada.

EQUIPAMENTOS ESPECIAIS: FILME DE PVC, FRIGIDEIRAS ANTIADERENTES DE 20 CM E DE 30 CM DE DIÂMETRO, CONCHA PEQUENA, PAPEL-TOALHA, TÁBUA DE CORTE, PINÇA CULINÁRIA DE METAL PARA FRITURA

PARA A CARNE DE SOL
120 g de sal grosso
600 g de miolo de alcatra
manteiga clarificada a gosto (ver p. 206)

PARA O RUBACÃO
200 g de feijão-verde demolhado por 12 horas
manteiga clarificada a gosto
80 g de bacon picado finamente
1 cebola-roxa picada finamente
2 dentes de alho picados finamente
1 pimentão vermelho sem sementes cortado em cubinhos
1 pimentão amarelo sem sementes cortado em cubinhos
2 pimentas-de-cheiro sem sementes picadas finamente
½ pimenta dedo-de-moça sem sementes picada finamente
2 talos de coentro sem folhas picados finamente
2 tomates sem sementes cortados em cubinhos
200 g de arroz vermelho cozido al dente
água do cozimento do feijão a gosto
200 g de nata
sal a gosto
pimenta-do-reino preta moída na hora a gosto
manteiga de garrafa a gosto

PARA A TUILE
80 ml de água
10 g de farinha de trigo
20 ml de azeite de oliva

PARA A MONTAGEM
100 g de queijo de coalho cortado em cubos de 0,5 cm
cebolinha francesa picada finamente a gosto
brotos de coentro a gosto

DICA DO CHEF

O feijão-verde pode ser substituído pelo feijão-de-corda ou o manteiguinha. O queijo de coalho pode ser substituído por mozarela de búfala ou queijo de minas frescal.

PREPARE A CARNE DE SOL

▸ No dia anterior ao preparo, forre o fundo de uma travessa com metade do sal grosso e acomode a peça de alcatra. Em seguida, espalhe o restante do sal grosso sobre a carne, cubra com filme de PVC e leve à geladeira por 24 horas.

▸ Após esse tempo, passe rapidamente a carne em água corrente para retirar o excesso de sal. Corte em cubos de 1 cm.

▸ Aqueça uma frigideira antiaderente grande em fogo alto com um fio de manteiga clarificada e frite os cubos de carne de sol até dourarem. Reserve.

PREPARE O RUBACÃO

▸ Coloque o feijão-verde em uma caçarola média funda, cubra com água e leve ao fogo médio. Assim que levantar fervura, abaixe o fogo e cozinhe até o feijão ficar al dente (cerca de 10 minutos). Escorra e reserve a água do cozimento.

▸ Na mesma caçarola, coloque um fio generoso de manteiga clarificada, adicione o bacon e frite até dourar. Se o bacon soltar muita gordura, retire o excesso. Coloque a carne de sol preparada, a cebola, o alho, os pimentões, a pimenta e o coentro e refogue, sem deixar dourar. Adicione os tomates e refogue rapidamente por 2 minutos.

▸ Em seguida, acrescente o arroz e o feijão já cozidos e um pouco da água do cozimento do feijão em quantidade suficiente para umedecer o preparo. Adicione a nata e mexa bem até formar um preparo cremoso e úmido. Tempere com sal e pimenta-do-reino, finalize com um fio generoso de manteiga de garrafa e reserve.

PREPARE A TUILE

▸ Em uma tigela, misture a água com a farinha e o azeite. Aqueça uma frigideira antiaderente pequena em fogo médio e, com uma concha pequena, coloque uma porção de massa para fazer uma só tuile. Deixe a massa fritar. Quando a água evaporar, a massa vai ganhar uma aparência de rede. Nesse momento, retire-a da frigideira e acomode em um recipiente forrado com papel-toalha para secar o excesso de azeite.

▸ Enquanto a tuile ainda estiver quente, passe-a para uma tábua e corte-a ao meio com uma faca bem afiada. Reserve.

FAÇA A MONTAGEM

▸ Aqueça uma frigideira antiaderente pequena em fogo alto e, quando estiver bem quente, grelhe lados opostos dos cubinhos de queijo de coalho. Vire-os com a pinça quando dourar um lado para dourar o outro. Reserve.

▸ Em pratos fundos, acomode uma porção de rubacão e acrescente os cubos de queijo de coalho.

▸ Delicadamente, posicione a metade da tuile em um lado do prato, sem deixar tocar na comida para não derreter. Decore com a cebolinha francesa e os brotos de coentro.

VOCÊ SABIA?

Para esta versão de rubacão, a manteiga de garrafa foi adicionada apenas no final para enaltecer seu aroma e sabor. Como o ponto de fumaça da manteiga clarificada é melhor para refogados, ela foi utilizada no começo do preparo. Outro ponto importante do prato é o preparo caseiro da carne de sol e, assim, não utilizar a industrializada, que geralmente contém muitos conservantes.

RUBACÃO

CHICA DOIDA

CHICA DOIDA

DIFICULDADE: ●○○   **PREPARO:** 30 MINUTOS   **COZIMENTO:** 1 HORA
CONSERVAÇÃO: 3 DIAS NA GELADEIRA   PORÇÕES

A chica doida é um preparo à base de milho inventado há mais de 70 anos na cozinha de dona Petronilha e do senhor João Rocha, em Quirinópolis. Segundo a criadora do prato, um dia ela estava fazendo pamonha e a palha de milho acabou. Como houvesse sobrado massa, dona Petronilha acrescentou a ela vários ingredientes e levou ao forno, criando a receita que acabou por se tornar Patrimônio Cultural Imaterial do estado de Goiás.

EQUIPAMENTOS ESPECIAIS: 4 CUMBUCAS REFRATÁRIAS INDIVIDUAIS

PARA A CHICA DOIDA

50 g de manteiga sem sal

1 cebola picada finamente

3 dentes de alho picados finamente

½ pimenta-malagueta sem sementes picada finamente

150 g de linguiça caipira cortada em rodelas de 1 cm

1 litro de caldo de frango e mais um pouco se necessário (ver p. 207)

300 g de fubá

3 espigas de milho cozidas e debulhadas

100 g de jiló cozido cortado em cubos de 1 cm

200 g de guariroba em conserva cortada em cubos de 1 cm

2 tomates sem sementes cortados em cubos de 1 cm

cebolinha picada finamente a gosto

coentro picado finamente a gosto

sal a gosto

pimenta-do-reino branca moída na hora a gosto

PARA A MONTAGEM

100 g de requeijão cremoso

150 g de queijo mozarela ralado finamente

brotos de coentro a gosto

PREPARE A CHICA DOIDA

▸ Aqueça uma caçarola média funda em fogo médio, derreta a manteiga e refogue a cebola, o alho e a pimenta-malagueta até suarem. Adicione a linguiça e refogue até corar de ambos os lados. Em seguida, coloque o caldo de frango e aumente o fogo. Assim que levantar fervura, abaixe o fogo e adicione o fubá aos poucos, mexendo vigorosamente para não formar grumos.

▸ Cozinhe mexendo constantemente até o fubá se desfazer e começar a criar aspecto de polenta. Acrescente então o milho, o jiló e a guariroba e cozinhe até chegar em consistência de purê. Adicione o tomate, a cebolinha, o coentro e ajuste o sal e a pimenta.

FAÇA A MONTAGEM

▸ Preaqueça o forno a 200 °C.

▸ Distribua metade da chica doida nas cumbucas. Adicione colheradas de requeijão e termine de preenchê-las com o restante da chica doida.

▸ Polvilhe com a mozarela e leve ao forno para gratinar. Decore com brotos de coentro e sirva imediatamente.

DICA DO CHEF

A guariroba tem sabor levemente amargo e é muito utilizada na culinária tradicional do Centro-Oeste do país. Pode ser substituída por pupunha ou aspargo branco.

PRATOS PRINCIPAIS · 203

FILÉ OSWALDO
ARANHA

FILÉ OSWALDO ARANHA

DIFICULDADE: ●○○   **PREPARO:** 50 MINUTOS   **COZIMENTO:** 1 HORA

CONSERVAÇÃO: 2 DIAS NA GELADEIRA   PORÇÕES

Este famoso preparo nasceu em meados de 1930, no restaurante chamado Cosmopolita localizado no boêmio e político bairro da Lapa, no Rio de Janeiro, para homenagear o então diplomata Oswaldo Aranha. Tradicionalmente, ele é servido com arroz e farofa, mas, para a versão Le Cordon Bleu, os chefs focaram no preparo do filé sem seus acompanhamentos principais.

EQUIPAMENTOS ESPECIAIS: FRIGIDEIRA SAUTEUSE ANTIADERENTE DE 30 CM DE DIÂMETRO, ESCUMADEIRA E UMA PINÇA CULINÁRIA DE METAL PARA FRITURA, FACA DE LEGUMES

PARA A BATATA
100 g de manteiga clarificada
300 g de batata asterix descascada cortada em rodelas de 0,5 cm e cozida al dente
sal a gosto
pimenta-do-reino branca moída na hora a gosto

PARA OS COGUMELOS
200 g de cogumelos-de-paris frescos
manteiga clarificada a gosto
sal a gosto
pimenta-do-reino preta moída na hora a gosto

PARA A CEBOLA
80 g de bacon cortado em tiras de 1 cm x 2 cm
8 cebolas pérolas inteiras descascadas e cozidas
azeite de oliva (opcional)
sal a gosto
pimenta-do-reino preta moída na hora a gosto

PARA O FILÉ
4 medalhões de filé-mignon com 200 g cada
sal a gosto
pimenta-do-reino preta moída na hora a gosto
8 dentes de alho cortados em lâminas de 2 mm
100 g de manteiga clarificada e mais um pouco se necessário

PARA A MONTAGEM
folhas de cerefólio a gosto

PREPARE A BATATA

▸ Aqueça uma frigideira sauteuse em fogo médio com a manteiga clarificada e salteie a batata por cerca de 5 minutos, até que ela fique bem corada. Tempere com sal e pimenta e reserve.

PREPARE OS COGUMELOS

▸ Prepare os cogumelos de modo tradicional: com uma faca de legumes, retire cuidadosamente a pele das cabeças, os talos e a esponja que fica na parte interna. Ficarão como pequenas cuias.

▸ Na mesma frigideira sauteuse onde foi feita a batata, aqueça um fio de manteiga clarificada e salteie, em fogo médio, os cogumelos até corarem (cerca de 4 minutos). Tempere com sal e pimenta e reserve.

PREPARE A CEBOLA

▸ Ainda na mesma frigideira, frite o bacon em fogo médio até ele soltar a gordura e ficar crocante. Adicione a cebola e salteie por cerca de 6 minutos, até ela ficar murcha e corada por fora e macia por dentro. Se necessário, coloque um fio generoso de azeite para esse processo. Tempere com sal e pimenta e reserve.

PREPARE O FILÉ

▸ Tempere os medalhões com sal e pimenta.

▸ Aqueça uma caçarola pequena funda em fogo médio e frite as lâminas de alho na manteiga clarificada até ficarem levemente coradas (4 minutos) e retire do fogo imediatamente. Cuidado para não passar do ponto e o alho ficar amargo.

▸ Reserve o alho frito para a montagem e mantenha a manteiga na frigideira para grelhar os medalhões. Se necessário, acrescente mais manteiga e coloque os medalhões quando a manteiga estiver quente, virando-os para dourar de todos os lados, com o auxílio da pinça. Em seguida, regue os medalhões com a própria manteiga da frigideira utilizando uma colher. Repita este processo por cerca de 8 minutos, até que os medalhões estejam corados por fora, mas com o centro rosado. Reserve.

FAÇA A MONTAGEM

▸ Em um prato raso, coloque o medalhão ao centro. Ao lado, disponha a cebola e os cogumelos com o bacon por cima e a batata em torres. Faça uma camada de alho no topo do medalhão. Decore com folhas de cerefólio e sirva com arroz pilaf (ver p. 121) e farofa.

VOCÊ SABIA?

A manteiga clarificada é um tipo de manteiga que passou por um processo que remove as impurezas e deixa apenas a gordura pura, o que a torna mais apta a cocções prolongadas. É muito utilizada nas receitas do Le Cordon Bleu. Para obter uma porção de 300 g, aqueça 500 g de manteiga sem sal, cortada em cubos, em uma caçarola pequena de fundo grosso, em fogo muito baixo. Assim que a manteiga derreter, aumente o fogo para médio-baixo e deixe ferver. Com uma colher ou escumadeira de malha fina, vá retirando a espuma que se forma na superfície. Quando não houver mais espuma, passe a manteiga clarificada por uma peneira de malha fina ou por uma gaze, sobre um recipiente refratário. Descarte os sólidos de leite deixados na peneira e deixe esfriar antes de usar ou armazenar a manteiga.

ARROZ CAMPEIRO COM OVO PERFEITO

DIFICULDADE: ●●○ **PREPARO:** 1 DIA E 40 MINUTOS **COZIMENTO:** 4 HORAS

CONSERVAÇÃO: 3 DIAS NA GELADEIRA   PORÇÕES

Os chefs pensaram em homenagear a cultura tropeira que fundamentou as cozinhas tradicionais do Sul, Sudeste e Centro-Oeste do Brasil. Inspirados no preparo tradicional do arroz de carreteiro, adicionaram a base do caldo clássico de frango, mais carnes e a técnica contemporânea do ovo com a gema mole perfeita.

EQUIPAMENTOS ESPECIAIS: ESCUMADEIRA, ASSADEIRA QUADRADA DE 20 CM, TERMOCIRCULADOR SOUS VIDE CASEIRO, PENEIRA DE METAL DE MALHA FINA, PALITOS DE DENTE

PARA O CALDO DE FRANGO

500 g de ossos de frango limpos

cubos de gelo a gosto

1 cenoura cortada grosseiramente

1 cebola cortada grosseiramente

1 talo de salsão cortado grosseiramente

1 dente de alho

½ talo de alho-poró cortado grosseiramente

1 cravo-da-índia

1 bouquet garni (ver p. 68)

6 grãos de pimenta-do-reino branca

1,5 litro de água

PARA O ARROZ CAMPEIRO

1 cebola-roxa cortada em pétalas

azeite de oliva a gosto

1 rama de tomate holandês

folhas de 1 talo de tomilho

folhas de 1 talo de alecrim

10 ml de óleo de girassol

1 linguiça toscana

200 g de carne de sol dessalgada cortada em cubinhos

1 linguiça calabresa fatiada finamente

1 paio fatiado finamente

100 g de cebola cortada em cubinhos

2 dentes de alho picados finamente

½ pimenta dedo-de-moça sem sementes picada finamente

colorau a gosto

200 g de arroz parboilizado

2 folhas de louro

800 ml de caldo de frango

sal a gosto

pimenta-do-reino preta moída na hora a gosto

PARA O OVO PERFEITO

4 ovos caipiras

PARA A MONTAGEM

cebolinha fatiada na diagonal a gosto

PREPARE O CALDO DE FRANGO

▸ Com 1 dia de antecedência, ponha os ossos em uma tigela com gelo e água suficiente para cobri-los. Deixe descansar na geladeira por 24 horas. Retire os ossos do banho e descarte a água e as impurezas. Isso ajuda a obter um caldo mais claro e translúcido.

▸ Coloque todos os ingredientes do preparo do caldo de frango em uma caçarola grande funda e leve ao fogo alto. Assim que levantar fervura, coloque em fogo baixo e deixe cozinhar por 2 horas. Caso uma espuma suba à superfície, retire-a delicadamente com uma escumadeira. Findo o tempo de cozimento, coe o caldo com uma peneira e descarte as partes sólidas. Reserve.

PREPARE O ARROZ CAMPEIRO

▸ Preaqueça o forno a 180 °C.

▸ Prenda as pétalas de cebola com palitos de dente para que não se soltem. Coloque-as em uma caçarola pequena, cubra com água e cozinhe rapidamente por cerca de 2 minutos. Escorra bem.

▸ Acomode a cebola em uma fôrma, regue com um fio de azeite e leve para assar por cerca de 10 minutos, até que fique levemente corada. Reserve.

▸ Unte uma assadeira quadrada com um fio de azeite, coloque a rama de tomate, regue com mais azeite, tempere com metade do tomilho e do alecrim e leve para assar. Quando o tomate murchar e dourar levemente (cerca de 5 minutos), retire do forno e reserve.

▸ Aqueça uma caçarola média funda com o óleo de girassol e doure a linguiça toscana inteira até que fique firme. Retire a linguiça da caçarola, corte em rodelas finas e volte para a caçarola em fogo médio para dourar. Quando estiver dourada, retire da caçarola e reserve.

▸ Na mesma caçarola, refogue os cubos de carne de sol. Junte a linguiça toscana reservada, a linguiça calabresa, o paio, a cebola, o alho e a pimenta dedo-de-moça. Adicione o colorau, o arroz, o restante de tomilho e de alecrim. Misture bem e coloque o louro e o caldo de frango. Deixe cozinhar em fogo médio até o arroz secar levemente (cerca de 18 minutos).

▸ Quando o arroz estiver cozido, desligue o fogo, tempere com sal e pimenta-do-reino e mexa bem. Em seguida, ponha a cebola (sem os palitos) e o tomate assado por cima do arroz. Pode servir na própria caçarola.

PREPARE OVO PERFEITO

▸ Prepare o cozimento a baixa temperatura com o termocirculador sous vide, programando para 64 °C, com água suficiente para cobrir os quatro ovos. Acomode os ovos inteiros e deixe cozinhar por 1 hora.

▸ Ao final do tempo de cozimento, retire os ovos e descasque-os com cuidado. Reserve.

FAÇA A MONTAGEM

▸ Se preferir, sirva o arroz em uma travessa. Disponha o arroz e, por cima, com cuidado, acomode o ovo perfeito, a cebola e o tomate.

▸ Decore com a cebolinha e sirva imediatamente.

VOCÊ SABIA?

O ovo perfeito pode ser substituído pelo ovo poché: aqueça 500 ml água com 50 ml de vinagre de vinho branco. Espere esquentar até quase começar a ferver. Com a ajuda de um fouet, faça um rodamoinho na água e coloque nele, delicadamente, o ovo já quebrado. Cozinhe por cerca de 2 minutos e 30 segundos. Retire com uma escumadeira, com cuidado para não estourar o ovo.

ARROZ CAMPEIRO
COM OVO PERFEITO

COSTELINHA DE PORCO
GLACEADA COM ORA-PRO-NOBIS
E CANJIQUINHA

COSTELINHA DE PORCO GLACEADA COM ORA-PRO-NÓBIS E CANJIQUINHA

DIFICULDADE: ●●○   **PREPARO:** 1 DIA E 20 MINUTOS   **COZIMENTO:** 2 HORAS

CONSERVAÇÃO: 3 DIAS NA GELADEIRA   PORÇÕES

Este preparo é uma releitura da canjiquinha com costelinha de porco da cozinha mineira. Os chefs adicionaram a técnica de glaçar para trazer um aspecto mais sofisticado ao prato.

EQUIPAMENTOS ESPECIAIS: FRIGIDEIRA DE FUNDO GROSSO DE 20 CM DE DIÂMETRO, PINCEL DE SILICONE, TIGELA FUNDA, FILME DE PVC, PEGADOR MULTIÚSO

PARA A COSTELINHA
800 g de costelinha de porco
1 cebola picada finamente
4 dentes de alho picados finamente
folhas de louro a gosto
300 ml de vinho branco seco
colorau a gosto
1 pimenta dedo-de-moça sem sementes picada grosseiramente
sal a gosto
pimenta-do-reino preta moída na hora a gosto
óleo de girassol para fritar
40 g de açúcar mascavo

PARA A CANJIQUINHA
300 g de canjiquinha amarela
500 ml de água e mais um pouco se necessário
sal a gosto
pimenta-do-reino branca moída na hora a gosto
coentro picado finamente a gosto
50 g de manteiga sem sal

PARA O ORA-PRO-NÓBIS
azeite de oliva a gosto
20 folhas de ora-pro-nóbis

PARA A MONTAGEM
brotos de coentro a gosto

DICA DO CHEF

A canjiquinha pode ser substituída por polenta. O ora-pro-nóbis pode ser substituído por couve-manteiga ou couve kale.

VOCÊ SABIA?

Glaçar um alimento significa aplicar-lhe uma cobertura fina e brilhante, em geral feita de açúcar, manteiga, chocolate ou gelatina. A técnica pode ser usada para melhorar o sabor, a textura, a aparência e a durabilidade dos alimentos.

PREPARE A COSTELINHA

▸ No dia anterior ao preparo do prato, corte a costelinha a cada dois ossos na direção das costelas e retire as gorduras extras ou muito fibrosas. Em uma tigela funda, coloque a cebola, o alho, o louro, o vinho, o colorau, a pimenta dedo-de-moça, sal e pimenta-do-reino. Misture tudo e coloque as costelinhas para marinar. Cubra a tigela com filme de PVC e leve à geladeira por 24 horas.

▸ No dia do preparo, retire as costelinhas da marinada. Coe a marinada e reserve o caldo para a próxima etapa e os sólidos para a canjiquinha.

▸ Aqueça uma frigideira em fogo médio com um fio de óleo e frite as costelinhas até dourar de ambos os lados ❶. Retire as costelinhas da frigideira e reserve-as. Abaixe o fogo e acrescente o açúcar à frigideira, espere derreter e caramelizar, cuidado para não deixar queimar ❷.

▸ Volte as costelinhas para a frigideira ❸ e, para começar a cocção, adicione o caldo reservado da marinada ❹. Espere o açúcar derreter novamente e voltar a ferver.

▸ Abaixe o fogo, tampe a frigideira e deixe cozinhar, mexendo o molho e virando as costelinhas com um pegador a cada 10 minutos ❺. Cozinhe até a carne ficar bem macia, por cerca de 1 hora e 30 minutos. Se necessário, acrescente água morna aos poucos durante o cozimento para não deixar o molho secar. Quando a carne estiver macia, aumente o fogo, destampe a frigideira e reduza o molho até ficar levemente espesso.

▸ Assim que o molho ficar espesso, inicie a glaçagem das costelinhas, pincelando-as constantemente com o molho enquanto cozinham nesta última etapa. Repita esse processo de pincelar até formar uma capa brilhante por cima da carne ❻. Ajuste o sal e a pimenta do molho e reserve.

PREPARE A CANJIQUINHA

▸ Coloque a canjiquinha, os sólidos reservados da marinada e a água em uma caçarola média funda e leve ao fogo médio. Assim que levantar fervura, abaixe o fogo e cozinhe mexendo constantemente até a canjiquinha amolecer (cerca de 30 minutos). Se necessário, adicione mais água morna para não secar.

▸ Quando a canjiquinha ficar macia e com aspecto de polenta, ajuste o sal e a pimenta e adicione o coentro e a manteiga. Mexa bem para incorporar e trazer o brilho da manteiga. Reserve.

PREPARE O ORA-PRO-NÓBIS

▸ Aqueça uma frigideira em fogo médio com um fio generoso de azeite e refogue rapidamente o ora-pro-nóbis até amolecer, mas ele deve manter seu tom verde vivo. Retire do fogo e reserve.

FAÇA A MONTAGEM

▸ Em um prato fundo, coloque a canjiquinha, a costelinha no centro e as folhas de ora-pro-nóbis ao redor. Decore com brotos de coentro.

PRATOS PRINCIPAIS • 213

CORDEIRO NA MASSA DE BRIOCHE
DE MILHO COM VEGETAIS E
MOLHO DE CACHAÇA

CORDEIRO NA MASSA DE BRIOCHE DE MILHO COM VEGETAIS E MOLHO DE CACHAÇA

DIFICULDADE: ●●● **PREPARO:** 1 HORA E 20 MINUTOS **COZIMENTO:** 1 HORA

CONSERVAÇÃO: 3 DIAS NA GELADEIRA   PORÇÕES

Inspirados pelas técnicas culinárias utilizadas para envolver carnes e patês, a exemplo do bife Wellington e pâté en croûte, os chefs aproveitaram a tradição brasileira do milho e utilizaram a massa do brioche, mais adocicada, para harmonizar com o sabor pungente do cordeiro.

EQUIPAMENTOS ESPECIAIS: BALANÇA DE PRECISÃO, BATEDEIRA COM BATEDOR RAQUETE, FILME DE PVC, ESCUMADEIRA, ASSADEIRA RETANGULAR DE 20 CM, FRIGIDEIRA SAUTEUSE DE 20 CM DE DIÂMETRO, PENEIRA DE METAL DE MALHA FINA, ROLO PARA ABRIR MASSA, TAPETE DE SILICONE, PINCEL CULINÁRIO, PAPEL-ALUMÍNIO

PARA O CORDEIRO

60 g de açúcar refinado

50 g de manteiga sem sal em temperatura ambiente (consistência de pomada)

50 g de ovo

3 g de sal

sementes de erva-doce a gosto

330 g de farinha de trigo

130 g de farinha de milho fina

13 g de fermento biológico fresco

60 g de água

2 carrés de cordeiro (french rack)

sal a gosto

pimenta-do-reino preta moída na hora a gosto

folhas de tomilho a gosto

manteiga clarificada a gosto (ver p. 206)

2 gemas levemente batidas

PARA A GUARNIÇÃO

400 g de palmito pupunha cortado em fatias diagonais de 4 cm

água e cubos de gelo para resfriamento

azeite de oliva a gosto

4 dentes de alho inteiros com casca

12 tomates-cereja em rama

1 folha de louro

3 talos de tomilho

6 ervilhas-tortas cortadas na diagonal com 2 cm de largura

sal a gosto

pimenta-do-reino branca moída na hora a gosto

PARA O MOLHO DE CACHAÇA

óleo de girassol a gosto

aparas de cordeiro a gosto

½ cebola picada finamente

alho, louro e tomilho da guarnição

50 ml de cachaça

50 g de rapadura

1 anis-estrelado

1 baga de cardamomo aberta com as sementes

pimenta-da-jamaica a gosto

páprica picante a gosto

300 ml de caldo de carne e mais um pouco se necessário (ver p. 179)

sal a gosto

pimenta-do-reino preta moída na hora a gosto

PARA A MONTAGEM

brotos sortidos a gosto

PREPARE O CORDEIRO

▸ Coloque o açúcar, a manteiga, o ovo, o sal e a erva-doce na batedeira e bata, com o batedor raquete, até misturar bem. Em seguida, acrescente as farinhas de trigo e de milho, o fermento e a água e bata em velocidade baixa por cerca de 12 minutos, até obter uma massa homogênea.

▸ Transfira a massa para uma tigela, cubra com filme de PVC e deixe crescer até dobrar de volume.

▸ Após esse tempo, coloque a massa sobre a bancada de trabalho. Cubra com um pedaço de filme de PVC e abra com o rolo até ela ficar com 0,5 cm de espessura. Coloque a massa em um recipiente, cubra com filme de PVC e leve à geladeira.

▸ Limpe o cordeiro, retirando a gordura e os nervos. Reserve as aparas para o molho de cachaça. Corte em carrés com cerca de 4 ossos. Tempere os carrés com sal, pimenta e tomilho. Reserve.

▸ Aqueça uma frigideira com um generoso fio de manteiga clarificada em fogo alto. Frite os carrés até que ambos os lados fiquem dourados, mas o interior da carne permaneça cru. Retire do fogo, acomode em uma travessa e leve à geladeira até a carne esfriar (cerca de 15 minutos).

▸ Passado esse tempo, retire os carrés, que devem estar frios, e a massa de brioche da geladeira. Coloque a massa sobre a bancada e corte-a em quadrados de tamanho suficiente para encapsular a carne dos carrés. Envelope os carrés com a massa, com cuidado para não deixar bolsões de ar, e feche-a na parte dos ossos, modelando delicadamente para não deixar buracos. Cubra os ossos com um pedaço de papel-alumínio para que não queimem ao assar.

▸ Preaqueça o forno a 180 °C.

▸ Forre a assadeira com o tapete de silicone, acomode os carrés já envelopados, pincele uma camada fina de gema somente no topo da massa e leve para assar (cerca de 18 minutos).

PREPARE A GUARNIÇÃO

▸ Preaqueça o forno a 180 °C.

▸ Prepare o palmito com a técnica de branquear: em uma caçarola pequena, ferva uma quantidade de água suficiente para mergulhar os palmitos. Deixe o palmito por 5 minutos na água fervente e, com o auxílio de uma escumadeira, transfira imediatamente para uma tigela com água e gelo para dar o choque térmico e interromper o cozimento. Assim que esfriar, retire da água, escorra e reserve.

▸ Regue uma assadeira com um fio de azeite e acomode o alho, o tomate, o palmito pupunha branqueado, o louro e o tomilho e asse até que os tomates fiquem levemente murchos e o palmito dourado nas pontas (cerca de 10 minutos).

▸ Branqueie a ervilha da mesma maneira que o palmito, mas por apenas 2 minutos. Faça todo o processo no banho de gelo e reserve. Aqueça uma frigideira sauteuse em fogo médio com um fio de azeite e salteie a ervilha rapidamente, apenas para aquecer.

▸ Retire do fogo e acomode na assadeira junto com os demais ingredientes da guarnição. Tempere a guarnição com sal e pimenta. Retire o alho, o louro e o tomilho e reserve para o molho de cachaça. Reserve a guarnição restante.

PREPARE O MOLHO DE CACHAÇA

▸ Aqueça uma caçarola média funda em fogo médio com um fio de óleo de girassol, coloque as aparas de cordeiro e doure levemente, mexendo constantemente. Em seguida, acrescente a cebola, o alho descascado, o louro e o tomilho da guarnição e refogue até dourarem. Faça a deglaçagem e a flambagem com a cachaça, mexendo vigorosamente o fundo para desprender a crosta.

▸ Abaixe o fogo, adicione a rapadura, o anis-estrelado, o cardamomo, a pimenta-da-jamaica e a páprica e mexa constantemente para a rapadura derreter e as especiarias soltarem seus aromas. Em seguida, adicione o caldo de carne, mexa bem e aumente o fogo. Assim que começar a fervura, abaixe novamente o fogo e cozinhe por cerca de 20 minutos para reduzir o líquido até o ponto nappé (ver p. 151).

▸ Retire o molho do fogo, coe com uma peneira e retorne-o à frigideira para ajustar o sal e a pimenta-do-reino e, se necessário, a consistência com mais caldo de carne. Reserve.

FAÇA A MONTAGEM

▸ Retire os carrés da assadeira, retire o papel-alumínio dos ossos e corte as aparas laterais da massa para a carne aparecer. Faça um por um com cuidado para não cortar em excesso.

▸ Em um prato raso, acomode o carré ao centro. Atrás e na lateral do carré, acomode a guarnição. Na frente do carré, faça uma gota escorrida com o molho de cachaça, utilizando uma colher de sopa. Decore a guarnição com brotos comestíveis.

DICA DO CHEF

A rapadura pode ser substituída por açúcar mascavo. O palmito pupunha pode ser substituído por aspargos brancos frescos.

FILÉ-MIGNON SUÍNO COM PURÊ
DE FEIJÃO-MANTEIGUINHA E
TEMPURÁ DE PEIXINHO

FILÉ-MIGNON SUÍNO COM PURÊ DE FEIJÃO-MANTEIGUINHA E TEMPURÁ DE PEIXINHO

DIFICULDADE: ●●●   **PREPARO:** 12 HORAS   **COZIMENTO:** 1 HORA E 30 MINUTOS
CONSERVAÇÃO: 3 DIAS NA GELADEIRA   PORÇÕES

Técnicas avançadas, apresentação contemporânea e uma mistura de ingredientes da tradição culinária caipira com um olhar atual para as plantas alimentícias não convencionais (PANCs). Nativo das Américas Central e do Sul, o peixinho é uma PANC tradicionalmente utilizada em Minas Gerais. Suas flores e suas folhas são comestíveis.

EQUIPAMENTOS ESPECIAIS: TAPETE DE SILICONE, ASSADEIRA RETANGULAR, 1 SACO DE VÁCUO TAMANHO GRANDE, MÁQUINA DE VÁCUO CASEIRA, TERMOCIRCULADOR CASEIRO, PENEIRA DE METAL DE MALHA FINA, PANELA DE PRESSÃO, COLHERES MEDIDORAS, PROCESSADOR, TERMÔMETRO CULINÁRIO, PINÇA CULINÁRIA DE METAL PARA FRITURA, PAPEL-TOALHA, FRIGIDEIRA ANTIADERENTE DE 30 CM DE DIÂMETRO

PARA O FILÉ-MIGNON SUÍNO
200 g de pancetta defumada cortada em fatias
4 medalhões de filé-mignon suíno com 170 g cada
sal a gosto
pimenta-do-reino preta moída na hora a gosto
80 g de manteiga clarificada (ver p. 206)

PARA O CARACOL DE PANCETTA
4 fatias finas de pancetta defumada

PARA O JUS
manteiga clarificada a gosto
200 g de filé-mignon suíno cortado grosseiramente
1 ramo de tomilho
60 g de cenoura cortada em cubos de 0,5 cm
120 g de cebola cortada em cubos de 0,5 cm
água a gosto
20 g de manteiga sem sal gelada cortada em cubinhos
sal a gosto
pimenta-do-reino preta moída na hora a gosto

PARA O PURÊ DE FEIJÃO-MANTEIGUINHA
250 g de feijão-manteiguinha demolhado durante 12 horas
1 folha de louro
2 talos de tomilho
½ cebola picada
2 dentes de alho picados
50 g de manteiga
100 ml de creme de leite fresco
sal a gosto
pimenta-do-reino preta moída na hora a gosto
5 ml de azeite de oliva trufado

PARA O TEMPURÁ DE PEIXINHO
50 g de farinha de trigo e mais um pouco para empanar
25 g de amido de milho
sal a gosto
100 ml de água tônica
óleo de girassol para fritar
8 folhas de peixinho

PARA A MONTAGEM
brotos de rúcula a gosto

PREPARE O FILÉ-MIGNON SUÍNO

▸ Reserve 4 fatias de pancetta defumada para a próxima etapa.

▸ Tempere os medalhões de filé-mignon com sal e pimenta e envolva-os com as fatias de pancetta defumada, formando uma manta íntegra por toda a volta.

▸ Com todo o cuidado, acomode os medalhões em um saco de vácuo e adicione a manteiga clarificada. Na máquina de vácuo, prepare o nível 3 (leve), para não amassar o preparo. Prepare o sous vide conforme seu manual: a 59 °C, coloque o saco no equipamento e cozinhe por 1 hora. Em seguida, retire o filé-mignon do equipamento e reserve.

PREPARE O CARACOL DE PANCETTA

▸ Preaqueça o forno a 180 °C.

▸ Forre uma assadeira com o tapete de silicone e acomode as fatias de pancetta formando um caracol com cada uma. Deixe um espaço entre os caracóis para não grudarem. Asse até que fiquem corados e crocantes (cerca de 10 minutos). Reserve.

PREPARE O JUS

▸ Enquanto o filé cozinha no sous vide, prepare o jus. Aqueça uma caçarola média funda em fogo médio com um fio de manteiga clarificada, coloque a carne e deixe dourar. Acrescente o tomilho, a cenoura e a cebola e deixe dourar bem, formando uma crosta no fundo da panela. Para deglaçar, ponha um pouco de água na panela, espere ferver e desfaça a crosta no fundo. Repita o processo por três vezes, sempre deixando formar uma crosta no fundo da panela e desfazendo-a. Por fim, cubra os vegetais e a carne com mais água e cozinhe por cerca de 40 minutos.

▸ Retire do fogo, coe em uma peneira e retorne o líquido para a caçarola para reduzir um pouco mais (cerca de 10%). Adicione a manteiga gelada para encorpar e aveludar o jus. Tempere com sal e pimenta e reserve.

PREPARE O PURÊ DE FEIJÃO-MANTEIGUINHA

▸ Em uma panela de pressão, em fogo médio, cubra o feijão com água deixando três dedos de água acima do feijão, adicione o louro, o tomilho, a cebola e o alho. Assim que iniciar a pressão, abaixe o fogo e deixe cozinhar por 15 minutos. Passado esse tempo, desligue o fogo e espere a pressão sair naturalmente para abrir a panela. O feijão precisa ficar bem macio, a ponto de quase desmanchar.

▸ Escorra o feijão, descarte o louro e transfira o feijão cozido e os demais ingredientes para um processador. Bata até formar uma massa lisa.

▸ Em seguida, coloque a massa em uma caçarola média funda, adicione a manteiga, o creme de leite, sal e pimenta e cozinhe em fogo baixo, mexendo constantemente até atingir a consistência de purê. Finalize com o azeite trufado e reserve para a montagem.

PREPARE O TEMPURÁ DE PEIXINHO

▸ Em uma tigela, misture bem a farinha de trigo, o amido de milho, sal e a água tônica e reserve na geladeira.

▸ Comece preparando o processo para o empanamento. Em uma caçarola média funda, aqueça óleo de girassol suficiente para imergir as folhas de peixinho. Mantenha o óleo a 160 °C. Controle com o termômetro.

▸ Coloque um pouco de farinha de trigo em uma travessa rasa e passe as folhas de peixinho, fazendo uma camada fina. Salpique sal e pimenta nos peixinhos.

▸ Com a pinça, imerja os peixinhos na massa de empanamento e retire o excesso. Frite no óleo aquecido até dourarem e a massa ficar crocante. Retire do óleo e coloque em uma travessa forrada com papel-toalha. Reserve.

FAÇA A MONTAGEM

▶ Caso prefira, grelhe os medalhões para dar um tom corado à superfície, pois o sous vide mantém a aparência das carnes mais intacta. Aqueça um fio de manteiga clarificada na frigideira antiaderente e, em fogo alto, grelhe os medalhões dos dois lados, até ficarem corados. Não demore para não passar o cozimento sous vide no interior.

▶ Em pratos rasos, posicione o medalhão ao centro, faça um risco lateral com o purê. Do outro lado, adicione uma colherada do jus e, à frente, posicione o tempurá de peixinho.

▶ Decore com o caracol de pancetta e o broto de rúcula.

DICA DO CHEF

A folha de peixinho pode ser substituída por repolho, couve-manteiga ou quiabo.
O feijão-manteiguinha pode ser substituído por feijão-branco.

VOCÊ SABIA?

A técnica do sous vide para esta receita pode ser substituída pela técnica de grelhar e deglaçar. Faça isso com os medalhões de filé-mignon suíno já preparados com a pancetta e cortados. Sugerimos que, para grelhar, utilize manteiga clarificada e, para deglaçar, utilize um caldo feito com ossos de porco ou de boi (ver p. 179).

DOCES E SOBREMESAS

BOLO DE ROLO

BOLO DE ROLO

DIFICULDADE: ●●●   **PREPARO:** 2 HORAS   **COZIMENTO:** 24 MINUTOS

CONSERVAÇÃO: 5 DIAS NA GELADEIRA   BOLO DE ROLO DE 6 CAMADAS

Acredita-se que o bolo de rolo tenha surgido no século XIX como uma adaptação do rocambole europeu, que era feito com uma massa de pão de ló e recheado com geleia ou doce de frutas. O bolo de rolo se popularizou em Pernambuco e se espalhou por todo o país. É feito com uma massa amanteigada mais fina e macia que a do rocambole e recheado com goiabada. A técnica de enrolar a massa fina em camadas foi aprimorada ao longo do tempo. Em 2008, o bolo de rolo foi reconhecido como Patrimônio Cultural Imaterial de Pernambuco.

EQUIPAMENTOS ESPECIAIS: BATEDEIRA COM BATEDOR DO TIPO GLOBO, 6 ASSADEIRAS RETANGULARES DE 25 X 35 CM, 6 TAPETES DE SILICONE, 2 PANOS DE PRATO BRANCOS LIMPOS, ESPÁTULA DE SILICONE, ESPÁTULA DE METAL, PENEIRA DE MALHA FINA

PARA A MASSA

270 g de açúcar refinado

150 g de manteiga sem sal em temperatura ambiente

120 g de gemas peneiradas

180 g de claras

uma pitada de sal

200 g de farinha de trigo peneirada

PARA A MONTAGEM

açúcar de confeiteiro a gosto

300 g de goiabada cremosa

flores comestíveis a gosto

DICA DO CHEF

A goiabada cremosa pode ser substituída por outra geleia cremosa, como a de morango.

DOCES E SOBREMESAS • 225

PREPARE A MASSA

▸ Preaqueça o forno a 180 °C.

▸ Coloque 180 g de açúcar na tigela da batedeira com a manteiga e bata em velocidade média com o batedor do tipo globo. Quando a mistura ficar lisa e clara, adicione as gemas aos poucos e continue batendo até que fique cremosa. Reserve.

▸ Lave a tigela da batedeira e o globo, seque bem, coloque as claras com o sal e comece a bater em velocidade média. Quando estiverem em neve, adicione os 90 g de açúcar restantes em duas partes, para fazer um merengue francês.

▸ Com uma espátula de silicone, incorpore delicadamente o merengue e a farinha ao creme de manteiga reservado. Faça em fases, alternando entre os ingredientes. Separe essa massa em seis porções de 145 g.

▸ Espalhe uma porção de massa em cada uma das seis assadeiras forradas com tapete de silicone, deixando-a na espessura de 3 mm, e leve para assar por 4 minutos. Asse uma massa por vez.

FAÇA A MONTAGEM

▸ Assim que cada massa sair do forno, retire-a da assadeira junto com o tapete de silicone, para que não continue assando, e acomode-a na bancada ❶. Com uma peneira, polvilhe açúcar de confeiteiro em todas as massas ❷ e em seguida espere que esfriem completamente.

▸ Vire uma massa sobre um pano limpo e úmido, de modo que o tapete de silicone fique por cima. Retire o tapete com delicadeza, ❸ para deixar a massa no pano intacta. Com uma espátula de metal, espalhe 60 g de goiabada ❹ por toda a massa e corte as extremidades, de modo a formar um retângulo com bordas retas e precisas.

▸ Com a ajuda do pano, enrole a massa de modo a formar um cilindro compacto ❺. Repita esse processo com a segunda massa, mas, antes, alinhe o primeiro rolo na borda e enrole a massa sobre ele. Repita o processo com as seis massas, enrolando uma sobre a outra para formar um cilindro único.

▸ Ao finalizar o rolo, corte em fatias de 1 cm de espessura ❻.

▸ Sirva o bolo de rolo polvilhado com açúcar de confeiteiro e decorado com flores comestíveis.

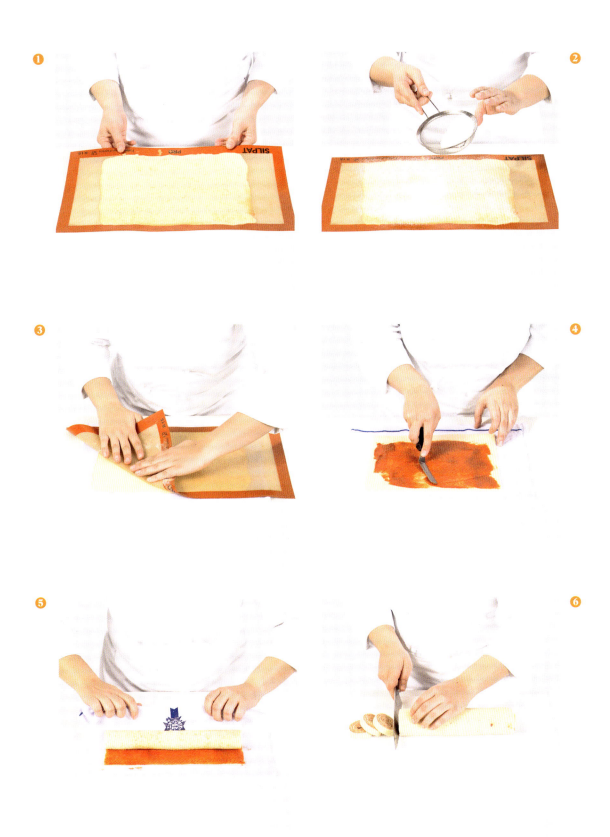

DOCES E SOBREMESAS • 227

QUINDIM DE MARACUJÁ

QUINDIM DE MARACUJÁ

DIFICULDADE: ●●○ **PREPARO:** 1 HORA E 30 MINUTOS **COZIMENTO:** 37 MINUTOS

CONSERVAÇÃO: 5 DIAS NA GELADEIRA   UNIDADES

A história do quindim remete ao período colonial. Muito provavelmente, ele se originou da brisa do lis, um doce típico da região de Leiria, em Portugal, que tem uma textura semelhante. Foram as africanas escravizadas que batizaram a sobremesa de quindim, palavra que significa "encanto" ou "dengo" – uma referência à delicadeza do doce. Elas também foram habilidosas em adaptar a receita lusitana para o solo brasileiro, utilizando o coco ralado.
A nossa receita foi preparada com maracujá.

EQUIPAMENTOS ESPECIAIS: LIQUIDIFICADOR, PENEIRA DE METAL DE MALHA FINA, FOUET, FORMINHAS DE METAL PARA QUINDIM DE 5 CM DE DIÂMETRO, ASSADEIRA RETANGULAR

PARA O QUINDIM

xarope de glucose para untar

250 g de polpa fresca de maracujá

320 g de gema peneirada

350 g de açúcar refinado

100 g de leite integral

70 g de coco fresco ralado finamente

80 g de manteiga sem sal derretida

PARA A MONTAGEM

flores comestíveis a gosto

DICA DO CHEF

As gemas frescas podem ser substituídas por gemas pasteurizadas, e a polpa fresca pode ser substituída por polpa congelada. Para untar as forminhas de quindim, aqueça a glucose no micro-ondas por alguns segundos, assim ela fica liquida e mais fácil de espalhar com um pincel.

PREPARE O QUINDIM

▸ Preaqueça o forno a 140 °C e unte as forminhas de quindim com a glucose. Para manter a temperatura do forno de cozinha comum abaixo de 180 °C, pode-se manter a porta aberta com o auxílio de uma colher de pau.

▸ No liquidificador, bata a polpa de maracujá e coe em uma peneira de metal de malha fina. Não tem problema se ficarem pequenas pintinhas de sementes. Transfira para uma caçarola pequena funda, leve ao fogo baixo e deixe reduzir até obter 125 g de polpa (isso intensifica o sabor da fruta), retire do fogo e deixe esfriar até a temperatura ambiente. Reserve.

▸ Em uma tigela, com o auxílio de um fouet, misture as gemas com o açúcar. Adicione o leite, o coco, a redução de maracujá e a manteiga. Misture tudo delicadamente até ficar bem homogeneizado. Divida a massa pelas forminhas previamente untadas com glucose.

▸ Leve para assar em banho-maria, com a água quente, por 37 minutos.

▸ Retire do forno e da assadeira com o banho-maria, para que os quindins não continuem cozinhando, e deixe esfriar em uma bancada em temperatura ambiente. Quando estiverem frios, desenforme, coloque em uma travessa e leve à geladeira por cerca de 1 hora.

FAÇA A MONTAGEM

▸ Retire os quindins da geladeira 15 minutos antes de servir. Coloque no prato e decore com flores comestíveis.

VOCÊ SABIA?

A técnica de banho-maria é um método de cozimento que envolve colocar um recipiente com alimentos dentro de outro recipiente maior que contenha água quente. Essa técnica é comumente usada em receitas que requerem um cozimento suave e uniforme, como pudins, cheesecakes, molhos e cremes.

SAGU DE VINHO TINTO COM CREME DE CONFEITEIRO E ROCHER DE CAJU

DIFICULDADE: ●●○   **PREPARO:** 1 HORA   **COZIMENTO:** 1 HORA

CONSERVAÇÃO: 3 DIAS NA GELADEIRA   PORÇÕES

O sagu é feito do amido de mandioca e tem sua origem nas culturas indígenas. Preparado com vinho, é uma sobremesa típica da culinária sulista. Acredita-se que a receita tenha sido criada pelos imigrantes açorianos que se estabeleceram no Sul do país no século XIX. O vinho, bastante abundante na região, deu origem a uma sobremesa saborosa e de fácil preparo. Os chefs do Le Cordon Bleu prepararam uma adaptação com creme de confeiteiro e rocher de castanhas-de-caju.

EQUIPAMENTOS ESPECIAIS: PENEIRA DE MALHA FINA, FILME DE PVC, BATEDEIRA COM BATEDOR DO TIPO GLOBO, TIGELA DE METAL, ESPÁTULA DE SILICONE, ASSADEIRA RETANGULAR DE 45 CM, TAPETE DE SILICONE, FOUET, CONCHA PEQUENA

PARA O SAGU

87 g de sagu

água quanto baste

80 g de açúcar refinado

1 canela em pau

1 cravo-da-índia

375 ml de vinho tinto seco aquecido

PARA O CREME DE CONFEITEIRO

185 ml de leite integral

75 g de açúcar refinado

½ fava de baunilha cortada ao meio no sentido do comprimento

3 gemas peneiradas

16 g de amido de milho

PARA O ROCHER

150 g de chocolate meio amargo

37 g de açúcar refinado

75 g de xerém de castanhas-de-caju

manteiga sem sal para untar

PARA A MONTAGEM

75 g de creme de leite fresco gelado

8 g de açúcar de confeiteiro

flores comestíveis a gosto

DICA DO CHEF

As castanhas-de-caju podem ser substituídas por amêndoas.

VOCÊ SABIA?

A temperagem das gemas é um processo de controle de temperatura pelo qual se adiciona leite aquecido às gemas antes de cozinhá-las. Se as gemas forem aquecidas rapidamente, podem coagular e formar grumos, o que afetaria a textura e o sabor do produto final.

PREPARE O SAGU

▸ Coloque o sagu em uma caçarola pequena funda e cubra com água até dois dedos acima do conteúdo da panela. Leve ao fogo médio para cozinhar por 10 minutos, mexendo sem parar para não grudar no fundo. Retire do fogo, escorra a água, passe o sagu para uma peneira e lave bem sob água corrente para remover um pouco da goma. Reserve.

▸ Aqueça uma caçarola média funda em fogo baixo e derreta o açúcar com a canela e o cravo. Assim que o açúcar derreter, adicione o vinho e mude para fogo médio. Quando levantar fervura, abaixe o fogo e cozinhe por cerca de 5 minutos, para derreter totalmente o açúcar caso ele tenha se solidificado com o acréscimo do vinho. Passado esse tempo, junte o sagu e deixe cozinhar até que as bolinhas estejam translúcidas por fora e com um pequeno miolo branco (cerca de 30 minutos). Reserve na geladeira.

PREPARE O CREME DE CONFEITEIRO

▸ Coloque o leite, metade do açúcar e a fava de baunilha, com as sementes raspadas, em uma caçarola média funda e leve ao fogo médio até ferver. Quando ferver, desligue o fogo e reserve.

▸ Enquanto isso, na batedeira montada com o batedor do tipo globo, bata as gemas com a outra metade do açúcar, em velocidade média. Adicione o amido aos poucos até obter um creme esbranquiçado.

▸ Transfira o creme para uma tigela média, adicione uma concha pequena do leite aquecido e misture com um fouet, mexendo sem parar para fazer a temperagem das gemas. Assim que a mistura estiver uniforme, junte o restante do leite e continue mexendo. Em seguida, coloque o creme na caçarola média novamente, passando-o pela peneira, e leve para cozinhar em fogo baixo, mexendo constantemente com o fouet. Quando levantar fervura, deixe cozinhar por 1 minuto e 30 segundos e retire do fogo.

▸ Transfira para uma travessa baixa, cubra com filme de PVC de modo que o filme fique em contato com o creme e leve à geladeira até esfriar (cerca de 40 minutos).

PREPARE O ROCHER

▸ Acomode uma tigela de metal sobre uma caçarola funda com água fervente para fazer um banho-maria e derreta o chocolate, mantendo em fogo baixo. Assim que o chocolate derreter, retire do banho-maria e reserve.

▸ Coloque o açúcar em uma caçarola pequena funda e leve ao fogo baixo para o açúcar derreter, mexendo com uma espátula até obter um caramelo de cor dourada clara. Junte o xerém de castanhas, misture bem, retire do fogo e deixe amornar na própria caçarola.

▸ Quando estiver morno o suficiente para manusear, unte as mãos levemente com a manteiga, modele em bolinhas de 1 cm e banhe no chocolate derretido com a ajuda de um garfo. Acomode as bolinhas em uma assadeira forrada com tapete de silicone e leve à geladeira por, no mínimo, 20 minutos. Reserve.

FAÇA A MONTAGEM

▸ Coloque o creme de leite gelado em uma tigela e adicione o açúcar de confeiteiro. Com o auxílio de uma batedeira ou um fouet, bata a mistura em velocidade média-alta até obter picos firmes.

▸ Faça a montagem em taças. Distribua o creme de confeiteiro no fundo das taças, cubra com o sagu e coloque uma quenelle (ver p. 40) de chantili por cima de tudo.

▸ Quebre o rocher em pedaços irregulares e decore as taças. Finalize com uma pétala de flor comestível.

SAGU DE VINHO TINTO COM CREME DE
CONFEITEIRO E ROCHER DE CAJU

DOCES E SOBREMESAS • 233

CAMAFEU

CAMAFEU

DIFICULDADE: ●●●　　**PREPARO:** 1 DIA E 2 HORAS　　**COZIMENTO:** 1 HORA

CONSERVAÇÃO: 5 DIAS NA GELADEIRA　　UNIDADES

O doce camafeu é uma sobremesa tradicional da culinária brasileira que tem suas raízes na confeitaria francesa. A palavra "camafeu" vem do latim "cammeus" e designa uma pedra preciosa esculpida em relevo. Acredita-se que o doce tenha sido trazido para o Brasil pelos portugueses durante o período colonial. Na época, a confeitaria portuguesa era influenciada pela culinária francesa, que era considerada uma das mais refinadas da Europa.

EQUIPAMENTOS ESPECIAIS: PINCEL DE SILICONE, TERMÔMETRO CULINÁRIO, FILME DE PVC, ESPÁTULA DE SILICONE, BATEDEIRA COM BATEDOR DO TIPO RAQUETE, COLHERES MEDIDORAS, GARFO PARA BANHAR DOCES, TAPETE DE SILICONE, PAPEL-MANTEIGA, PENEIRA DE MALHA FINA, ASSADEIRA, TIGELA DE METAL

PARA A MASSA DE NOZES

150 g de açúcar cristal

72 ml de água

250 g de nozes bem processadas

10 gotas de extrato de baunilha

60 g de gema peneirada

PARA O FONDANT

500 g de açúcar refinado

44 g de glucose de milho

115 ml de água

PARA A MONTAGEM

35 palitos de decoração

150 g de mistura para glacê real

pedaços grandes de nozes a gosto (opcional)

VOCÊ SABIA?

Um cornet de papel-manteiga é uma ferramenta de pâtisserie frequentemente usada para decorar bolos e doces, em especial para criar linhas finas ou desenhos intrincados com chocolate derretido, glacê real ou outras coberturas. Para fazer um, corte um quadrado de papel-manteiga e dobre-o na diagonal para formar um triângulo. Em seguida, dobre o triângulo ao meio novamente para formar um triângulo menor. Por fim, enrole o papel em forma de cone, cortando a ponta para criar uma pequena abertura por onde a cobertura vai escorrer.

PREPARE A MASSA DE NOZES

▸ Coloque o açúcar e a água em uma caçarola pequena funda e leve ao fogo médio, misturando cuidadosamente com uma colher. Em seguida, mergulhe um pincel de silicone em água fria e pincele toda a borda interna da caçarola, retirando qualquer resíduo de açúcar. Aumente para o fogo médio-alto e não mexa mais. De tempos em tempos, limpe a borda interna da caçarola com o pincel umedecido em água. Cozinhe a calda até que atinja 107 °C (ponto pérola), medidos com um termômetro culinário. Retire do fogo, acrescente as nozes processadas e misture cuidadosamente com a ajuda de uma espátula. Em seguida, espalhe sobre um prato para amornar.

▸ Assim que amornar, transfira para uma tigela, adicione o extrato de baunilha e as gemas e mexa cuidadosamente. Volte a mistura à caçarola, em fogo baixo, e cozinhe por alguns minutos, até que a massa se desprenda do fundo da panela. Retire do fogo, espalhe sobre um prato limpo, cubra com filme de PVC e leve à geladeira de um dia para o outro.

▸ Após o resfriamento da massa, separe-a em porções de 12 gramas. Enrole as porções entre as mãos, transformando-as em bolinhas. Coloque as bolinhas em uma assadeira, cubra delicadamente com filme de PVC e leve outra vez à geladeira, enquanto prepara o fondant.

PREPARE O FONDANT

▸ Coloque 100 ml de água e o açúcar em uma caçarola pequena funda e leve ao fogo médio, misturando cuidadosamente com uma colher. Em seguida, mergulhe um pincel de silicone em água fria e pincele toda a borda interna da caçarola, retirando qualquer resíduo de açúcar. Aumente para o fogo médio-alto e não mexa mais. De tempos em tempos, limpe a borda interna da caçarola com o pincel umedecido em água. Cozinhe a calda até que atinja 110 °C (ponto de fio grosso), medido com um termômetro culinário, e acrescente a glucose. Aguarde mais 1 minuto, até que a glucose se dissolva, desligue o fogo e aguarde a calda amornar.

▸ Assim que amornar, transfira a calda para uma batedeira com o batedor do tipo raquete. Acrescente os 15 ml restantes de água e bata em velocidade baixa até que a calda fique branca e sólida. Em seguida, retire essa massa da batedeira e trabalhe-a à mão, até que ela fique lisa, homogênea e brilhante. Acomode em um recipiente com tampa, cubra com um pano de cozinha limpo e úmido, feche bem e guarde na geladeira até o momento de usar.

▸ Quando for usar o fondant, retire da geladeira e coloque em uma tigela de metal. Leve a mistura para derreter em banho-maria sobre uma caçarola pequena com água fervente. Atenção para não deixar o fondant aquecer demasiadamente para não perder o brilho.

▸ Passe as bolinhas de nozes geladas pelo fondant derretido com a ajuda de um garfo para banhar doces. Passe delicadamente a base do docinho banhado contra a borda da tigela para retirar o excesso de fondant. A seguir, acondicione o docinho sobre um tapete de silicone para secar, por cerca de 2 horas.

FAÇA A MONTAGEM

▸ Espete cada camafeu com um palito de decoração com delicadeza para não rachar o fondant.

▸ Nesta receita, confeitamos o camafeu com glacê real, após sua completa secagem. Prepare o glacê real conforme as instruções do pacote, ponha em um cornet de papel-manteiga (ver p. 235) e decore os camafeus. Caso queira confeitar o docinho com um pedaço de noz apenas, coloque-a sobre o docinho com o fondant ainda morno, sem a necessidade de colocar os palitos.

COCADA DE FORNO COM SORBET DE CAJÁ

DIFICULDADE: ●●●   **PREPARO:** 1 DIA   **COZIMENTO:** 40 MINUTOS

CONSERVAÇÃO: 5 DIAS NA GELADEIRA   PORÇÕES

O tabuleiro da baiana é uma imagem muito presente na cultura popular brasileira, simbolizando a tradição e a riqueza da culinária e da cultura afro-brasileiras da região do Recôncavo Baiano. A cocada é um dos produtos que podem ser encontrados nesse tipo de comércio de rua que fundamentou a tradição da doçaria popular nacional. Os chefs do Le Cordon Bleu, além de homenagearem a tradição do tabuleiro e seu doce tão popular, prepararam um festival de texturas para celebrá-lo.

EQUIPAMENTOS ESPECIAIS: LIQUIDIFICADOR, PINCEL DE SILICONE, SORVETEIRA, 4 CUMBUCAS DE CERÂMICA REFRATÁRIA DE 8 CM DE DIÂMETRO, FRIGIDEIRA ANTIADERENTE DE 30 CM, TAPETE DE SILICONE, MOLDE DE SILICONE PARA TUILE, PINÇA CULINÁRIA, BOLEADOR PEQUENO

PARA O SORBET

125 ml de água

250 g de polpa de cajá

70 g de açúcar refinado

10 g de clara pasteurizada

PARA A COCADA

8 g de manteiga sem sal derretida em temperatura ambiente e mais um pouco para untar

90 g de açúcar cristal e mais um pouco para polvilhar

150 g de coco fresco ralado finamente

1½ ovo ligeiramente batido

PARA A FAROFA DE COCO

50 g de coco fresco ralado

50 g de açúcar cristal

PARA A TUILE

30 g de clara

30 g de açúcar impalpável

30 g de farinha de trigo

30 g de manteiga sem sal derretida e fria

PARA A MONTAGEM

½ melão-cantalupo

½ manga palmer

½ maracujá doce

flores comestíveis a gosto

DICA DO CHEF

A clara pasteurizada pode ser substituída por clara comum. A polpa de cajá pode ser substituída por polpa de abacaxi.

PREPARE O SORBET

▸ Bata parte da água e da polpa de cajá em um liquidificador até obter um suco homogêneo. Reserve.

▸ Transfira o suco para uma caçarola pequena funda, adicione o açúcar, misture cuidadosamente com uma colher e, em seguida, mergulhe um pincel de silicone em água fria e pincele toda a borda interna da panela, retirando qualquer vestígio de açúcar. Leve ao fogo médio-alto e, assim que levantar fervura, cozinhe por 5 minutos, tempo suficiente para dissolver bem o açúcar. Retire do fogo e reserve na geladeira por 12 horas.

▸ Após o descanso na geladeira, adicione a clara pasteurizada e leve à sorveteira para bater. Retire o sorbet da máquina e coloque em um recipiente com tampa. Leve ao freezer e aguarde pelo menos 24 horas antes de servir.

PREPARE A COCADA

▸ Preaqueça o forno a 180 °C. Unte as cumbucas de cerâmica refratária com a manteiga derretida e polvilhe com o açúcar cristal. Leve-as à geladeira enquanto prepara a cocada.

▸ Em uma tigela, coloque o coco ralado e o açúcar e misture bem. Deixe descansar por cerca de 15 minutos. Em seguida, adicione o ovo ligeiramente batido e a manteiga derretida e fria e misture bem. Distribua a mistura entre as cumbucas.

▸ Leve as cocadas ao forno até que a superfície fique dourada (entre 15 e 20 minutos). Retire do forno e reserve.

PREPARE A FAROFA DE COCO

▸ Aqueça uma frigideira antiaderente em fogo médio-baixo, coloque o coco ralado e mexa constantemente até remover bem a umidade. Acrescente o açúcar e mexa sem parar para caramelizar. Deixe no fogo até que o açúcar adquira uma cor de caramelo médio (cerca de 7 minutos), mas cuidado para não deixar o açúcar queimar. Em seguida, espalhe a mistura sobre um tapete de silicone, espere secar e reserve.

PREPARE A TUILE

▸ Junte todos os ingredientes em uma tigela e misture até obter um creme homogêneo. Coloque a massa em um recipiente com tampa, leve à geladeira e deixe descansar de um dia para o outro antes de utilizá-la.

▸ Preaqueça o forno a 180 °C.

▸ Espalhe a massa gelada sobre um molde de silicone (usamos um com formato de folha) e leve ao forno até que a borda da massa comece a dourar (entre 2 e 3 minutos). Assim que estiver assada, retire a tuile do molde com a ajuda de uma pinça culinária de metal e coloque-a sobre um tapete de silicone para secar. Reserve.

FAÇA A MONTAGEM

▸ Corte o melão ao meio, descarte as sementes e, com o auxílio de um boleador pequeno, retire bolinhas da carne da fruta. Reserve. Descasque a manga e corte em cubinhos. Reserve. Abra o maracujá e retire a polpa.

▸ Coloque a cumbuca da cocada de forno sobre um prato. Faça um arco decorativo, ao lado da cumbuca, com as frutas cortadas, de forma aleatória. No centro do arco, coloque a farofa de coco e, sobre ela, uma quenelle (ver p. 40) de sorbet de cajá. Disponha as tuiles próximas às extremidades do arco decorativo. Finalize com as flores comestíveis.

COCADA DE FORNO
COM SORBET DE CAJÁ

DOCES E SOBREMESAS

BOLO SOUZA LEÃO COM BANANADA, GANACHE DE CAJÁ E MOLHO DE TAMARINDO

BOLO SOUZA LEÃO COM BANANADA, GANACHE DE CAJÁ E MOLHO DE TAMARINDO

DIFICULDADE: ●●● **PREPARO:** 14 HORAS **COZIMENTO:** 50 MINUTOS
CONSERVAÇÃO: 5 DIAS NA GELADEIRA PORÇÕES

O bolo Souza Leão é uma receita típica de Pernambuco, passada de geração em geração desde a primeira metade do século XIX, e tornou-se muito popular em todo o país por seu sabor único e marcante. Recebeu o título de Patrimônio Cultural Imaterial do estado de Pernambuco em 2007. Em honra ao sabor ácido da massa puba, os chefs do Le Cordon Bleu fizeram uma releitura, harmonizando com sabores nativos da região Nordeste como o cajá e o tamarindo.

EQUIPAMENTOS ESPECIAIS: PENEIRA DE METAL DE MALHA FINA, PINCEL DE SILICONE, FOUET, PENEIRA DE METAL NÃO TÃO FINA, BATEDEIRA COM BATEDOR DO TIPO GLOBO, SACO DE CONFEITAR COM BICO PÉTALA, FÔRMA DE BOLO RETANGULAR DE 24 CM X 6 CM X 10 CM, PAPEL-MANTEIGA, BALANÇA DE PRECISÃO, TAPETE DE SILICONE, FRIGIDEIRA DE 25 CM DE DIÂMETRO, TERMÔMETRO CULINÁRIO, FILME DE PVC

PARA A GANACHE DE CAJÁ
1 g de folha de gelatina incolor
80 g de creme de leite fresco
74 g de polpa de cajá
1 g de fava de baunilha
44 g de chocolate branco em lascas

PARA O BOLO
85 g de açúcar refinado
41 g de água
¼ de canela em pau (ou 0,3 g)
2 g de raspas de laranja
1 cravo-da-índia (ou 0,3 g)
40 g de manteiga sem sal derretida e mais um pouco para untar
62 g de leite de coco
68 g de gema
85 g de massa puba
1 g de sal

PARA A TUILE
50 g de isomalte
5 g de chocolate ao leite picado finamente

PARA A BANANADA
35 g de açúcar refinado
10 g de açúcar mascavo
174 g de banana-nanica madura picada em cubos de 1 cm
20 g de cachaça ouro

PARA O GEL DE TAMARINDO
100 g de polpa de tamarindo
1 g de fava de baunilha
35 g de açúcar refinado
100 g de polpa de graviola
10 g de glucose
1 g de ágar-ágar

PARA O COULIS DE GRAVIOLA
0,5 g de ágar-ágar
33 g de açúcar refinado
100 g de polpa de graviola
10 g de glucose

PARA A MONTAGEM
15 g de farinha de amêndoa torrada
sorvete de cumaru (ver p. 267)

PREPARE A GANACHE DE CAJÁ

▸ Hidrate a gelatina conforme instrução do fabricante e reserve.

▸ Coloque o creme de leite, a polpa de cajá e a fava de baunilha, com as sementes raspadas, em uma caçarola média funda e leve ao fogo alto até ferver. Enquanto isso, coloque as lascas de chocolate em uma tigela. Assim que o creme de leite levantar fervura, despeje-o sobre o chocolate e misture bem utilizando um fouet, até derreter todo o chocolate e ficar bem homogêneo. Passe pela peneira e reserve.

▸ Paralelamente, aqueça a gelatina já hidratada até alcançar a temperatura de 50 °C. Assim que a ganache também atingir a temperatura de 50 °C, acrescente a gelatina, misture com uma espátula para não incorporar ar e retire do fogo.

▸ Transfira a ganache para uma tigela, cubra com filme de PVC de modo que ele fique em contato com a preparação e leve à geladeira por 12 horas.

▸ Retire a ganache da geladeira e bata em velocidade média, utilizando o batedor do tipo globo, até ela aerar e ficar parecida com um chantili. Coloque a ganache aerada em um saco de confeitar com bico pétala e leve à geladeira até o momento da montagem.

PREPARE O BOLO

▸ Preaqueça o forno a 160 °C. Para manter a temperatura do forno de cozinha comum abaixo de 180 °C, pode-se manter a porta aberta com o auxílio de uma colher de pau.

▸ Coloque o açúcar, a água, a canela, as raspas de laranja e o cravo-da-índia em uma caçarola média funda e leve ao fogo médio, misturando cuidadosamente com uma colher. Em seguida, mergulhe um pincel de silicone em água fria e pincele toda a borda interna da caçarola, retirando qualquer resíduo de açúcar. Aumente para o fogo médio-alto e não mexa mais. Assim que levantar fervura, abaixe o fogo e deixe até a calda atingir a temperatura de 117 °C. Retire do fogo e reserve por 12 horas, na própria caçarola, para a calda esfriar e para intensificar o sabor das especiarias.

▸ Após o tempo de repouso, leve a calda novamente ao fogo baixo para aquecer, acrescente a manteiga derretida e misture bem. Na sequência, adicione o leite de coco e as gemas e misture vigorosamente com um fouet até homogeneizar.

▸ Em outra tigela, peneire, com a peneira de metal não tão fina, a massa puba com o sal e, em seguida, despeje a calda por cima, mexendo até obter uma mistura homogênea. Passe essa mistura mais duas vezes pela peneira, pois isso influenciará na maciez final do bolo. Na última peneirada, aproveite para acomodar a massa na fôrma untada com manteiga e forrada com papel-manteiga

▸ Prepare um banho-maria (ver p. 230) para assar o bolo. Leve ao forno a 160 °C por cerca de 40 minutos. Após esse tempo, retire o bolo do banho-maria, ajuste o forno para 220 °C e deixe assar entre 2 e 3 minutos, apenas para dourar a superfície. Se estiver usando um forno de cozinha comum, coloque o bolo para assar na parte mais alta do forno. Retire do forno, aguarde cerca de 10 minutos, desenforme e reserve.

PREPARE A TUILE

▸ Aqueça uma caçarola pequena funda em fogo médio com o isomalte até que ele derreta e fique transparente. Retire do fogo e despeje sobre um tapete de silicone, deixando que se espalhe naturalmente. Espere resfriar um pouco, espalhe o chocolate por cima e misture. O próprio calor derreterá o chocolate. Mexa o tapete de silicone, segurando-o pelas bordas, para homogeneizar a mistura. Deixe descansar na bancada até esfriar e cristalizar.

▸ Preaqueça o forno a 200 °C.

▸ Quando o isomalte estiver cristalizado, quebre-o em pequenas placas e passe no processador, até virar um pó fino. Acomode o tapete de silicone em uma fôrma e peneire o pó por cima, formando uma camada fina. Em seguida, leve ao forno e asse até que derreta e forme uma placa fina com furinhos (entre 3 e 5 minutos). Retire do forno e deixe esfriar em uma bancada. Reserve.

PREPARE A BANANADA

▸ Coloque a metade da quantidade do açúcar refinado e todo o açúcar mascavo em uma frigideira e leve ao fogo médio até formar um caramelo. Quando a temperatura do caramelo atingir 170 °C, abaixe o fogo, acrescente a banana e misture até ela ficar bem envolta no caramelo e este voltar a derreter. Junte o restante do açúcar, aumente novamente o fogo, adicione a cachaça e flambe a bananada. Quando a chama apagar, misture bem, retire do fogo, passe para uma tigela e cubra com filme de PVC de modo que ele fique em contato com a superfície do doce. Leve à geladeira por ao menos 1 hora e mantenha ali até o momento da montagem.

PREPARE O GEL DE TAMARINDO

▸ Coloque a polpa de tamarindo e a fava de baunilha, com as sementes raspadas, em uma caçarola pequena funda e leve ao fogo médio. Assim que começar a ferver, acrescente o açúcar e a glucose e volte a aquecer. Junte o ágar-ágar, misture bem e deixe ferver novamente. Cozinhe por mais 2 minutos e tire do fogo. Passe pela peneira e leve à geladeira por ao menos 40 minutos. Mantenha refrigerado até o momento da montagem.

PREPARE O COULIS DE GRAVIOLA

▸ Misture o ágar-ágar com 10 g de açúcar, para não formar bolinhas. Reserve.

▸ Coloque a polpa de graviola em uma caçarola pequena funda e leve ao fogo médio. Assim que começar a ferver, junte o açúcar restante e a glucose. Deixe ferver, adicione a mistura de ágar-ágar, misture bem e aguarde ferver novamente. Cozinhe por mais 1 minuto e retire do fogo. Passe para uma tigela, cubra com filme de PVC de modo que ele fique em contato com a preparação e leve à geladeira por ao menos 40 minutos. Mantenha refrigerado até o momento da montagem.

FAÇA A MONTAGEM

▸ Corte as laterais do bolo. Elas não serão utilizadas na montagem porque a ideia é mostrar a textura e a cor do interior do bolo. Na sequência, corte fatias retangulares de 2 cm × 11 cm. Com o auxílio de uma colher de chá, adicione delicadamente uma camada leve de bananada no topo de cada fatia. Reserve.

▸ Em um prato raso, desenhe uma gota escorrida com o gel de tamarindo (use uma colher de sopa). Em seguida, passe a ponta da colher ao meio para formar um relevo. Acomode a fatia de bolo na extremidade da gota.

▸ Nas fatias de bolo, por cima da bananada, faça uma decoração com a ganache de cajá, em formato de zigue-zague. Quebre pequenas placas da tuile e coloque em cima da ganache. Ao lado da gota, disponha ½ colher de chá de farinha de amêndoa e, sobre ela, uma quenelle (ver p. 40) de sorvete de cumaru. Finalize a decoração com um arco formado por gotas de coulis de graviola ao lado do sorvete e do bolo. Sirva imediatamente.

VOCÊ SABIA?

Gel e coulis são dois termos para descrever diferentes tipos de preparações utilizadas para adicionar sabor e textura aos pratos. O gel é mais espesso. A quantidade de ágar-ágar utilizada para 100 g de polpa é o que diferencia o gel de tamarindo do coulis de graviola na receita.

MANJAR DE COCO COM BABA DE MOÇA

MANJAR DE COCO COM BABA DE MOÇA

DIFICULDADE: ●●○   **PREPARO:** 2 HORAS   **COZIMENTO:** 50 MINUTOS

CONSERVAÇÃO: 3 DIAS NA GELADEIRA   PORÇÕES

O manjar é uma receita que está no acervo de memórias da comfort food brasileira. Simples e apetitoso, costuma ser servido com calda de ameixa. Para dar ao preparo um sabor mais açucarado, os chefs do Le Cordon Bleu adaptaram a receita, trocando a calda de ameixa por uma calda de baba de moça.

EQUIPAMENTOS ESPECIAIS: PINCEL DE SILICONE, TERMÔMETRO CULINÁRIO, FOUET, FORMINHAS DE SILICONE EM FORMATO CILÍNDRICO DE 9 CM, FILME DE PVC

PARA A BABA DE MOÇA
125 g de água
125 g de açúcar refinado
50 g de leite de coco
2 gemas peneiradas

PARA O MANJAR
200 g de leite integral
200 g de leite condensado
12 g de amido de milho
50 g de leite de coco
5 g de gelatina em pó sem sabor
30 g de água gelada

PARA A MONTAGEM
lascas de coco fresco a gosto
coco seco ralado fino a gosto

VOCÊ SABIA?

A baba de moça é uma adaptação de um doce português conhecido como ovos moles de Aveiro, cuja receita típica leva apenas gemas e calda de açúcar. Foi somente no Brasil que o leite de coco foi adicionado à receita, o que o transformou na baba de moça, que, de acordo com alguns historiadores, se tornou o doce favorito da princesa Isabel.

PREPARE A BABA DE MOÇA

▸ Coloque a água e o açúcar em uma caçarola pequena funda, leve ao fogo médio e misture cuidadosamente com uma colher. Em seguida, mergulhe um pincel de silicone em água fria e pincele toda a borda interna da panela, retirando qualquer resíduo de açúcar.

▸ Aumente para fogo médio-alto e não mexa mais. Cozinhe a calda até que atinja 115 °C. Tire do fogo e adicione o leite de coco, misturando delicadamente.

▸ Coloque as gemas em uma tigela média, adicione uma colher de sopa da calda quente e mexa vigorosamente para fazer a temperagem (ver p. 231). Junte as gemas à calda que está na caçarola, mexendo vigorosamente com um fouet. Cozinhe mexendo sem parar, até a calda engrossar e chegar ao ponto nappé (ver p. 151). Leve à geladeira por, pelo menos, 30 minutos e mantenha refrigerada até o momento da montagem.

PREPARE O MANJAR DE COCO

▸ Coloque o leite, o leite condensado, o amido e o leite coco em uma caçarola média funda, leve ao fogo médio e, sem parar de mexer, cozinhe até a mistura engrossar e chegar ao ponto nappé (cerca de 25 minutos). Em seguida, retire do fogo e aguarde amornar, mexendo constantemente para não formar uma película na superfície do creme. Assim que amornar, hidrate a gelatina na água gelada e incorpore ao creme, mexendo vigorosamente.

▸ Distribua o creme pelas forminhas de silicone, cubra com o filme de PVC, deixando-o em contato com o creme, e leve à geladeira por ao menos 2 horas. Mantenha refrigerado até o momento da montagem.

FAÇA A MONTAGEM

▸ Em pratos rasos, desenforme de 2 a 3 cilindros de manjar e adicione uma colher de baba de moça ao lado de cada cilindro.

▸ Decore com lascas de coco e coco seco.

BRIGADEIRO DE PAÇOCA DE AMENDOIM

DIFICULDADE: ●○○   **PREPARO:** 1 HORA E 40 MINUTOS   **COZIMENTO:** 20 MINUTOS

CONSERVAÇÃO: 5 DIAS NA GELADEIRA      UNIDADES DE 15 G

No Brasil, festa de aniversário sem brigadeiro não é festa. Docinho que se tornou paixão nacional, é feito tradicionalmente com chocolate, mas, nas últimas décadas, versões com outros sabores ganharam espaço nas mesas. Para esta versão Le Cordon Bleu, os chefs decidiram juntar o brigadeiro com outra paixão nacional: a paçoca de amendoim. Outro ponto importante da tradição é a crença de que brigadeiro roubado da mesa de doces é mais gostoso.

EQUIPAMENTOS ESPECIAIS: PROCESSADOR, TRAVESSA REFRATÁRIA DE 35 CM, FILME DE PVC E FORMINHAS DE PAPEL PARA BRIGADEIRO

PARA A PAÇOCA DE AMENDOIM

12 g de açúcar refinado

20 g de farinha de mandioca torrada

1 g de sal

75 g de amendoins torrados sem pele

PARA O BRIGADEIRO

395 g de leite condensado

200 g de creme de leite fresco

40 g de manteiga sem sal

60 g de glucose

100 g de paçoca de amendoim

PARA A MONTAGEM

manteiga sem sal para untar

paçoca a gosto

açúcar cristal a gosto

xerém de amendoim a gosto

pedaços de amendoim a gosto

DICA DO CHEF

É possível usar paçoca de amendoim industrializada, mas o doce ficará mais açucarado.

PREPARE A PAÇOCA DE AMENDOIM

▸ Coloque o açúcar, a farinha de mandioca e o sal no processador e pulse o suficiente para que se misturem. Adicione os amendoins e pulse até obter a consistência de paçoca, como uma farofa fina, mas untuosa. Evite processar demais, para não formar uma pasta.

PREPARE O BRIGADEIRO

▸ Coloque o leite condensado, o creme de leite, a manteiga, a glucose e a paçoca em uma caçarola média funda, misture bem e leve ao fogo baixo. Quando os ingredientes estiverem bem misturados, aumente o fogo para médio e cozinhe, mexendo sem parar, até que o creme seja reduzido e desgrude do fundo da caçarola. Quando chegar ao ponto de desgrudar do fundo, retire do fogo, espalhe sobre uma travessa refratária, cubra com filme de PVC e leve à geladeira por, pelo menos, 4 horas. Reserve na geladeira até o momento da montagem.

FAÇA A MONTAGEM

▸ Unte as mãos com manteiga sem sal para facilitar a modelagem do brigadeiro. Forre o prato da balança com filme de PVC.

▸ Faça porções de massa com 15 g e enrole com as mãos untadas. Faça isso com toda a massa e acomode as bolinhas em um prato ou travessa.

▸ Prepare três pratos fundos: um com uma cama de paçoca, um com uma cama de açúcar cristal e um com uma cama de xerém de amendoim. Distribua as bolinhas pelos pratos de modo a fazer coberturas distintas.

▸ Acomode os brigadeiros nas forminhas de papel. Caso queira, aqueles que foram passados no açúcar cristal podem ser decorados com um pedaço de amendoim no topo.

BRIGADEIRO DE PAÇOCA DE AMENDOIM

FURRUNDU COM SORVETE DE BAUNILHA DO CERRADO

FURRUNDU COM SORVETE DE BAUNILHA DO CERRADO

DIFICULDADE: ●●○   **PREPARO:** 12 HORAS E 30 MINUTOS   **COZIMENTO:** 50 MINUTOS

CONSERVAÇÃO: 5 DIAS NA GELADEIRA   PORÇÕES, OU 1 LITRO DE SORVETE

O furrundu, ou furrundum, é um doce de mamão verde típico de Mato Grosso. Esse doce de tacho faz parte da tradição das doceiras brasileiras e é uma herança cultural muito importante para o país. Para prestigiar o terroir das doceiras do Centro-Oeste, os chefs do Le Cordon Bleu prepararam um sorvete com a baunilha nativa do Cerrado como acompanhamento.
A baunilha do Cerrado é muito valorizada por seu aroma e sabor intensos, e é cultivada com técnicas tradicionais pelos calungas, povo afrodescendente que habita a região da Chapada dos Veadeiros, em Goiás.

EQUIPAMENTOS ESPECIAIS: TERMÔMETRO CULINÁRIO, CONCHA PEQUENA, FILME DE PVC, SORVETEIRA, RALADOR, PENEIRA DE METAL GRANDE, CORTADOR REDONDO DE METAL COM 9 CM DE DIÂMETRO, FRIGIDEIRA ANTIADERENTE DE 30 CM DE DIÂMETRO, PINÇA CULINÁRIA DE METAL LONGA

PARA O SORVETE DE BAUNILHA DO CERRADO

700 ml de leite integral

250 g de creme de leite fresco

200 g de açúcar refinado

2 favas de baunilha do Cerrado

37 g de leite em pó

95 g de gemas de ovo peneiradas

PARA O FURRUNDU

500 g de mamão formosa bem verde descascado e sem sementes

150 g de rapadura escura ralada grosseiramente

5 g de gengibre ralado fino

3 cravos-da-índia

1 canela em pau

PARA O QUEIJO DE COALHO GRELHADO

250 g de queijo de coalho

PARA A MONTAGEM

pétalas de flores comestíveis a gosto

DICA DO CHEF

O mamão formosa verde pode ser substituído por mamão papaia verde, e a fava de baunilha do Cerrado pode ser substituída por fava de baunilha comum. Já a rapadura pode ser substituída por açúcar mascavo escuro ou melado de cana, enquanto o queijo de coalho pode ser substituído por mozarela de búfala.

PREPARE O SORVETE DE BAUNILHA DO CERRADO

▸ Coloque o leite, o creme de leite, 100 g açúcar e a baunilha com as sementes raspadas numa caçarola média e leve ao fogo até a mistura alcançar 40 °C. Em seguida, acrescente o restante do açúcar já misturado ao leite em pó. Cozinhe até 90 °C e despeje sobre as gemas em uma tigela. Misture e passe pela peneira.

▸ Com um mixer, bata a mistura até homogeneizar. Tampe com filme de PVC de modo que este fique em contato com o creme e leve à geladeira por 12 horas.

▸ Depois desse tempo de maturação, bata o creme na sorveteira até ficar no ponto de sorvete. Reserve no freezer até o momento da montagem.

PREPARE O FURRUNDU

▸ Rale o mamão no lado grosso do ralador, acomode em uma peneira grande e lave em água corrente até remover todo o resíduo de leite. Deixe escorrer o excesso de água. Reserve.

▸ Aqueça uma caçarola média funda em fogo médio com a rapadura e deixe derreter. Em seguida, adicione o mamão ralado, o gengibre, o cravo e a canela. Assim que levantar fervura, abaixe o fogo e cozinhe, mexendo sempre, até soltar do fundo da caçarola (cerca de 40 minutos). Retire do fogo, deixe esfriar e reserve.

PREPARE O QUEIJO DE COALHO

▸ Corte 4 fatias do queijo de coalho com 0,5 cm de altura. Com o auxílio de um cortador de metal, recorte círculos dessas fatias. Pique o restante do queijo em cubos de 1 cm.

▸ Aqueça uma frigideira antiaderente em fogo alto e toste as fatias e os cubinhos de queijo de coalho, até dourarem de ambos os lados. Utilize uma pinça culinária de metal para virar o queijo. Reserve para a montagem.

FAÇA A MONTAGEM

▸ Acomode o cortador de metal no centro do prato de sobremesa. Coloque uma camada de furrundu no fundo, uma fatia de queijo de coalho e mais uma camada de furrundu por cima do queijo, formando um sanduíche.

▸ Ao redor, acomode três cubos de queijo de coalho. Com uma colher de sobremesa, pegue um pouco da calda do furrundu e despeje sobre os cubos de queijo de modo que ela escorra para o lado.

▸ Decore os cubos de queijo com uma pétala de flor comestível e retire o aro. Faça uma quenelle (ver p. 40) com o sorvete e coloque-a sobre o furrundu. Sirva imediatamente, enquanto o queijo ainda está quente e o sorvete está firme.

TARTE TATIN DE CAJU

TARTE TATIN DE CAJU

DIFICULDADE: ●●○   **PREPARO:** 1 HORA E 20 MINUTOS   **COZIMENTO:** 2 HORAS E 40 MINUTOS

CONSERVAÇÃO: 5 DIAS NA GELADEIRA   TORTA DE 20 CM A 25 CM

A tarte tatin, sobremesa clássica da culinária francesa, é uma torta de maçãs caramelizadas invertida, ou seja, com a massa para cima. É um prato icônico da gastronomia francesa e uma deliciosa opção de sobremesa. Após alguns testes, os chefs do Le Cordon Bleu encontraram no fruto fresco do caju a textura ideal para uma releitura do clássico francês. E o zimbro e o manjericão trouxeram à receita um toque refrescante.

EQUIPAMENTOS ESPECIAIS: FRIGIDEIRA SAUTEUSE DE 30 CM DE DIÂMETRO DE FERRO (OU ANTIADERENTE) APTA PARA IR AO FORNO, PALITO DE MADEIRA, BALANÇA DE PRECISÃO, FILME DE PVC, PENEIRA DE METAL DE MALHA FINA, ROLO DE MASSA, ESPÁTULA

PARA O DOCE DE CAJU

300 ml de cajuína

150 ml de açúcar refinado

50 ml de cachaça

5 g de zimbro

22 cajus frescos inteiros

suco de caju concentrado se necessário

10 folhas de manjericão

água se necessário

PARA A MASSA BRISÉE DOCE

250 g de farinha de trigo e mais um pouco para polvilhar

3 g de sal

125 g de manteiga sem sal gelada cortada em cubinhos

40 g de açúcar de confeiteiro

1 ovo levemente batido

DICA DO CHEF

Caso não encontre cajus frescos, prepare esta mesma receita com sua fruta clássica, a maçã.

VOCÊ SABIA?

Fazer uma tarte tatin perfeita requer algum nível de habilidade técnica, pois é preciso caramelizar a calda no grau certo e assar a massa até que fique dourada e crocante. Virar a torta também requer certa aptidão, pois o caramelo quente pode se revelar perigoso. A massa da torta, se enrolada em filme de PVC, fica bem conservada por até dois dias na geladeira.

PREPARE O DOCE DE CAJU

▸ Coloque a cajuína, o açúcar, a cachaça e o zimbro em uma frigideira sauteuse, leve ao fogo médio e deixe reduzir até formar um caramelo leve (cerca de 10 minutos). Evite mexer para não açucarar o caramelo. Retire do fogo e reserve.

▸ Fure os cajus com um palito, esprema-os bem sobre uma tigela, com cuidado para não romper a casca, e reserve 300 ml do suco. Caso não consiga extrair 300 ml, adicione suco de caju concentrado para completar.

▸ Em seguida, ponha os cajus, o suco de caju e o manjericão na frigideira com o caramelo, tampe e deixe cozinhar em fogo bem baixo por cerca de 2 horas. Se necessário, acrescente água para finalizar a cocção. O que se espera é o caramelo, sem líquido extra. Retire do fogo e reserve.

PREPARE A MASSA BRISÉE DOCE

▸ Em uma tigela, peneire juntos a farinha e o sal. Junte a manteiga gelada e inicie a técnica de sablage: misture delicadamente com as mãos, amassando com a ponta dos dedos até formar uma farofa.

▸ Em seguida, adicione o açúcar e repita o processo. Na sequência, faça o mesmo com o ovo. Não pode sovar a massa.

▸ Transfira a massa para uma bancada e, com a parte inferior da palma da mão, inicie a técnica de fraiser: esfregue a massa para eliminar os grumos e deixá-la homogênea.

▸ A seguir, faça uma bola com a massa, embrulhe em filme de PVC e achate levemente com as mãos. Leve à geladeira por 1 hora no mínimo.

FAÇA A MONTAGEM

▸ Preaqueça o forno a 180 °C.

▸ Polvilhe a bancada de trabalho com farinha. Tire a massa da geladeira, coloque sobre a bancada enfarinhada e abra com um rolo, de modo a formar um círculo de 31 cm de diâmetro e 0,5 cm de espessura. Reserve.

▸ Retire as folhas de manjericão e as bolinhas de zimbro do doce de caju e cuidadosamente disponha os cajus no fundo da frigideira, formando um círculo. Em seguida, cubra a frigideira com a massa, pressionando delicadamente para não deixar bolhas de ar entre o doce e a massa. Com uma espátula, molde a massa nas bordas da frigideira.

▸ Leve a frigideira ao forno por cerca de 25 minutos. Retire do forno, aguarde amornar e vire a torta com cuidado em um prato raso, para que os cajus fiquem para cima. Sirva ainda quente.

▸ A tarte tatin pode ser servida acompanhada de sorvete de baunilha do Cerrado (ver p. 251).

PAVÊ DE CAFÉ E BISCOITO ARTESANAL

DIFICULDADE: ●●○ **PREPARO:** 1 HORA **COZIMENTO:** 20 MINUTOS

CONSERVAÇÃO: 2 DIAS NA GELADEIRA   PORÇÕES

Este é, literalmente, o pavê para ver e comer. Os chefs do Le Cordon Bleu decidiram misturar a leveza do italiano tiramisu com a tradição do pavê brasileiro, preparado com biscoito champagne. Para esta receita, fizeram o biscoito de maneira artesanal, o que enriquece o preparo.

EQUIPAMENTOS ESPECIAIS: BATEDEIRA COM BATEDOR DO TIPO GLOBO, PENEIRA DE METAL DE MALHA FINA, ESPÁTULA DE SILICONE, SACO DE CONFEITAR, BICO DE CONFEITAR REDONDO LISO, TAPETE DE SILICONE DE 45 CM, ASSADEIRA RETANGULAR DE 45 CM, ESPÁTULA DE METAL, PAPEL-MANTEIGA

PARA O BISCOITO

100 g de clara

80 g de açúcar refinado

70 g de gema

30 g de amido de milho

40 g de farinha de trigo

açúcar de confeiteiro para polvilhar

PARA A CALDA DE CAFÉ

250 ml de leite integral

50 g de açúcar refinado

70 ml de café coado

PARA O CREME

2 claras

2 gemas

250 ml de creme de leite fresco gelado

250 g de queijo mascarpone italiano

60 g de açúcar refinado

PARA A DECORAÇÃO DE CHOCOLATE

200 g de chocolate ao leite derretido

PARA A MONTAGEM

cacau em pó a gosto

folha de ouro a gosto (opcional)

DICA DO CHEF

O mascarpone pode ser substituído por nata.

PREPARE O BISCOITO

▸ Preaqueça o forno a 160 °C. Para manter a temperatura do forno de cozinha caseiro abaixo de 180 °C, pode-se manter a porta aberta com o auxílio de uma colher de pau.

▸ Coloque as claras na batedeira com 40 g de açúcar e bata, com o batedor do tipo globo, até o ponto de clara em neve. Reserve em uma tigela à parte.

▸ Adicione as gemas e o restante do açúcar à batedeira e bata até formar um creme esbranquiçado e volumoso. Reserve.

▸ Em outra tigela, peneire o amido e a farinha e, utilizando uma espátula de silicone, incorpore delicadamente as claras em neve e as gemas batidas nessa mistura. Mexa com cuidado para não perder o aerado das claras. Passe essa massa para o saco de confeitar montado com o bico redondo liso.

▸ Forre uma assadeira com um tapete de silicone e, com o saco de confeitar, faça porções da massa em formato de biscoito champanhe. Polvilhe com o açúcar de confeiteiro e asse os biscoitos até ficarem levemente dourados (cerca de 10 minutos). Retire do forno e reserve.

PREPARE A CALDA DE CAFÉ

▸ Coloque o leite, o açúcar e o café em uma caçarola pequena funda e leve ao fogo baixo até derreter o açúcar. Retire do fogo, passe a calda para um prato fundo e reserve.

PREPARE O CREME

▸ Bata as claras na batedeira com o batedor do tipo globo até o ponto de clara em neve e reserve em uma tigela grande.

▸ Em seguida, bata as gemas em velocidade alta, até elas ficarem esbranquiçadas e espumosas. Reserve em outra tigela.

▸ Por último, bata o creme de leite na batedeira até formar um chantili e reserve separadamente.

▸ Na tigela grande, misture o mascarpone com as claras em neve delicadamente, com uma espátula de silicone. Junte o açúcar e as gemas e, por último, o chantili, mexendo de baixo para cima. Reserve na geladeira até o momento da montagem.

PREPARE A DECORAÇÃO DE CHOCOLATE

▸ Em um tapete de silicone, espalhe o chocolate derretido, formando um retângulo com 2 mm de espessura. Deixe esfriar e endurecer em temperatura ambiente por cerca de 1 hora.

▸ Após esse tempo, com uma espátula de metal ou uma faca de chef, corte o chocolate delicadamente em triângulos obtusângulos de cerca de 10 cm de comprimento. Coloque em uma assadeira forrada com papel-manteiga e leve à geladeira até o momento da montagem.

FAÇA A MONTAGEM

▸ Mergulhe rapidamente os biscoitos na calda de café, um de cada vez, deixe escorrer o excesso de líquido e reserve.

▸ Nas taças de sobremesa, coloque uma camada de creme, uma camada de biscoito e finalize com uma segunda camada de creme.

▸ Polvilhe cacau em pó, acomode a decoração de chocolate em pé, no centro da taça, e, caso queira, finalize com um pedaço delicado de folha de ouro.

▸ Leve à geladeira por cerca de 40 minutos antes de servir.

PAVÊ DE CAFÉ E BISCOITO ARTESANAL

MARIA-MOLE DE CUPUAÇU

MARIA-MOLE DE CUPUAÇU

DIFICULDADE: ●○○   **PREPARO:** 3 HORAS E 30 MINUTOS

CONSERVAÇÃO: 5 DIAS NA GELADEIRA   PORÇÕES

A maria-mole é um doce genuinamente brasileiro e muito popular no país. Costuma ser servida em festas infantis. Acredita-se que ela tenha surgido na década de 1950, em Minas Gerais. Na época, era feita apenas com coco ralado e açúcar e vendida em barracas de rua. Com o tempo, a receita foi sofrendo modificações, e novos ingredientes foram incorporados, como a gelatina, que ajuda a dar a consistência aerada e firme. É fácil de preparar e pode ser feita em diversas variações, com diferentes sabores e coberturas.

EQUIPAMENTOS ESPECIAIS: BATEDEIRA COM BATEDOR DO TIPO GLOBO, FILME DE PVC, ASSADEIRA DE 25 CM, PAPEL-MANTEIGA

PARA A MARIA-MOLE
100 ml água
200 g de açúcar refinado
14 g de gelatina em folha sem sabor
2 claras
250 g de polpa de cupuaçu líquida
óleo de girassol para untar

PARA A MONTAGEM
coco seco ralado a gosto
chocolate 55% de cacau derretido a gosto

PREPARE A MARIA-MOLE

▸ Ponha a água e o açúcar em uma caçarola pequena funda e leve ao fogo médio. Quando a calda atingir 119 °C, retire do fogo. Espere a temperatura baixar até 80 °C.

▸ Hidrate a gelatina com água conforme as instruções da embalagem e adicione à calda. Reserve.

▸ Bata as claras na batedeira com o batedor do tipo globo, em velocidade alta, até o ponto de clara em neve. Continue batendo e adicione a calda em fio, para obter um merengue brilhoso e denso.

▸ Acrescente a polpa de cupuaçu e bata o suficiente para obter um creme homogêneo.

▸ Despeje o creme em uma assadeira untada com óleo e forrada com filme de PVC e leve à geladeira por, no mínimo, 3 horas.

FAÇA A MONTAGEM

▸ Retire a assadeira da geladeira e corte as marias-moles no formato desejado: cubos de 4 cm ou retângulos de 8 cm × 4 cm.

▸ Em um prato raso, faça uma cama com o coco seco e empane parte das marias-moles.

▸ Faça um cornet de papel-manteiga (ver p. 235) e, com o chocolate derretido, decore as demais marias-moles. Leve à geladeira por 10 minutos para endurecer o chocolate.

DICA DO CHEF

A polpa de cupuaçu pode ser substituída por polpa de cacau, de graviola ou de lichia.

**TAPIOCA BRÛLÉE
COM MANTA DE HIBISCO**

TAPIOCA BRÛLÉE COM MANTA DE HIBISCO

DIFICULDADE: ●●○   **PREPARO:** 6 HORAS   **COZIMENTO:** 20 MINUTOS

CONSERVAÇÃO: 5 DIAS NA GELADEIRA   **PORÇÕES**

A farinha de tapioca flocada é um ingrediente amplamente utilizado na cultura brasileira, especialmente nas regiões Norte e Nordeste. Sua popularidade tem se espalhado por outras regiões do país e até mesmo internacionalmente, e por essa razão ela se tornou um ingrediente comum em muitos cafés e restaurantes ao redor do mundo. Os chefs do Le Cordon Bleu se inspiraram em sua versatilidade para desenvolver esta sobremesa plant based e saudável.

EQUIPAMENTOS ESPECIAIS: ASSADEIRA RETANGULAR DE 20 CM, ASSADEIRA RETANGULAR DE 30 CM, FILME DE PVC, CORTADOR DE METAL REDONDO COM 10 CM DE DIÂMETRO, CORTADORES DE METAL COM OUTROS TAMANHOS (OPCIONAL), BALANÇA DE PRECISÃO, PENEIRA DE METAL DE MALHA FINA, PAPEL-MANTEIGA, RALADOR, ESPÁTULA DE METAL, MAÇARICO, PROCESSADOR

PARA A PLACA DE TAPIOCA

400 ml de leite de coco

70 g de açúcar demerara triturado até virar pó e mais um pouco para polvilhar

½ fava de baunilha do Cerrado

65 g de farinha de tapioca flocada

óleo de girassol para untar

PARA A MANTA DE HIBISCO

120 ml de água

5 g de flor de hibisco

20 g de açúcar demerara

2 g de ágar-ágar

PARA A MANGA TOSTADA

1 manga palmer madura sem casca cortada em cubos de 1,5 cm

sementes de puxuri raladas a gosto

PARA A MONTAGEM

mirtilos cortados em quartos a gosto

flores comestíveis a gosto

folhas de cerefólio a gosto

DICA DO CHEF

A farinha de tapioca flocada pode ser substituída por tapioca granulada. Nesse caso, é preciso deixá-la de molho em água por 1 hora e escorrer antes de usar. A baunilha do Cerrado pode ser substituída por baunilha comum, e o ágar-ágar pode ser substituído por gelatina incolor. Nesse caso, porém, a receita deixa de ser plant based. Pode-se usar noz-moscada no lugar do puxuri e clitória no lugar do hibisco. Caso decida usar a clitória, acrescente algumas gostas de limão na hora de coar para obter a cor rosa.

PREPARE A PLACA DE TAPIOCA

▸ Coloque o leite de coco, o açúcar, a fava de baunilha e suas sementes raspadas em uma caçarola média funda e leve ao fogo médio. Misture bem e deixe ferver até o açúcar derreter. Adicione a farinha de tapioca flocada e cozinhe por cerca de 10 minutos para hidratar, mexendo sem parar.

▸ Unte a assadeira de 20 cm com o óleo de girassol e forre-a com uma camada de filme de PVC. Descarte a fava de baunilha do creme de tapioca e transfira-o para a assadeira. Deixe esfriar e endurecer em temperatura ambiente. Assim que esfriar, leve à geladeira por 4 horas.

▸ Passado o tempo, desenforme a placa de tapioca em uma tábua e, com o cortador, corte 4 círculos. Com uma peneira, polvilhe uma camada fina de açúcar demerara no topo dos círculos e caramelize com o maçarico, até formar uma casquinha dourada. Reserve.

PREPARE A MANTA DE HIBISCO

▸ Coloque a água, a flor de hibisco, o açúcar demerara e o ágar-ágar em uma caçarola pequena funda ❶ e leve ao fogo médio. Quando levantar fervura, abaixe o fogo e deixe cozinhar por 2 minutos.

▸ Em seguida, retire do fogo e coe com uma peneira de malha fina ❷ para remover a parte sólida da flor. Depois, transfira o líquido para a assadeira de 30 cm, formando uma camada com 3 mm de espessura ❸.

▸ Leve à geladeira por cerca de 2 horas. O líquido endurecerá e formará uma manta com um aspecto de gelatina. Retire da geladeira e corte círculos com o cortador de metal ❹.

▸ Utilize uma espátula para retirar os círculos da assadeira sem quebrar ❺. Você pode fazer vários tamanhos de círculos. Acomode os círculos entre quadrados de papel-manteiga ❻ para que não grudem uns nos outros. Reserve.

PREPARE A MANGA TOSTADA

▸ Toste as laterais dos cubos de manga com o maçarico para destacar o formato. Tempere com uma pitada de sementes de puxuri raladas e reserve.

FAÇA A MONTAGEM

▸ Em um prato, coloque os círculos de tapioca com a crosta caramelizada para cima. Ao lado, disponha os cubos de manga tostados.

▸ Decore com os círculos de manta de hibisco e finalize com os mirtilos, as folhas de cerefólio e as pétalas de flores comestíveis.

DOCES E SOBREMESAS • 265

CLAFOUTIS DE BANANA E DOCE DE LEITE COM SORVETE DE CUMARU

CLAFOUTIS DE BANANA E DOCE DE LEITE COM SORVETE DE CUMARU

DIFICULDADE: ●●○   **PREPARO:** 12 HORAS   **COZIMENTO:** 35 MINUTOS

CONSERVAÇÃO: 2 DIAS NA GELADEIRA      4 PORÇÕES, OU 1 LITRO DE SORVETE

O clafoutis é uma sobremesa francesa originária da região de Limousin. É cremoso, assado e tradicionalmente feito com cerejas. Nesta releitura brasileira, os chefs do Le Cordon Bleu usaram banana e doce de leite. Um acompanhamento clássico do clafoutis é o sorvete, que, para esta receita, foi preparado com sementes de cumaru, um ingrediente amazônico de aroma doce, amadeirado e com notas de caramelo.

EQUIPAMENTOS ESPECIAIS: BATEDEIRA COM BATEDOR DO TIPO GLOBO, TERMÔMETRO CULINÁRIO, FOUET, CONCHA PEQUENA, PENEIRA DE METAL DE MALHA FINA E 4 CUMBUCAS REFRATÁRIAS DE 10 CM DE DIÂMETRO

PARA O SORVETE DE CUMARU

700 ml de leite integral

250 g de creme de leite fresco

200 g de açúcar refinado

5 g de sementes de cumaru (fava tonka) raladas finamente

37 g de leite em pó

95 g de gema peneirada

PARA O CLAFOUTIS

40 g de manteiga sem sal e mais um pouco para untar

2 bananas-prata cortadas em rodelas de 3 cm

60 g de açúcar refinado

2 ovos

50 ml de creme de leite fresco

50 ml de leite integral

25 g de farinha de trigo

80 g de doce de leite

PARA A MONTAGEM

flor de amaranto a gosto

DICA DO CHEF

O cumaru pode ser substituído por noz-moscada.

PREPARE O SORVETE DE CUMARU

▸ Numa caçarola média funda, aqueça o leite, o creme de leite, 100 g de açúcar e o cumaru em fogo médio até alcançar 40 °C. Acrescente o restante do açúcar já misturado com o leite em pó, cozinhe até alcançar 90 °C e despeje sobre as gemas em uma tigela.

▸ Com um mixer, bata a mistura até homogeneizar. Tampe com filme de PVC de modo que ele fique em contato com o creme e leve à geladeira por 12 horas.

▸ Após esse tempo de maturação, passe o creme pela peneira e bata na sorveteira até obter o ponto de sorvete. Reserve no freezer até o momento da montagem.

PREPARE O CLAFOUTIS

▸ Preaqueça o forno a 160 °C. Para manter a temperatura do forno de cozinha caseiro abaixo de 180 °C, pode-se manter a porta aberta com o auxílio de uma colher de pau.

▸ Unte as cumbucas refratárias com manteiga e reserve.

▸ Coloque a banana, o açúcar e a manteiga em uma caçarola média funda, leve ao fogo médio e cozinhe até o açúcar caramelizar e a banana ficar macia e untuosa por fora, mas ainda firme no interior (cerca de 7 minutos). Mexa o mínimo possível para não açucarar.

▸ Em uma tigela, coloque os ovos, o creme de leite e o leite e bata com um fouet. Adicione a farinha de trigo e bata até misturar bem e formar uma massa líquida.

▸ Preencha as cumbucas até a metade com a massa e, delicadamente, distribua a banana caramelada e colheradas de doce de leite por cima da massa. Asse de 10 a 15 minutos, até que a massa fique dourada.

FAÇA A MONTAGEM

▸ Assim que retirar as cumbucas de clafoutis do forno, acomode-as em uma bancada. Coloque uma quenelle (ver p. 40) de sorvete de cumaru por cima dos clafoutis. Decore uma ponta do sorvete com a flor de amaranto e sirva imediatamente.

FLÃ DE AÇAÍ COM COULIS DE CAMAPU, CROCANTE DE TAPIOCA E AMORAS

DIFICULDADE: ●●○ **PREPARO:** 1 HORA E 40 MINUTOS **COZIMENTO:** 30 MINUTOS

CONSERVAÇÃO: 5 DIAS NA GELADEIRA PORÇÕES

O camapu, também chamado de físalis, é uma planta medicinal encontrada nos biomas da Amazônia, da Mata Atlântica e do Cerrado. Juntando-a ao açaí, outra fruta nativa emblemática e saudável, os chefs do Le Cordon Bleu desenvolveram uma sobremesa plant based rica em nutrientes provenientes de alimentos funcionais.

EQUIPAMENTOS ESPECIAIS: ASSADEIRA RETANGULAR DE 30 CM, TAPETE DE SILICONE DE 30 CM, ESPÁTULA, LIQUIDIFICADOR, PENEIRA DE METAL COM MALHA FINA, PROCESSADOR, FILME DE PVC, BALANÇA DE PRECISÃO

PARA O CROCANTE

40 g de melado de cana

25 g de farinha de tapioca flocada

10 g de sementes de chia

25 g de sementes de linhaça dourada

PARA O COULIS DE CAMAPU

150 g de camapus sem a casca externa e sem a semente

150 ml de água e mais um pouco se necessário

30 g de açúcar demerara

PARA O FLÃ DE AÇAÍ

300 g de polpa de açaí pura

200 ml de leite de castanha-de-caju

100 g de banana-nanica madura

30 g de melado de cana

3 g de maca peruana

sementes de ½ fava de baunilha

5 g de ágar-ágar

20 g de açúcar demerara

PARA A MONTAGEM

amoras frescas a gosto

flores comestíveis a gosto

DICA DO CHEF

O leite de castanha-de-caju pode ser substituído por leite de amêndoas. O camapu pode ser substituído por maracujá e a farinha de tapioca flocada, por arroz tufado.

PREPARE O CROCANTE

▸ Preaqueça o forno a 160 °C. Para manter a temperatura do forno de cozinha caseiro abaixo de 180 °C, pode-se manter a porta aberta com o auxílio de uma colher de pau.

▸ Em uma tigela, misture o melado, a farinha de tapioca e as sementes de chia e de linhaça. Forre a assadeira com o tapete de silicone e, com uma espátula, espalhe a massa até ela ficar com 0,5 cm de espessura.

▸ Asse por cerca de 10 minutos, até que a massa esteja crocante e dourada. Retire do forno e deixe esfriar em temperatura ambiente. Reserve.

PREPARE O COULIS DE CAMAPU

▸ Coloque os camapus e a água em uma caçarola pequena funda, leve ao fogo baixo e cozinhe até que a fruta comece a amolecer (entre 2 e 3 minutos).

▸ Em seguida, adicione o açúcar e cozinhe até ele derreter, mexendo esporadicamente. Acrescente mais água caso ela evapore muito rápido. Assim que o açúcar derreter e o camapu começar a se desmanchar na superfície, retire do fogo e bata tudo no liquidificador até formar uma calda.

▸ Coe a calda em uma peneira sobre uma tigela e leve à geladeira por cerca de 20 minutos. Reserve na geladeira até o momento da montagem.

PREPARE O FLÃ DE AÇAÍ

▸ Coloque no processador o açaí, o leite de castanha, a banana, o melado, a maca peruana, as sementes de baunilha, o ágar-ágar e o açúcar. Processe até formar um creme liso e aveludado.

▸ Em seguida, transfira o creme para uma caçarola pequena funda e cozinhe em fogo baixo até levantar fervura, para ativar o ágar-ágar.

▸ Transfira o creme para as taças de sobremesa, cubra com filme de PVC e leve à geladeira por cerca de 1 hora, para resfriar e dar consistência de flã. Reserve na geladeira até o momento da montagem.

FAÇA A MONTAGEM

▸ Na hora de servir, adicione uma camada de coulis de camapu por cima do flã e coloque 2 ou 3 amoras em cada taça.

▸ Quebre pedaços do crocante e coloque ao lado das amoras. Finalize com pétalas de flores comestíveis.

FLÃ DE AÇAÍ COM COULIS DE CAMAPU, CROCANTE DE TAPIOCA E AMORAS

CUCA DE UVA COM
CREME INGLÊS

CUCA DE UVA COM CREME INGLÊS

DIFICULDADE: ●●○   **PREPARO:** 2 HORAS   **COZIMENTO:** 1 HORA

CONSERVAÇÃO: 5 DIAS NA GELADEIRA      PÃES DE 100 G

A cuca é um prato popular no Sul do Brasil, pois foi trazida pelos imigrantes alemães que se estabeleceram nessa região no século XIX. Trata-se de uma adaptação de uma sobremesa popular da Alemanha, um bolo chamado Streuselkuchen. "Kuchen", que significa "bolo", se tornou "cuca" no Brasil. A receita original pode variar um pouco, mas em geral consiste em uma massa doce coberta com uma camada de Streusel, ou farofa doce.

EQUIPAMENTOS ESPECIAIS: BALANÇA DE PRECISÃO, BATEDEIRA COM BATEDOR DO TIPO GANCHO, TIGELA GRANDE, FILME DE PVC, FERMENTADORA, 4 FORMINHAS RETANGULARES DE BOLO INGLÊS DE 13 CM, PINCEL DE SILICONE, FOUET, CONCHA PEQUENA, PENEIRA DE MALHA FINA

PARA A FAROFA DOCE

25 g de farinha de trigo especial para bolo

35 g de açúcar refinado

2,5 ml de extrato de baunilha

15 g de manteiga gelada cortada em cubos

PARA A CUCA

3,7 g de sal

250 g de farinha de trigo (para pães)

50 g de açúcar cristal

4 g de fermento biológico seco instantâneo

60 ml de leite integral gelado

65 ml de água gelada

½ ovo levemente batido

1,5 ml de extrato de baunilha

canela em pó a gosto

noz-moscada ralada a gosto

5 g de banha de porco em temperatura ambiente

5 g de manteiga sem sal em temperatura ambiente

250 g de uvas pretas sem semente (Isabel) lavadas e higienizadas

óleo de girassol para untar

1 gema levemente batida

20 ml de creme de leite fresco

PARA O CREME INGLÊS

2 gemas peneiradas

40 g de açúcar refinado

175 ml de leite integral

¼ de fava de baunilha

VOCÊ SABIA?

Para verificar se a rede de glúten está bem desenvolvida, pegue um pouco de massa e estique-a com as mãos. A massa estará no ponto se der para enxergar através dela. Já para simular uma fermentadora, ferva uma panela média com água e coloque no piso inferior do forno. Na grade superior, ponha as fôrmas com a massa modelada. Feche o forno e espere a massa dobrar de tamanho e estar 1 cm abaixo da borda (30 minutos). Retire do forno e ponha em local sem corrente de ar. Retire a panela do forno e acenda-o na temperatura solicitada. Espere aquecer para levar a massa para assar.

PREPARE A FAROFA DOCE

▸ Coloque a farinha, o açúcar, a baunilha e a manteiga em uma tigela e, com a ponta dos dedos, misture os ingredientes de modo a formar uma farofa. Essa farofa deverá apresentar pedaços de manteiga. Reserve.

PREPARE A CUCA

▸ Monte a batedeira com o batedor do tipo gancho e bata o sal, a farinha de trigo, o açúcar e o fermento em velocidade baixa, para aerar os ingredientes secos. Em seguida, adicione o leite e 80% da água (52 ml). Espere a farinha absorver todo o líquido e junte o ovo, o extrato de baunilha, a canela em pó e a noz-moscada. Bata até a massa ficar homogênea, sempre verificando a necessidade de acrescentar a água restante (a massa deve ficar com uma consistência bem macia). Acrescente a banha e a manteiga e bata em velocidade alta até atingir o ponto de véu (entre 10 e 15 minutos).

▸ Unte as mãos e a bancada de trabalho com um pouco de óleo, coloque a massa sobre a superfície e faça movimentos circulares para transformá-la em uma bola. Acondicione a bola de massa em uma tigela grande untada com óleo, cubra com filme de PVC e espere até ela dobrar de volume (cerca de 1 hora), em temperatura ambiente. Após a primeira fermentação, retire a massa da tigela, coloque-a novamente sobre a bancada untada e aperte cuidadosamente com as mãos para retirar as bolhas de fermentação.

▸ Divida a massa em quatro porções iguais (cerca de 100 g cada). Com as mãos, abra cada pedaço de massa em um retângulo, distribua sobre eles metade das uvas e acomode-os nas forminhas untadas com óleo. Em seguida, distribua por cima a outra metade das uvas, apertando delicadamente para que parte delas afunde na massa. Leve as fôrmas para a fermentadora e espere que cresçam até 1 cm abaixo da borda das forminhas (cerca de 40 minutos).

▸ Em seguida, em uma tigela pequena, misture a gema batida com o creme de leite. Retire as forminhas da fermentadora com cuidado e, com um pincel de silicone, pincele a massa com essa mistura. Por fim, distribua a farofa doce pela superfície.

▸ Preaqueça o forno a 160 °C. Para manter a temperatura do forno de cozinha caseiro abaixo de 180 °C, pode-se manter a porta aberta com o auxílio de uma colher de pau.

▸ Leve as cucas para assar por cerca de 40 minutos. Quando estiverem douradas, retire do forno e espere amornar para desenformá-las. Reserve.

PREPARE O CREME INGLÊS

▸ Coloque as gemas e o açúcar em uma tigela e bata com um fouet até formar um creme esbranquiçado.

▸ Coloque o leite e a fava de baunilha, com as sementes raspadas, em uma caçarola pequena funda e leve ao fogo médio. Assim que levantar fervura, retire do fogo e coloque uma concha pequena do leite quente na tigela com as gemas e bata vigorosamente para fazer a temperagem (ver p. 231).

▸ Em seguida, transfira as gemas para a caçarola com o leite e cozinhe em fogo baixo por cerca de 7 minutos, mexendo sem parar, até o creme atingir o ponto nappé (ver p. 151). Retire do fogo, passe pela peneira e reserve.

FAÇA A MONTAGEM

▸ Coloque as cucas fatiadas em pratos rasos. Distribua o creme inglês em pequenos potinhos e sirva junto.

DICA DO CHEF

A farinha de trigo para pães pode ser substituída pela farinha de trigo comum. A uva Isabel pode ser substituída por outros tipos de uva ou cereja fresca.

BEBIDAS

CAIPIRINHA DE MARACUJÁ
COM PIMENTA DEDO-DE-MOÇA

CAIPIRINHA DE MARACUJÁ COM PIMENTA DEDO-DE-MOÇA

DIFICULDADE: ●○○ **PREPARO:** 15 MINUTOS
CONSERVAÇÃO: CONSUMO IMEDIATO   **4 PORÇÕES**

O Brasil é mundialmente conhecido pela tradicional caipirinha com limão, um clássico da coquetelaria nacional. Mas os chefs do Le Cordon Bleu decidiram apresentar outra versão – não tão famosa mas igualmente apreciada –, com sabores que remetem à cidade de Paraty, local com o primeiro registro escrito (1856) do uso dessa bebida "para curar os males da cólera".

EQUIPAMENTOS ESPECIAIS: COQUETELEIRA, PILÃO E 4 COPOS LONG DRINK

PARA A CAIPIRINHA

4 limões-cravo

açúcar a gosto

320 g de polpa de maracujá fresca

pimenta dedo-de-moça sem sementes cortada em rodelas finas a gosto

320 ml de cachaça prata, preferencialmente de Paraty

cubos de gelo a gosto

PARA A FINALIZAÇÃO

cubos de gelo a gosto

flores comestíveis

PREPARE A CAIPIRINHA

▸ Retire a casca, a parte branca do miolo e as sementes dos limões, deixando apenas os gomos. Reserve.

▸ Divida todos os ingredientes da receita em 4 partes e prepare uma ou duas doses por vez.

▸ Coloque na coqueteleira o açúcar e o limão. Amasse com o pilão para extrair o suco, acrescente a polpa de maracujá, a pimenta, a cachaça e alguns cubos de gelo. Verifique se a quantidade de açúcar é suficiente. Feche a coqueteleira e, com as duas mãos, agite por cerca de 10 segundos.

FAÇA A FINALIZAÇÃO

▸ Despeje a caipirinha no copo long drink. Adicione mais cubos de gelo e decore com uma flor comestível.

DICA DO CHEF

O limão-cravo pode ser substituído pelo limão-siciliano.

BANZEIRO

DIFICULDADE: ●●○　**PREPARO:** 30 MINUTOS　**COZIMENTO:** 20 MINUTOS

CONSERVAÇÃO: CONSUMO IMEDIATO　　PORÇÕES

Eis um drinque bastante criativo e com inspiração cultural única. O coquetel criado pelo premiado bartender Laércio Zulu é uma combinação de cítrico com doçura sutil, de vinho tinto com espuma de gengibre, o que garante um sabor único e equilibrado. O nome do drinque faz referência ao fenômeno dos rios amazônicos, representa o movimento, a intensidade das correntes fluviais, e, para a população local, é determinante divisor para saídas diárias. Banzeiro representa um modo de ser ou estar.

EQUIPAMENTOS ESPECIAIS: LIQUIDIFICADOR, PENEIRA, SIFÃO COM 2 CÁPSULAS DE GÁS, COQUETELEIRA, 4 COPOS DE UÍSQUE

PARA A ESPUMA DE GENGIBRE

300 g de gengibre sem casca
900 ml de água
300 g de açúcar refinado
4 folhas de gelatina incolor sem sabor
100 ml de suco de limão-taiti coado
2 cápsulas de gás

PARA O BANZEIRO

cubos de gelo a gosto
80 ml de suco de limão-taiti
açúcar refinado a gosto
200 ml de cachaça armazenada em madeira amburana
40 ml de vinho tinto seco malbec

PREPARE A ESPUMA DE GENGIBRE

▸ No liquidificador, bata o gengibre e 600 ml de água. Em seguida, despeje em uma caçarola e leve ao fogo baixo para aferventar por cerca de 15 minutos. Adicione o açúcar e deixe ferver até o açúcar derreter e sobrar um líquido homogêneo.

▸ Enquanto isso, hidrate as folhas de gelatina nos 300 ml de água restantes.

▸ Retire a caçarola do fogo e passe o líquido pela peneira três vezes, para remover os sólidos (atenção, não pode ficar nada sólido, porque não passaria pelo sifão). Acrescente a gelatina hidratada e misture bem para dissolver. Adicione o suco de limão, misture bem e coloque no sifão. Reserve na geladeira até o momento da finalização.

FAÇA O BANZEIRO

▸ Encha os copos de uísque com cubos de gelo, para mantê-los gelados. Reserve.

▸ Coloque bastante gelo na coqueteleira, acrescente o limão, o açúcar e a cachaça e bata vigorosamente.

▸ Retire a água acumulada nos copos de uísque e despeje neles a mistura da coqueteleira. Acrescente o vinho delicadamente com uma colher de sobremesa, para formar uma camada bem fina na superfície.

FAÇA A FINALIZAÇÃO

▸ Retire o sifão da geladeira e espalhe a espuma de gengibre sobre a bebida, criando uma terceira camada. Sirva imediatamente.

DICA DO CHEF

A cachaça armazenada em madeira amburana faz toda a diferença na bebida. Recomendamos não substituir.

BANZEIRO

BEBIDAS

CAJU AMIGO

CAJU AMIGO

DIFICULDADE: ●●○ **PREPARO:** 4 DIAS **COZIMENTO:** 30 MINUTOS
CONSERVAÇÃO: CONSUMO IMEDIATO   PORÇÕES

O caju amigo é um coquetel icônico da cidade de São Paulo. Foi criado em 1974 pelo bartender Guilhermino Ribeiro dos Santos, no bar Pandoro. A receita original tem como base a vodca, mas, ao longo dos anos, foram feitas diversas adaptações para agradar a diferentes paladares. Os chefs do Le Cordon Bleu fizeram uma releitura com base na técnica de lactofermentação de frutas, para exaltar nuances de sabores além do adocicado do caju.

EQUIPAMENTOS ESPECIAIS: BALANÇA DE PRECISÃO, 1 SACO MÉDIO DE VÁCUO, MÁQUINA DE SELAR A VÁCUO CASEIRA, COLHER BAILARINA, 4 COPOS DE LONG DRINK

PARA O CAJU FERMENTADO

500 g de caju fresco sem casca e cortado em cubos

7,5 g de sal

2,5 g de açúcar refinado

PARA O DOCE DE CAJU FERMENTADO

1 fava de baunilha

200 g de água

200 g de açúcar refinado

PARA A FINALIZAÇÃO

cubos de gelo a gosto

240 ml de vodca

suco de limão-cravo a gosto

100 g de suco de caju natural

fava de baunilha a gosto

fatias de caju fresco a gosto

folhas de manjericão a gosto

PREPARE O CAJU FERMENTADO

▸ Em uma tigela, misture bem o caju com o sal e o açúcar. Transfira para o saco de vácuo e, com a máquina, retire o ar e sele. Deixe em local seco, protegido do sol e em temperatura ambiente por 4 dias, para fermentar.

PREPARE O DOCE DE CAJU FERMENTADO

▸ Passados os 4 dias de fermentação, retire o caju fermentado do saco de vácuo e reserve.

▸ Corte a fava de baunilha ao meio no sentido do comprimento, raspe as sementes com uma faca de legumes e coloque em uma caçarola média funda (reserve a fava para a finalização). Adicione a água e o açúcar à panela, misture bem e leve ao fogo médio até o líquido ser reduzido pela metade. Abaixe o fogo, espere a fervura abaixar e adicione o caju fermentado. Misture bem e cozinhe por 5 minutos. Reserve na geladeira até gelar (cerca de 1 hora).

FAÇA A FINALIZAÇÃO

▸ Pique o doce de caju fermentado e distribua os pedaços nos copos long drink. Acrescente cubos de gelo e 60 ml de vodca em cada copo.

▸ Adicione o suco de limão-cravo, o suco de caju e, com a colher bailarina, misture delicadamente. Corte as duas partes da fava de baunilha na metade, fazendo um corte diagonal. Decore os copos com um pedaço da fava de baunilha, as fatias de caju fresco e as folhas de manjericão.

VOCÊ SABIA?

Para fazer a fermentação do caju sem vácuo, utilize potes de vidro herméticos esterilizados. Durante os 4 dias, deixe os potes tampados em local seco e em temperatura ambiente. Caso utilize o saco de vácuo, pode haver um estufamento, o que é normal.

QUENTÃO

DIFICULDADE: ●○○ **PREPARO:** 10 MINUTOS **COZIMENTO:** 50 MINUTOS
CONSERVAÇÃO: CONSUMO IMEDIATO   PORÇÕES

O quentão é uma bebida muito apreciada pelos brasileiros no inverno, pois, além de aquecer o corpo, é muito saboroso e aromático. Além disso, é um dos símbolos da festa junina, uma das maiores festividades populares do país, com forte influência das culturas africana e indígena. A canela tostada ao final traz um toque extra para a receita.

EQUIPAMENTOS ESPECIAIS: 4 CANECAS DE VIDRO TRANSPARENTE

PARA O QUENTÃO

135 g de açúcar refinado
40 g de gengibre cortado em cubos de 2 cm
2 maçãs sem casca cortadas em cubos de 2 cm
6 cravos-da-índia inteiros
2 canelas em pau
4 anises-estrelados
500 ml de água quente
360 ml de cachaça branca
casca de 1 laranja
casca de 1 limão

PARA A FINALIZAÇÃO

4 canelas em pau tostadas
meias-luas de laranja a gosto
meias-luas de limão a gosto

PREPARE O QUENTÃO

▸ Coloque o açúcar em uma caçarola média funda e leve ao fogo médio até formar um caramelo claro. Em seguida, acrescente o gengibre, a maçã, os cravos-da-índia, a canela, os anises-estrelados e, aos poucos, a água, mexendo sempre para dissolver os torrões de açúcar que se formarem. Cozinhe de 10 a 15 minutos, abaixe o fogo, adicione a cachaça, espere ela esquentar e retire do fogo.

▸ Acrescente as cascas de laranja e de limão, tampe a panela e deixe em repouso por cerca de 15 minutos.

FAÇA A FINALIZAÇÃO

▸ Passe os pedaços de canela em pau na chama do fogão para deixá-los ligeiramente tostados. Reserve.

▸ Despeje o quentão nas canecas com pedaços de gengibre e de maçã e um anis-estrelado. Decore com os paus de canela tostados e as meias-luas de laranja e de limão.

QUENTÃO

SMOOTHIE DE AÇAÍ E
GRAVIOLA EM CAMADAS

SMOOTHIE DE AÇAÍ E GRAVIOLA EM CAMADAS

DIFICULDADE: ●○○ **PREPARO:** 15 MINUTOS
CONSERVAÇÃO: CONSUMO IMEDIATO 4 PORÇÕES

Um preparo simples, versátil e extremamente saudável. Os chefs utilizaram frutas nativas e incrementaram o valor nutricional desta bebida refrescante com a pasta de amendoim e o açaí liofilizado. Uma bebida perfeita para dias quentes e para antes de atividades físicas.

EQUIPAMENTOS ESPECIAIS: LIQUIDIFICADOR, ESPÁTULA DE SILICONE, 4 COPOS LONG DRINK

PARA O SMOOTHIE DE AÇAÍ

400 g de polpa de açaí congelada

4 bananas-ouro bem maduras sem casca fatiadas e congeladas

1 manga palmer bem madura picada grosseiramente e congelada

200 ml de suco de laranja

30 g de pasta de amendoim sem adição de açúcar (opcional)

açaí em pó liofilizado a gosto (opcional)

PARA O SMOOTHIE DE GRAVIOLA

400 g de polpa de graviola congelada

400 g de abacaxi picado em cubos congelado

240 ml de leite de coco

200 g de iogurte de coco vegano

60 ml de xarope de agave

extrato natural de baunilha a gosto

PARA A FINALIZAÇÃO

flores comestíveis a gosto

PREPARE O SMOOTHIE DE AÇAÍ

▸ Coloque no liquidificador a polpa de açaí, a banana, a manga, o suco de laranja e a pasta de amendoim e bata até obter uma mistura homogênea. Talvez seja necessário desligar o liquidificador e raspar as laterais com uma espátula de silicone para aproveitar os ingredientes. Se preferir, pode acrescentar o açaí liofilizado para intensificar a cor e o sabor. Em seguida, transfira a mistura para uma jarra e leve ao freezer até o momento da finalização.

PARA O SMOOTHIE DE GRAVIOLA

▸ Coloque no liquidificador a graviola, o abacaxi o leite e o iogurte de coco, o xarope de agave e o extrato de baunilha e bata até formar um creme liso. Em seguida, transfira para uma jarra e leve ao freezer até o momento da finalização.

FAÇA A FINALIZAÇÃO

▸ Encha os copos long drink com o smoothie de açaí até a metade. Em seguida, adicione o smoothie de graviola com cuidado, para formar duas camadas. Decore com a flor comestível.

DICA DO CHEF

O leite e o iogurte de coco podem ser substituídos pelo leite e o iogurte convencionais.

CACAUAÇU À LE CORDON BLEU

DIFICULDADE: ●●○ **PREPARO:** 4 HORAS E 10 MINUTOS

CONSERVAÇÃO: CONSUMO IMEDIATO   PORÇÕES

A granita, popularmente conhecida como raspadinha, é uma bebida tradicional no verão e nas praias brasileiras, também com a versão para maiores de 18 anos. Este drinque, cujo nome é uma junção das palavras "cacau" e "cupuaçu", foi criado pensando nessa tradição e nas praias de rio que surgem no verão amazônico e traz o toque de elegância Le Cordon Bleu.

EQUIPAMENTOS ESPECIAIS: LIQUIDIFICADOR, TRAVESSA REFRATÁRIA, 4 TAÇAS DE VINHO DO TIPO ISO, PENEIRA DE METAL DE 6 CM

PARA O CACAUAÇU

200 g de polpa de cacau congelada

200 ml de vodca

açúcar refinado a gosto

200 g de polpa de cupuaçu congelada

100 g de água

suco de 1 limão-cravo

PARA A MONTAGEM

cacau em pó a gosto

PREPARE O CACAUAÇU

▸ Coloque no liquidificador a polpa de cacau, a vodca e açúcar a gosto. Bata bem, passe para uma jarra e reserve na geladeira.

▸ Em uma caçarola média funda, em fogo médio, derreta a polpa de cupuaçu com a água e açúcar suficiente para adoçar. Deixe ferver, retire do fogo e adicione o suco de limão. Passe para um refratário e leve ao freezer para congelar. Depois de congelado, raspe com um garfo para obter uma raspadinha. Reserve no freezer.

FAÇA A FINALIZAÇÃO

▸ Encha metade das taças com a bebida de cacau e complete com a raspadinha de cupuaçu. Com a ajuda da peneira, polvilhe o cacau em pó e sirva imediatamente para não derreter.

DICA DO CHEF

Frutas amazônicas como o cacau e o cupuaçu são ricas em óleos naturais e muito cremosas. Podem ser substituídas por outras frutas doces com características similares, como a graviola e a lichia.

CACAUAÇU À LE CORDON BLEU

CHÁ-MATE GELADO COM GUARANÁ

CHÁ-MATE GELADO COM GUARANÁ

DIFICULDADE: ●○○ **PREPARO:** 1 HORA E 15 MINUTOS **COZIMENTO:** 15 MINUTOS
CONSERVAÇÃO: 2 DIAS **4 PORÇÕES**

A erva-mate é considerada uma bebida sagrada (Caá-Yari) por algumas culturas Guarani, por trazer energia, vitalidade e foco. Ela pode ser consumida quente ou fria. O chá gelado é tradicional na cidade do Rio de Janeiro, sendo muito consumido na praia por hidratar e ser refrescante. Mantivemos a receita popular, com a mistura do mate com o guaraná e o toque singelo do limão-siciliano, com seu perfume mais adocicado – uma combinação perfeita para trazer energia.

EQUIPAMENTOS ESPECIAIS: JARRA PARA 1 LITRO, FILME DE PVC, LIQUIDIFICADOR, PENEIRA DE METAL E 4 COPOS LONG DRINK

PARA O CHÁ GELADO

12 g de erva-mate seca e tostada
1 litro de água
suco de 2 limões-sicilianos sem casca e sem sementes
4 g de guaraná em pó
açúcar refinado a gosto

PARA A FINALIZAÇÃO

rodelas de limão-siciliano a gosto
cubos de gelo a gosto
raspas da casca de limão-siciliano a gosto

PREPARE O CHÁ GELADO

▸ Coloque a erva-mate em um recipiente com capacidade para 1 litro.

▸ Leve a água ao fogo e, quando ferver, despeje-a no recipiente com a erva-mate. Tampe e deixe repousar por 5 minutos. Coe o chá com a peneira e leve à geladeira até gelar.

▸ Coloque o chá gelado, o suco de limão, o guaraná e o açúcar no liquidificador e bata.

FAÇA A FINALIZAÇÃO

▸ Decore a lateral dos copos com rodelas de limão-siciliano e preencha com cubos de gelo. Encha o copo com o chá batido e decore com raspas de limão.

DICA DO CHEF

A erva-mate pode ser substituída pelo chá verde.

TABELA DE CONVERSÃO DE MEDIDAS

VOLUME LÍQUIDO

1,5 ml = ¼ de colher (chá)

3 ml = ½ colher (chá)

6 ml = 1 colher (chá)

15 ml = 1 colher (sopa)

60 ml = ¼ de xícara (chá)

80 ml, 85 ml = ⅓ de xícara (chá)

120 ml = ½ xícara (chá)

240 ml = 1 xícara (chá)

LATICÍNIOS

Creme de leite fresco

50 g = 3½ colheres (sopa)

100 g = ½ xícara (chá)

150 g = ⅔ de xícara (chá)

180 g = ¾ de xícara (chá)

Leite condensado

315 g = 1 xícara (chá)

Manteiga

14 g = 1 colher (sopa)

100 g = ½ xícara (chá)

Manteiga clarificada (ghee) e de garrafa

5 g = 1 colher (chá)

10 g = 2 colheres (chá)

Queijo de minas

Picado: 240 g = 1 xícara (chá)

Requeijão

15 g = 1 colher (sopa)

232 g = 1 xícara (chá)

CARNES E FRUTOS DO MAR

Bacon

Cubos pequenos: 175 g = 1 xícara (chá)

Fatias: 50 g = ½ xícara (chá)

Camarão fresco sem casca

115 g = 1 xícara (chá)

Camarão seco sem casca

15 g = 3 colheres (chá)

100 g = 1 xícara (chá) generosa

FARINÁCEOS

Ágar-ágar

1 g = ¼ de colher (chá)

2 g = ½ colher (chá)

3 g = ¾ de colher (chá)

4 g = 1 colher (chá)

Amido de milho

3 g = 1 colher (chá)

5 g = 2 colheres (chá)

15 g = 1½ colher (sopa)

110 g = 1 xícara (chá)

Farinha de mandioca
9 g = 1 colher (sopa)
150 g = 1 xícara (chá)

Farinha de tapioca flocada
150 g = 1 xícara (chá)

Farinha de trigo
10 g = 1 colher (sopa)
40 g = ¼ de xícara (chá)
50 g = ⅓ de xícara (chá)
80 g = ½ xícara (chá)
100 g = ⅔ de xícara (chá)
160 g = 1 xícara (chá)

Fubá
8 g = 1 colher (sopa)
115 g = 1 xícara (chá)

Polvilho doce ou azedo
9 g = 1 colher (sopa)
150 g = 1 xícara (chá)

Sagu de tapioca
15 g = 1 colher (sopa)
200 g = 1 xícara (chá)

GRÃOS, CASTANHAS E SEMENTES
Amendoim
14 g = 1 colher (sopa)
146 g = 1 xícara (chá)

Arroz branco
200 g = 1 xícara (chá)

Castanha-de-caju
100 g = ¾ de xícara (chá)
140 g = 1 xícara (chá)

Feijões
15 g = 1 colher (sopa)
200 g = 1 xícara (chá)

TEMPEROS
Açúcar
15 g = 1 colher (sopa) cheia
100 g = ½ xícara (chá)

Sal
1 g = ¼ de colher (chá)
3 g = ½ colher (chá)
5 g = 1 colher (chá)
15 g = 1 colher (sopa)

HORTIFRUTIGRANJEIROS
Alho
Picado: 10 g = 2 colheres (chá)
Picado: 20 g = 1½ colher (sopa)

Cebola
Picada: 25 g = 2 colheres (sopa)
Picada: 50 g = ⅓ de xícara (chá)

Coco seco ralado
5 g = 1 colher (sopa)
20 g = 5 colheres (sopa)

Ovo de galinha
Clara: 57,4% do peso total
Gema: 31% do peso total
Casca: 11,6% do peso total
Classe pequeno: em média 47 g sem a casca
Classe médio: em média 51 g sem a casca
Classe grande: em média 60 g sem a casca

Pimentões
Picado: 149 g = 1 xícara (chá)
Unidade pequena: em média 74 g
Unidade grande: em média 154 g

AGRADECIMENTOS

A publicação deste livro não teria sido possível sem o profissionalismo, o acompanhamento e o entusiasmo da equipe de coordenação. Obrigado a Luana Budel, Patrick Martin, Emine Hassan, Kaye Baudinette e Isaure Cointreau. Obrigado aos chefs Paulo Soares, Vitor Oliveira e Salvador Ariel. Obrigado a Marina Queiroz e Thais Panizza, das equipes acadêmica e técnica; à fotógrafa Luna Garcia e à sua equipe do Estúdio Gastronômico: Evandro Machado, Priscila Vieira e Netto Alves.

Gostaríamos de agradecer também à Editora Alaúde por fazer este livro maravilhoso conosco, particularmente a Ibraíma Dafonte Tavares e sua equipe: Cesar Godoy, Caroline David, Gabriela Paiva e Amanda Cestaro.

Expressamos nossa mais profunda gratidão ao Le Cordon Bleu **Rio de Janeiro**, ao Le Cordon Bleu **São Paulo** e seus chefs pelo tempo e pela dedicação ao projeto: Alain Uzan, Yann Kamps, Philippe Brye, Pablo Peralta, César Copquel, Thais Mouros, Eduardo Jacobsohn, Mylene Brito, Wilson Fernandes, Ozair Cavalcanti, Marcus Sales, Danilo Soares e Ingrid Coimbra. Assim como agradecemos a Carla Rosas e Louise van Hombeeck, das equipes gerencial e acadêmica.

Nosso muito obrigado ainda aos chefs do Le Cordon Bleu de todo o mundo pela criatividade e pela expertise, que contribuem para fazer a gastronomia brilhar mundialmente:

Le Cordon Bleu **Paris**, com os chefs Eric Briffard MOF, Patrick Caals, Williams Caussimon, Philippe Clergue, Olivier Guyon, René Kerdranvat, Yann Morel, Franck Poupard, Guillaume Siegler, Fabrice Danniel, Laurent Bichon, Corentin Droulin, Richard Lecoq, Oliver Mahut, Emmanuel Martelli, Soyeon Park, Olivier Boudot e Frédéric Hoël.

Le Cordon Bleu **London**, com os chefs Emil Minev, Éric Bediat, Julie Walsh, Anthony Boyd, Colin Barnett, Jamal Bendghoughi, Marco Ardemagni, Zakaria El Hamdou, Fabrice Monperrus, Colin Westal, Jean--François Favy, Nick Patterson, Matthew Hodgett, Dominique Moudart, Circle Wong e Douglas Bond Mollitt.

Le Cordon Bleu **Tokyo**, com o chef Gilles Company.

Le Cordon Bleu **Ottawa**, com os chefs Yannick Anton, Yann Le Coz, Vincent Koperski, Beatrice Dupasquier e Arnaud DeClerq.

Le Cordon Bleu **Korea**, com os chefs Sébastien de Massard, Antoine Chassonnery, Roland Hinni, Pierre Legendre, Martin Ducout, Patrick Fournes, Jean Hubert Garnier e Hubert Bonnier.

Le Cordon Bleu **Peru**, com os chefs Gregor Funke, Bruno Arias, Javier Ampuero, Riders Rosini, Luis Muñoz, Luis Mendivil, Pierre Marchand, Diego Pomez, Sandro Reghellin, Luis Herrera, Daniel Punchin, Gisella Quesquen, Carolina Novi, Miguel Ballona, Martin Tufro, Anarella Alva, Samuel Moreau, Gabriela Zoia, Milenka Olarte e Angel Cardenas.

Le Cordon Bleu **Mexico**, com os chefs Thomas Stork, Aldo Omar Morales, Denis Delaval, Carlos Santos, Carlos Barrera Palacios, Edmundo Martinez, Thierry Laprune, Esther Galeana e Fernanda Díaz Laredo Tlaseca.

Le Cordon Bleu **Thailand**, com os chefs Rodolphe Onno, David Gee, Marc Champire, Marc Razurel, Martin Rainbacher, Niruch Chotwatchara, Laurent Ganguillet, Wilairat Kornnoppaklao, Atikhun Tantrakool, Wichian Trirattanavatin, Jean Phillipe, Aurelien Trougne e Lien Chan Fai.

Le Cordon Bleu **New Zealand**, com os chefs Sébastien Lambert, Francis Motta, Evan Michelson, Sam Heeney, Paul Dicken, Nicolas Longayrou e Vincent Boudet.

Le Cordon Bleu **Shanghai**, com os chefs Phillipe Groult, Phillipe Labbé, Régis Février, Jérôme Rohard, Yannick Begel, Yannick Tribois e Benjamin Fantini.

Le Cordon Bleu **Taiwan**, com os chefs Sebastien Graslan e Florian Guillemenot.

Le Cordon Bleu **Istambul**, com os chefs Erich Ruppen, Marc Leon Pauquet, Andreas Erni, Paul Metay e Luca De Astis.

Le Cordon Bleu **Madrid**, com os chefs Erwan Poudoulec, Yann Barraud, David Millet, Diego Muñoz, Clement Raybaud, Sonia Andres, Benjamin Estienne, Manuel Lucas, David Vela e Natalia Vasquez.

Le Cordon Bleu **Malaysia**, com os chefs Stéphane Frelon, Sylvain Dubreau, Sarju Ranavaya, Thierry Lerallu, Frederic Oger e Julien Bartement.

Le Cordon Bleu **Burj on Bay Lebanon**, com os chefs Philippe Wavrin e Joan Berton.

Le Cordon Bleu **Australia**, Le Cordon Bleu **Chile**, Le Cordon Bleu **Manila** e Le Cordon Bleu **India** e toda a sua equipe.

Agradecemos também aos nossos fornecedores, por terem suprido alguns dos ingredientes e produtos que possibilitaram a criação das belas receitas e pratos deste livro: Olaria Paulistana, Bauni e Laércio Zulu.

Por fim, deixamos um agradecimento especial à Ânima Educação e sua equipe.

REFERÊNCIAS BIBLIOGRÁFICAS

ALGRANTI, Leila Mezan; MACÊDO, Sidiana da Consolação Ferreira de (Orgs.). *História & Alimentação: Brasil séculos XVI-XXI*. Belém, Editora Paka-Tatu, 2020.

BUDEL, Luana; FARIA, Sheilla de Oliveira. *Cenários de inovação no mercado da gastronomia e nutrição*. São Paulo, Editora Senac, 2021.

CASCUDO, Luís da Câmara. *Dicionário do folclore brasileiro*. 10. ed. São Paulo, Global Editora, 2001.

_____. *História da alimentação no Brasil*. 3. ed. São Paulo, Global Editora, 2004.

CARVALHAES, Fernando Goldenstein; ANDRADE, Fernando Alves de. *Fermentação à brasileira: explore o universo dos fermentados com receitas e ingredientes nacionais*. São Paulo, Editora Melhoramentos, 2020.

DÓRIA, Carlos Alberto. *A Formação da culinária brasileira: Escritos sobre a cozinha inzoneira*. São Paulo, Fósforo Editora, 2021.

FERNANDES, Caloca. *A Culinária paulista tradicional nos hotéis SENAC*. São Paulo, Editora Senac São Paulo, 1998.

_____. *Viagem gastronômica através do Brasil*. 9 ed. São Paulo, Editora Senac São Paulo, 2009.

IPHAN. *Livro de Registro dos Saberes - Bens Culturais Imateriais*. Disponível em: <http://portal.iphan.gov.br/pagina/detalhes/496>.

KINUPP, Valdely Ferreira; LORENZI, Harri. *Plantas alimentícias não convencionais (PANC) no Brasil: Guia de identificação, aspectos nutricionais e receitas ilustradas*. São Paulo, Instituto Plantarum de Estudos da Flora, 2014.

MARANHÃO, Ricardo Frota de Albuquerque et al. "Cultura e sociedade no sistema culinário da mandioca no Brasil". *Revista Sociais e Humanas*, v. 28, n. 2, p. 54-68.

MARCENA, Adriano. *Mexendo o pirão: importância sociocultural da farinha de mandioca no Brasil holandês*. Recife, Funcultura, 2012.

PINTO, Maria Dina Nogueira; WALDECK, Guacira. *Mandioca: Saberes e sabores da terra*. Rio de Janeiro, IPHAN, CNFCP, 2006.

RADEL, Guilherme. *A cozinha africana da Bahia*. Salvador, Guilherme Radel, 2019.

SILVA, Paula Pinto e. *Farinha, feijão e carne-seca: Um tripé culinário*. 3 ed. São Paulo, Editora Senac São Paulo, 2005.

SOARES, Carmen; MACEDO, Iene Coutinho de (Coords.). *Ensaios sobre património alimentar luso-brasileiro*. Imprensa da Universidade de Coimbra, Annablume Editora, 2014.

VAN VELTHEM, Lúcia Hussak. "Mulheres de cera, argila e arumã: Princípios criativos e fabricação material entre os Wayana". *Mana: Estudos de Antropologia Social*, v. 15, n. 1, p. 213–236, 2009.

ÍNDICE DE RECEITAS POR INGREDIENTE

ABACAXI
287 Smoothie de açaí e graviola em camadas

ABÓBORA
139 Arroz caldoso com vieiras e espuma de bacon
173 Feijoada sergipana revisitada
197 Medalhão de carne de sol com pirão de leite, farofa e glace de rapadura
167 Pancetta pururuca com canjiquinha, molho de goiabada e farofa e couve crocantes
49 Picanha curada em crosta de ervas com cuscuz nordestino
97 Torta de legumes e creme de queijo de minas com geleia de café

AÇAÍ
269 Flã de açaí com coulis de camapu, crocante de tapioca e amoras
287 Smoothie de açaí e graviola em camadas

AMENDOIM
157 Ballotine de frango com molho de xinxim e arroz de coco
247 Brigadeiro de paçoca de amendoim
287 Smoothie de açaí e graviola em camadas

ARROZ
139 Arroz caldoso com vieiras e espuma de bacon
207 Arroz campeiro com ovo perfeito
157 Ballotine de frango com molho de xinxim e arroz de coco
68 Canja de galinha
121 Mojica de pintado com arroz pilaf
161 Pato no tucupi com arroz de jambu
199 Rubacão
191 Virado à paulista

AZEITE DE DENDÊ
39 Acarajé com vatapá e vinagrete de tomate verde
157 Ballotine de frango com molho de xinxim e arroz de coco
119 Bobó de camarão com farofa de dendê

BACALHAU
81 Salada de bacalhau e batata

BANANA
179 Barreado
241 Bolo Souza Leão com bananada, ganache de cajá e molho de tamarindo
133 Ceviche brasileiro
267 Clafoutis de banana e doce de leite com sorvete de cumaru
108 Pirarucu de casaca
287 Smoothie de açaí e graviola em camadas
191 Virado à paulista

BATATA E BATATA-DOCE
205 Filé Oswaldo Aranha
91 Mil-folhas de raízes brasileiras com creme de queijo
93 Nhoque de batata-doce com molho de pequi, ora-pro-nóbis e cipó-alho
81 Salada de bacalhau e batata

BAUNILHA DO CERRADO
251 Furrundu com sorvete de baunilha do Cerrado
263 Tapioca brûlée com manta de hibisco

CACAU
288 Cacauaçu à Le Cordon Bleu
149 Lagosta salteada com espaguete de cacau, ervilha-torta, bacon e molho de vinho
257 Pavê de café e biscoito artesanal

CACHAÇA
280 Banzeiro
241 Bolo Souza Leão com bananada, ganache de cajá e molho de tamarindo

279 Caipirinha de maracujá com pimenta dedo-de-moça
215 Cordeiro na massa de brioche de milho com vegetais e molho de cachaça
167 Pancetta pururuca com canjiquinha, molho de goiabada e farofa e couve crocantes
284 Quentão
255 Tarte tatin de caju

CAFÉ
257 Pavê de café e biscoito artesanal
97 Torta de legumes e creme de queijo de minas com geleia de café

CAJU
283 Caju amigo
143 Prejereba empanada com vinagrete de caju e cuscuz amazônico
255 Tarte tatin de caju

CAMAPU
269 Flã de açaí com coulis de camapu, crocante de tapioca e amoras.

CAMARÃO
119 Bobó de camarão com farofa de dendê
125 Caldeirada amazônica
127 Camarão com royale de milho, chuchu glaceado, ervilha-torta e beurre blanc de maracujá
47 Camarão empanado com farinha de Uarini
61 Cuscuz paulista
115 Moqueca capixaba
153 Pirarucu enrolado em folha de taioba com mousseline de camarão e sauce aux moules crémée
63 Sopa Leão Veloso
67 Tacacá
131 Tainha na telha

CAMARÃO SECO
39 Acarajé com vatapá e vinagrete de tomate verde
157 Ballotine de frango com molho de xinxim e arroz de coco

CANJIQUINHA DE MILHO
211 Costelinha de porco glaceada com ora-pro--nóbis e canjiquinha
167 Pancetta pururuca com canjiquinha, molho de goiabada e farofa e couve crocantes

CAPUCHINHA
127 Camarão com royale de milho, chuchu glaceado, ervilha-torta e beurre blanc de maracujá
133 Ceviche brasileiro

143 Prejereba empanada com vinagrete de caju e cuscuz amazônico

CARANGUEJO
137 Suflê de caranguejo com molho de mexilhões

CARNE DE SOL
207 Arroz campeiro com ovo perfeito
197 Medalhão de carne de sol com pirão de leite, farofa e glace de rapadura
199 Rubacão
187 Tartare de carne de sol com maionese de coentro e placa de polvilho

CARNE-SECA, OU CHARQUE
71 Caldinho de feijão-preto
173 Feijoada sergipana revisitada
177 Puchero brasileiro

CASTANHA-DE-CAJU
157 Ballotine de frango com molho de xinxim e arroz de coco
269 Flã de açaí com coulis de camapu, crocante de tapioca e amoras
197 Medalhão de carne de sol com pirão de leite, farofa e glace de rapadura
93 Nhoque de batata-doce com molho de pequi, ora-pro-nóbis e cipó-alho
231 Sagu de vinho tinto com creme de confeiteiro e rocher de caju
79 Salada de feijão-manteiguinha

CASTANHA-DO-PARÁ
143 Prejereba empanada com vinagrete de caju e cuscuz amazônico

CHERNE
63 Sopa Leão Veloso

CHICÓRIA-DO-PARÁ
125 Caldeirada amazônica
161 Pato no tucupi com arroz de jambu
67 Tacacá

CIPÓ-ALHO
93 Nhoque de batata-doce com molho de pequi, ora-pro-nóbis e cipó-alho

COCO
47 Camarão empanado com farinha de Uarini
237 Cocada de forno com sorbet de cajá
245 Manjar de coco com baba de moça
261 Maria-mole de cupuaçu
229 Quindim de maracujá

CORDEIRO
215 Cordeiro na massa de brioche de milho com vegetais e molho de cachaça

COUVE-MANTEIGA
- 99 Aligot de mandioca com vinagrete de cogumelos Yanomami e couve crocante
- 88 Panaché de palmito, quiabo, pinhões e legumes
- 167 Pancetta pururuca com canjiquinha, molho de goiabada e farofa e couve crocantes
- 143 Prejereba empanada com vinagrete de caju e cuscuz amazônico
- 145 Tambaqui com mousseline de foie gras, acelga chinesa, croquete de tapioca e molho de jabuticaba
- 191 Virado à paulista

CUMARU
- 241 Bolo Souza Leão com bananada, ganache de cajá e molho de tamarindo
- 267 Clafoutis de banana e doce de leite com sorvete de cumaru

CUPUAÇU
- 288 Cacauaçu à Le Cordon Bleu
- 261 Maria-mole de cupuaçu

FARINHA DE MANDIOCA
- 179 Barreado
- 119 Bobó de camarão com farofa de dendê
- 247 Brigadeiro de paçoca de amendoim
- 47 Camarão empanado com farinha de Uarini
- 197 Medalhão de carne de sol com pirão de leite, farofa e glace de rapadura
- 115 Moqueca capixaba
- 93 Nhoque de batata-doce com molho de pequi, ora-pro-nóbis e cipó-alho
- 167 Pancetta pururuca com canjiquinha, molho de goiabada e farofa e couve crocantes
- 111 Peixe recheado assado em folha de bananeira com beurre blanc de limão-cravo
- 108 Pirarucu de casaca
- 131 Tainha na telha
- 191 Virado à paulista

FARINHA DE MILHO
- 57 Brioche de milho
- 215 Cordeiro na massa de brioche de milho com vegetais e molho de cachaça
- 61 Cuscuz paulista

FARINHA DE PUBA
- 241 Bolo Souza Leão com bananada, ganache de cajá e molho de tamarindo

FARINHA DE TAPIOCA FLOCADA
- 269 Flã de açaí com coulis de camapu, crocante de tapioca e amoras
- 263 Tapioca brûlée com manta de hibisco

FEIJÕES
- 39 Acarajé com vatapá e vinagrete de tomate verde
- 71 Caldinho de feijão-preto
- 173 Feijoada sergipana revisitada
- 219 Filé-mignon suíno com purê de feijão-manteiguinha e tempurá de peixinho
- 177 Puchero brasileiro
- 199 Rubacão
- 79 Salada de feijão-manteiguinha
- 191 Virado à paulista

FILÉ-MIGNON BOVINO
- 205 Filé Oswaldo Aranha
- 187 Tartare de carne de sol com maionese de coentro e placa de polvilho

FILÉ-MIGNON SUÍNO
- 219 Filé-mignon suíno com purê de feijão-manteiguinha e tempurá de peixinho

FLOCÃO DE MILHO
- 49 Picanha curada em crosta de ervas com cuscuz nordestino

FOLHA DE BANANEIRA
- 111 Peixe recheado assado em folha de bananeira com beurre blanc de limão-cravo

FRANGO
- 157 Ballotine de frango com molho de xinxim e arroz de coco
- 68 Canja de galinha
- 43 Coxinha
- 163 Frango da revolução revisitado
- 177 Puchero brasileiro
- 75 Salpicão de frango

FUBÁ
- 73 Caldo de piranha à Le Cordon Bleu
- 203 Chica doida
- 143 Prejereba empanada com vinagrete de caju e cuscuz amazônico

GOIABA E GOIABADA
- 225 Bolo de rolo
- 167 Pancetta pururuca com canjiquinha, molho de goiabada e farofa e couve crocantes

GRÃO-DE-BICO
- 177 Puchero brasileiro
- 81 Salada de bacalhau e batata

GRAVIOLA
- 287 Smoothie de açaí e graviola em camadas

JABUTICABA
- 145 Tambaqui com mousseline de foie gras, acelga chinesa, croquete de tapioca e molho de jabuticaba

JAMBU
125 Caldeirada amazônica
161 Pato no tucupi com arroz de jambu
67 Tacacá

LAGOSTA
149 Lagosta salteada com espaguete de cacau, ervilha-torta, bacon e molho de vinho

LEITE CONDENSADO
247 Brigadeiro de paçoca de amendoim
245 Manjar de coco com baba de moça

LEITE DE COCO
39 Acarajé com vatapá e vinagrete de tomate verde
157 Ballotine de frango com molho de xinxim e arroz de coco
119 Bobó de camarão com farofa de dendê
241 Bolo Souza Leão com bananada, ganache de cajá e molho de tamarindo
47 Camarão empanado com farinha de Uarini
133 Ceviche brasileiro
245 Manjar de coco com baba de moça
108 Pirarucu de casaca
143 Prejereba empanada com vinagrete de caju e cuscuz amazônico
287 Smoothie de açaí e graviola em camadas
263 Tapioca brûlée com manta de hibisco

MANDIOCA
99 Aligot de mandioca com vinagrete de cogumelos Yanomami e couve crocante
91 Mil-folhas de raízes brasileiras com creme de queijo

MANTEIGA DE GARRAFA
173 Feijoada sergipana revisitada
199 Rubacão
187 Tartare de carne de sol com maionese de coentro e placa de polvilho

MARACUJÁ
279 Caipirinha de maracujá com pimenta dedo-de-moça
127 Camarão com royale de milho, chuchu glaceado, ervilha-torta e beurre blanc de maracujá
237 Cocada de forno com sorbet de cajá
229 Quindim de maracujá

MAXIXE
99 Aligot de mandioca com vinagrete de cogumelos Yanomami e couve crocante
133 Ceviche brasileiro
43 Coxinha
88 Panaché de palmito, quiabo, pinhões e legumes

MELADO DE CANA
269 Flã de açaí com coulis de camapu, crocante de tapioca e amoras
91 Mil-folhas de raízes brasileiras com creme de queijo

MILHO
127 Camarão com royale de milho, chuchu glaceado, ervilha-torta e beurre blanc de maracujá
133 Ceviche brasileiro
203 Chica doida
193 Empadão goiano

ORA-PRO-NÓBIS
211 Costelinha de porco glaceada com ora-pro--nóbis e canjiquinha
93 Nhoque de batata-doce com molho de pequi, ora-pro-nóbis e cipó-alho

OSTRA
53 Ostras gratinadas

PALMITO
215 Cordeiro na massa de brioche de milho com vegetais e molho de cachaça
61 Cuscuz paulista
193 Empadão goiano
88 Panaché de palmito, quiabo, pinhões e legumes
79 Salada de feijão-manteiguinha

PANCETTA
167 Pancetta pururuca com canjiquinha, molho de goiabada e farofa e couve crocantes

PATO
161 Pato no tucupi com arroz de jambu

PEIXINHO
219 Filé-mignon suíno com purê de feijão--manteiguinha e tempurá de peixinho

PEQUI
93 Nhoque de batata-doce com molho de pequi, ora-pro-nóbis e cipó-alho

PICANHA
49 Picanha curada em crosta de ervas com cuscuz nordestino

PINHÃO
88 Panaché de palmito, quiabo, pinhões e legumes

PINTADO
121 Mojica de pintado com arroz pilaf

PIRANHA
73 Caldo de piranha à Le Cordon Bleu

ÍNDICE DE RECEITAS POR INGREDIENTE • 301

PIRARUCU
153   Pirarucu enrolado em folha de taioba com mousseline de camarão e sauce aux moules crémée

PIRARUCU SECO
108   Pirarucu de casaca

POLVILHO DE MANDIOCA
58   Pão de queijo
187   Tartare de carne de sol com maionese de coentro e placa de polvilho

PREJEREBA
143   Prejereba empanada com vinagrete de caju e cuscuz amazônico

QUEIJO DA CANASTRA
99   Aligot de mandioca com vinagrete de cogumelos Yanomami e couve crocante

QUEIJO DE COALHO
71   Caldinho de feijão-preto
251   Furrundu com sorvete de baunilha do Cerrado
197   Medalhão de carne de sol com pirão de leite, farofa e glace de rapadura
91   Mil-folhas de raízes brasileiras com creme de queijo
49   Picanha curada em crosta de ervas com cuscuz nordestino
199   Rubacão
145   Tambaqui com mousseline de foie gras, acelga chinesa, croquete de tapioca e molho de jabuticaba

QUEIJO DE MINAS
58   Pão de queijo
97   Torta de legumes e creme de queijo de minas com geleia de café

QUIABO
173   Feijoada sergipana revisitada
163   Frango da revolução revisitado
88   Panaché de palmito, quiabo, pinhões e legumes

RAPADURA
215   Cordeiro na massa de brioche de milho com vegetais e molho de cachaça
251   Furrundu com sorvete de baunilha do Cerrado
197   Medalhão de carne de sol com pirão de leite, farofa e glace de rapadura

REQUEIJÃO
99   Aligot de mandioca com vinagrete de cogumelos Yanomami e couve crocante
203   Chica doida

43   Coxinha
91   Mil-folhas de raízes brasileiras com creme de queijo
97   Torta de legumes e creme de queijo de minas com geleia de café

ROBALO
115   Moqueca capixaba

SAGU
43   Coxinha
231   Sagu de vinho tinto com creme de confeiteiro e rocher de caju

SAINT PETER
133   Ceviche brasileiro

TAINHA
131   Tainha na telha

TAIOBA
153   Pirarucu enrolado em folha de taioba com mousseline de camarão e sauce aux moules crémée

TAMBAQUI
125   Caldeirada amazônica
103   Peixe moqueado com creme de cebola e farinha-d'água
145   Tambaqui com mousseline de foie gras, acelga chinesa, croquete de tapioca e molho de jabuticaba

TAPIOCA
269   Flã de açaí com coulis de camapu, crocante de tapioca e amoras
67   Tacacá
145   Tambaqui com mousseline de foie gras, acelga chinesa, croquete de tapioca e molho de jabuticaba
263   Tapioca brûlée com manta de hibisco
54   Tapioca crocante

TUCUPI
99   Aligot de mandioca com vinagrete de cogumelos Yanomami e couve crocante
125   Caldeirada amazônica
161   Pato no tucupi com arroz de jambu
108   Pirarucu de casaca
67   Tacacá

URUCUM
125   Caldeirada amazônica
163   Frango da revolução revisitado
121   Mojica de pintado com arroz pilaf
115   Moqueca capixaba

Copyright do texto © 2023 Le Cordon Bleu
Copyright das imagens © 2023 Le Cordon Bleu
Copyright desta edição © 2023 Starlin Alta Editora e Consultoria Eireli

Todos os direitos reservados. Nenhuma parte desta edição pode ser utilizada ou reproduzida – em qualquer meio ou forma, seja mecânico ou eletrônico –, nem apropriada ou estocada em sistema de banco de dados sem a expressa autorização da editora.

EQUIPE LE CORDON BLEU
Direção da publicação: Isaure Cointreau
Coordenação: Patrick Martin
Produção e redação: Luana Budel
Consultoria técnica: Emine Hassan e Kaye Baudinette
Fotografias dos pratos e da capa: Luna Garcia
Fotografias do Instituto Le Cordon Bleu São Paulo: Fabiana Kocubey
Fotografias do Instituto Le Cordon Bleu Rio de Janeiro: Samanta Toledo
Revisão das receitas: Paulo Soares, Rodrigo Canto e Vitor Oliveira

EQUIPE EDITORA ALAÚDE
Coordenação editorial: Ibraíma Dafonte Tavares
Assistência editorial: Caroline David e Gabriela Paiva
Preparação do texto: Patricia Vilar e Luiz Henrique Vilar (Ab Aeterno)
Revisão do texto: Camile Mendrot, Bianca Hauser (Ab Aeterno) e Rosi Ribeiro Melo
Projeto gráfico de miolo: Amanda Cestaro
Capa e diagramação: Cesar Godoy

1ª edição 2023
Impressão e acabamento: Geográfica Editora Ltda.

Dados Internacionais de Catalogação na Publicação (CIP) de acordo com ISBD

L433g   Le Cordon Bleu

         Gastronomia brasileira: da tradição à cozinha de fusão / Le Cordon Bleu. - Rio de Janeiro : Alaúde, 2023.
         304 p. : il. ; 20cm x 27cm.

         Inclui índice.
         ISBN: 978-85-7881-637-7
         1. Gastronomia brasileira. I. Título.

2023-2430   CDD 641.5981
                                                                          CDU 641.5(81)

Elaborado por Odilio Hilario Moreira Junior - CRB-8/9949
Índice para catálogo sistemático:
1. Culinária brasileira 641.5981
2. Culinária brasileira 641.5(81)

A Editora Alaúde faz parte do Grupo Editorial Alta Books.

Avenida Paulista, 1337, conjunto 11
01311-200 – São Paulo – SP
www.alaude.com.br